創造的人間

湯川秀樹

商人的女儿

目次

まえがき……6

I 人間と科学

科学文明の中の人間……10
第二の自然 10　エックス線 13　基礎研究の重要性 17　人間と機械 21　科学者と社会 24　都会への人口集中 28　情報の整理 32　研究の大規模化 35　将来の問題 39　自然の法と人間の法 42

科学と人間性……47
思考者としての人間 47　観察者としての人間 63
行動者としての人間 90　科学と人間の幸福 103

II 創造者としての人間
模倣と独創……114
科学者の創造性……130
創造性と自己制御—教育の問題と関連して—……161
学習と研究……200
創造性の尊重……222
天才と機械……227
III 科学の進化
科学とは何か……234
学問の自由と大学の理念……244
科学的思考について—物理学の対象と法則—……251
東洋的思考……275

科学的思索における直観と抽象……288
発展途上における中間子論……303
中間子以後三十年……314
自然認識の現段階—素粒子の国際会議への期待—……325
物理学の老化と若返り……332
素粒子論に関する成人学校について……350
解　説……井上　健……356

まえがき

この数年間に私が書いたものや、講演の記録に手を加えたものなどを集めて、筑摩叢書《そうしょ》の一冊にしたいという申し出があってから、半年ほど経過した。その間、井上健《いのうえけん》君が整理してくれた材料を主体とし、その上に、ずっと以前の著作ではあるが、関係の深いものもいくつか付け加えてみたりしているうちに、ページ数も十分あり、割合まとまりのいい一冊の本になりそうだと思うようになってきた。

今までに私は何冊も本を出した。その中には、物理学に関心をもつ人たちだけでなく、一般の人たちにも読んでもらえるような本が何冊かある。最近十年くらいの間に限っても、『旅人』『現代科学と人間』『本の中の世界』などがある。

同じ人間の著書であるから、もちろん今度のこの本も、それらと、いろいろな意味でつながりをもっている。しかし、今度の場合の特色は、「人間のもつ創造性の本質は何であるか」と、自ら問い自ら答えようとする態度が、全体を一貫している点にあると思う。科学者の一人として、自分の選んだ専門分野で、何とかして創造性を発現したいと切望するのは当り前のことである。物理学の研究を自分の一生の仕事にしようと決心してから四十年になるが、その間いつも自分自身の中にある可能性を、どうかして現実化したいと苦心しつづけてきた。

しかし二十年ほど前から、創造性の発現ということを、自分だけの問題としてでなく、多くの人たちに共通する問題として、客観化して考えはじめるようになった。特に最近数年の間に、どうすれば若い人たちの創造性の発現の公算を大きくできるだろうか、という問題に対する関心が強くなってきた。若い人たちには、いらぬおせっかいだと思われているかも知れない。それなら、むしろ安心できるのだが、果してどうか。

いずれにせよ、そういう心境にあった私の書いたもの、話したことを、今度まとめるにあたって、『創造的人間』という表題が私の念頭に浮かんだのも、自然なことであった。実際、第二部と第三部の中に入れた諸篇《へん》のどれもが、なにかの形で創造性の問題にふれている。また第一部の「科学文明の中の人間」および「科学と人間性」も、創造性の問題に接近するための、二つの違った方向からの準備的考察と解釈できるであろう。

創造性の問題には、いうまでもなく、まだ誰も納得の行く答えをあたえていない。しかし解決が困難であるが故に、よけいに多くの人の関心の的となりうる問題でもある。私自身も創造性研究会という小さな集まりに参加して、視野を広めたり、考えを深めたりしつつある状態である。従って本書の内容が未熟なものであることは十分承知しているが、それでも、いろいろな方面の人に多少は参考になることもあろうかと思っている。

この書物ができあがる過程において、いろいろ協力していただいた井上健君および筑摩書房の方々に対して、この機会に謝意を表したいと思う。

一九六六年四月

湯川秀樹

I　人間と科学

科学文明の中の人間

第二の自然

　私は冬が好きである。身体は無精になるが、頭は夏ほどぼけないからである。適度の寒さが脳細胞の活動に必要な刺激をあたえてくれるのであろう。「夏日おそるべし、冬日愛すべし」という中国の古い言葉の意味はよく知らないが、それを自分流に解釈して愛誦《あいしょう》している。

　山に囲まれた京都の町は、冬になると底冷えはするが、風は静かになる。台風の心配もない。冬になっても、多くの草木は緑の葉をつけている。苔《こけ》も枯れずに地面をおおっている。私が外国へゆく場合、訪れるのは大抵ヨーロッパやアメリカの中でも、中部以北である。そこでは冬は索莫《さくばく》としている。灰色の空の下に、葉の落ちつくした木々が黒い幹を露出している。夏の太陽を待ちこがれる西洋人にとっては、冬日は早く去ってほしく、夏日こそ愛すべきものであろう。

冬日を愛するといっても、以前には寒さが皮膚にあたえる不快感を辛抱しなければならなかった。しかし近ごろは、暖冬の年がつづいたり、部屋全体、あるいは少なくとも身体だけはあたためるためのいろいろな設備が発達、普及してきたので、やせ我慢でなしに、素直に冬日を愛することができるようになった。火ばちに手をかざし、すきま風に身をちぢめる人の目にはきびしく感じられた冬景色も、電熱のコタツにはいっている人には、ずっとおだやかに思われるであろう。これも全く科学文明のおかげに違いない。

その代わり現代の人間と自然との間には、へだたりができた。科学文明は人間の生活を快適にしてくれると同時に、人間と自然との間にわりこんできて、両者が直接に接触する機会を少なくする。十数年前、ニューヨークの街なかのアパートで暮らしていた時、そういう感じを深くした。コンクリートの壁に囲まれ、舗装された道路の上ばかり歩いていると、土が恋しくなる。草木の茂った庭がなつかしくなる。

科学文明の発達していなかった遠い昔でも、自然的環境の人工的変更を好まない人たちがいた。東洋では老子《ろうし》や荘子《そうし》などが、そういう考えの代表者であった。その後も「自然に帰れ」という主張は、洋の東西を問わず、文明の発展のいろいろな段階でくりかえし現われた。どの時代をとってみても、人々の心のどこかには、文明が人間と自然の直接の接触を妨害しすぎることを好まない気持がひそんでいたのであろう。

しかし自然的な環境は本来、人間にとって何もかも都合よくできていたわけではなかった。自然は人間にとって愛すべきものであると同時に、おそるべきものでもあった。科学文明は過酷な自然から人間を守るのに大きな貢献をしてきたのである。文明を捨てて自然に帰っても、自然は決して人間に甘い顔だけ見せることはないであろう。

それればかりではない。人類はおそかれ早かれ科学を生みだし、それを成長させてゆくべく運命づけられていたのである。古代ギリシャの学者たちがいなかったら、科学の発達はずっとおくれたであろう。近代の西欧の科学者たちがいなかったら、やはりそうであったろう。しかし、かりにそれらの人たちがいなかったとしても、科学はおそかれ早かれ、この地球上のどこかで生まれ成長したであろう。科学の発生や初期の成長には、いろいろと好適な条件がそろっていることが必要であったろう。しかし、それがある地域である程度まで成長し、それに伴って科学文明がある段階にまで発達すれば、それらは比較的容易に他の地域に移植あるいは伝達することができる。そうなれば水が高いところから低いところへひろがってゆくように、科学文明は地球上の全地域へおそかれ早かれ普及してゆくことになる。それはもはや逆もどしのできない、一方むきの動きである。

科学文明がそのような浸透力を持つ理由の一つは、それが本来、自然と別のものでないことにある。自然界のなかにもともと潜在していた、さまざまな可能性を人間が見つけだし、それを現実化した結果が科学文明にほかならない。文明とはいわば第二の自然である。人間の頭と手をへた第二の自然は、人間にとって都合のよいものと期待されていたのである。実際、第二の自然がなまの自然と人間との間にはいってきて、人間生活をより快適にしてくれた場合が多かったのである。

しかし、なまのままの自然が人間にとって愛すべきものであると同時におそるべきものであったように、第二の自然もまた愛すべく、おそるべきものであった。冷房装置が発達、普及すれば、夏の暑さが頭脳労働の能率を低下さすことも心配しなくてよくなるであろう。私自身も冬日と同じように夏日を愛するようになるだろう。その代わり、第二の自然の方が愛すべく、またおそるべき当の相手となってきたのである。自動車を愛好すると同時に、交通事故をおそれなければならなくなってきた。原子力発電を望むと同時に、核爆発をおそれなければならなくなってきた。人間にとって都合よくできているはずの文明が、どうして天使と悪魔の二面相を持つことになったのであろうか。よくよく考えてみなければならないことである。

エックス線

現代の私たちは科学記事に食傷気味である。ちょっとやそっとのニュースでは驚かなくなった。また一々驚いてはいられなくなった。一体いつごろからこんなことになってきたのか。新聞にほとんど毎日のように科学記事が載るようになったのは、実はつい近ごろのことである。

それより前の時代——例えば今から三十年ないし百年くらい前の時代——科学ニュースが時たまにしか報道されなかった時代のことは、今日ではもう想像することさえ容易でなくなっている。そういう時代にはしかし、科学ニュースが少なかった代わりに、一つ一つのニュースが世人にあたえる驚きは、現代よりも大きかったらしい。また、それによって平生は科学に関心を持っていなかった多数の人々が、一時的にせよ非常に強い好奇心を持つことになったらしい。そういうニュースの中で恐らく最大なるものは、エックス線に関するニュースであったろうと思われる。

レントゲンがエックス線を発見したのは一八九五年（明治二十八年）の末であった。私が生まれるより十年以上も前のことである。日清戦争が終わったばかりの日本に、エックス線のニュースがどんな速さで伝えられ、一般人がどんな反応を示したのであろうか。私のような年代のものには見当がつかなかった。のんびりとした時代のことだから、一般の日本人でエックス線に好奇心を持つ人は少なく、またそうなるまでに、相当の年月がかかったのではないかと、漠然と想像していた。

ところが数年前、島津製作所の鈴木社長から『エックス放射線の話』と題する小冊子をもらって読んだ結果、私の想像とは大分ちがっていることを知って、大いに驚いたのである。この小冊子の内容は村岡範為馳《むらおかはんいち》博士が明治二十九年七月に、京都府教育会の求めに応じて行なった講演の筆記である。レントゲンの発見が公表されてから、わずか半年しかたっていないのに、村岡博士は、一般人のために通俗講演を頼まれるような状態になっていたのである。この小冊子の原本は明治二十九年八月に発行されているが、序文に「殊に中小学科教員の参考に適切なる良書とはなれり」と書かれている。してみると、京都の小学校や中学校の先生たちも、エックス線についてある程度の知識をもっていないと困るような状態にあったと推定される。今日、想像するよりもはるかに強い新鮮な好奇心を、大人も子供も抱いたと推定されるのである。

この講演の最後のところで村岡博士はつぎのように述べている（ただし漢字やかなづかいの一部は現代式に直した）。

「この発明は大変速く世間に広がりました。今は発明後わずか六か月ですが、世界中でこれを聞かぬ人はほとんどないでしょう。かつて三宅秀《みやけひいず》君は、新しい医学上の発明等が日本に伝わるのは、少なくも三年はかかると嘆息して申されましたが、このたびの発現だけは郵便の速度で伝播《でんぱ》しました。実に奇態です。一方にはガラスの徳利を見て驚く未開人があり、また一方には人畜の骨肉を透視するような大発現がある。面白い世の中です。実に多望な世の中です」

この小冊子には横浜《よこはま》の某商人の写した、人間の手のエックス線写真も載っているが、当時はまだ東京大学にも写真のとれるエックス線装置はなく、一高と学習院とだけにあった。エックス線が光と同じ電磁波であることさえもわかっていなかった。村岡博士はこの時はまだ三高の先生であった。翌年に京都大学ができて、その教授になった。私が京都大学に入学するよりずっと前に退官されていたが、そのころ私の一家が住んでいたのは、偶然にもかつて村岡博士が住んでおられた家であった。そんなことはどうでもよいが、私が『エックス放射線の話』を読んで、いまさらのように考えさせられたのはつぎの二つの点である。

一つは平生は科学に何の関心をもっていないような人たちが、事にふれて科学に対して示す反応である。そこで働く一種のカンは、場合によっては、科学者の大多数よりも鋭くさえありうるのである。一般の人たちはエックス線で人間の身体を透視できるというような珍奇さにひかれたに違いない。しかしその背後には、自分で意識していなくても、事の重大さに対する評価もあったであろう。そして実際、エックス線の発見は物理学の大変革の第一声——少なくとも前ぶれ——であった。それからわずか二、三か月してウランの放射能が発見され、やがて電子の発見から二十世紀初頭の量子論、相対性原理という、物理学の根本的な変革へと発展していったのである。

もう一つは科学に対するイメージの変化である。六十年前の科学は今日のように、その成果が人間生活のすみずみにまで浸透してはいなかった。科学者の数も少なかった。科学者と社会の交渉も少なかった。しかしまた、それゆえにこそ、科学は新鮮さ、珍しさのわきでる泉であるとも感じられた。科学を研究すること自体が、何かロマンチックなこととさえ思われた。私自身も多分にそういう香気に引きつけられて、物理学の中へはいっていったのである。そういう香気がだんだんうすれてきたように感じるのは、私が物理学の中にあまり長く住んでいるためだろうか。学術論文があまり多すぎて、食傷気味になっているためだろうか。それはともかくとして、学問は時々若がえらなければならない。そして実際、何かのきっかけで学問のある分野が急に若がえることがある。昆虫のように変態をすることさえある。エックス線の発見をきっかけとする物理学の若がえり、あるいは変態が、今後も起こらないとはいえない。いや、もうすでに起こっているのかもしれない。

基礎研究の重要性

科学文明は愛すべく、また、おそるべきものである。現代に生きる私たちは、前代の人たちよりも、前々代の人たちよりも、一層痛切に深刻に、そう感じているのである。どうしてこんなことになったのか。その原因のひとつは、明らかに科学文明を生みだす科学の本質的性格の中に見出《みいだ》される。

エックス線という思いもかけない新しい、珍しいものが発見される。科学にとって、それは大きな成功を意味する。それと同時にそれは、一般人の好奇心の対象ともなった。科学者が発見するのは形のある物とは限らない。エックス線は普通の意味での物ではない。さらにもっと抽象的なものが発見される場合がある。アインシュタインが相対性原理を唱えた。彼は自然界をよりよく理解するための新しい考え方を見つけだしたのである。これも科学にとって、大飛躍であったばかりでなく、そういう新しい物の見方が、一時的にせよ世界中の人々の関心の的ともなったのである。この段階では、科学は愛すべきものであった。少なくとも恐怖の対象ではなかった。その代わり人間の生活に役立つかどうかは、見当がつかなかった。

エックス線の研究が進み、その正体がよくわかってくるにつれて、だんだんと役に立つようになってきた。エックス線の発見に引きつづく放射能の発見、電子の発見、ラジウムの発見なども、みんな同じようなコースをたどった。それらが、場合によっては人間に危険なものになることがわかってきたのは、もっとあとからであった。相対性原理のような、最も人間世界から縁遠く、そして抽象的と思われていたものさえも、やがては「原子力の原理」でもあると考えられるようになった。

私のように碁のへたなものは、二、三手先までしか考えない。相手が予想外の手を打ってくる。そのたびごとに驚いて考え直す。科学者の相手は、自分よりケタはずれに強い自然界である。予想外の手を打ってくるのが、むしろ当然である。しかし、それによって人間は賢くなるのである。自然という相手に予想外の手を打たせること自身が、成功である。そこで考え直し、何手も何手も先まで読むことができるのが、すぐれた科学者である。ところが科学者が先まで読むといっても、その範囲、その方向は限られている。エックス線の研究をしていた物理学者の関心は、主としてエックス線の物理的な性質を知ることに向けられていた。そういう方向に進んでいっても、やがては生物や人間にどういう影響をおよぼすかという問題に到達しうるわけではあるが、しかし研究の初期において、そこまで完全に読みきることはできなかった。さらにまた、生物や人間に対する影響がわかり、そこにどのような危険がひそんでいるかを知っても、現実の人間社会の中で、危険防止が十分に行なわれるかどうかまで見通すことは、物理学者にとってほとんど不可能であったろう。幸いにしてエックス線の場合はしかし、先の先まで見通せなくても、深刻な事態をひき起こすほどにはならなかった。原子力の場合には、そうはいかなかった。今日になってもなお、私たちは核戦争によって人類が破滅することは決してないとまで、先を読みきることができないのである。そうならないように努力するほかないのである。

科学が進歩するということは、自然界にもともと潜んでいた可能性が見つけ出され、現実化されてゆくことである。いままで知らなかった新しいものが、人間社会の中にはいってくるのである。それをどう扱ったらよいか、はじめにはよくわからないのが当然でもある。扱いそこねることがあっても、ある程度は仕方がない。しかし取りかえしのつかないような失敗を避けるための努力は、どうしても必要である。はじめは小規模の研究をしていたのが、だんだんと大規模になってくる。同じ失敗でも、はじめのうちだと、被害が少ない。一番はじめにさかのぼって、科学者が頭の中でいろいろ変わったことを考えたり、科学者同志で話しあったりしている段階では、だれにも迷惑はかからない。次の段階で小規模な実験をやって失敗したとしても、他人におよぼす迷惑は少ない。人間はあやまちをおかしやすい。同じく失敗するなら、できるだけ早い段階でやった方がよい。

科学の歴史、科学文明の発達の歴史は、表から見ると輝かしい成功の連続である。しかし中へはいって見れば、成功の数とは比較にならない数多くの失敗がくりかえされてきたことがわかる。私自身もこの三十数年の間、ずいぶんといろいろなことを考えてきた。何ほどかの新しさを持ったアイディアが、私の頭の中に何度も何度も現われた。しかし、そのほとんど全部はその日のうちに、あるいは数日のうちに立ち消えした。その反対に、一つのアイディアが私の頭の中に何年も住みついているが、それが一向に発展してゆかないという場合もある。科学の歴史は裏から見れば失敗と停滞の歴史でもある。しかし早い段階での失敗がなかったら、成功も飛躍もなかったであろう。一つも失敗したくないなら人の真似をするほかない。真似ばかりでなく、しかも取りかえしのつかない大きな失敗もしたくないなら、早い段階での失敗を恐れてはならない。こういう意味でも、基礎研究は重要である。

人間と機械

文明というものはありがたいものであり、迷惑なものでもある。いいことずくめというわけにはゆかないのは仕方がない。しかし迷惑をできるだけ少なくするための努力は必要であり、その重要性は今後ますます増大してゆくであろう。

医学のように人間の身体を研究の対象とする学問では、当然のこととして、早くからそういう配慮がなされてきた。ある薬がある病気に効能があると推定されても、すぐには人間には使われない。動物実験がまず行なわれ、そこで不適当と判断され、失格する場合が少なくない。失敗を早い段階ですますということは、医学ではしごく普通のことである。

ところが人体を直接の対象としない他の分野では、事情はだいぶ違っている。典型的な例として物理学から工学へとつながってゆく方向を考えてみよう。この方向は末広がりに現代の科学文明の非常に大きな部分をカバーしている。エックス線や放射能の発見を出発点とする原子物理学の応用は、六十数年間に医学、工学その他いろいろな分野に枝わかれしつつ広がっていった。しかしエックス線や放射能が人体におよぼす影響の全貌《ぜんぼう》が把握されるまでには、長い年月が経過した。初期の放射能の研究者の中の何人かは、長年の間にその悪影響を受け犠牲者となった。

もう少し違った例として、自動車の発達という場合を考えてみる。自動車の発明より以前の段階にまでさかのぼるのはやめよう。それは最初から交通機関として役立てようという実用的なものであった。エックス線や放射能のように人間社会とは無関係な純粋研究の中から生まれたものではなかった。しかし初期の段階ではスピードも小さく数も少なかったから、危険性は大した問題ではなかった。スピードを大きくするとか、乗り心地をよくするとかいう性能の向上が当面の問題であった。やがて大量生産の時代がきた。町をはしる自動車の数が急激にふえ、それに伴って交通事故もふえた。そこではじめて、危険性が重要問題として取りあげられることになった。工場からのガスや廃棄物による空気や水の汚染とか、地下水の工業的利用による地盤の低下というような問題も、工業がある段階にまで発展して後に重要視されだす。この段階になると問題は広範、深刻で、対策も大がかりになる。

人間社会の中に新しい、そして未知な要素をふくんだものを持ちこむことによって発展してゆくのが、科学文明の一つの重要な性格であってみれば、後の段階になって困ることが起こるのは、ある程度までやむをえないのかもしれない。しかし科学文明はもう一つの著しい性格をもっている。それは科学の合理性・普遍性に根ざしていることである。それによって後の段階での困り方を最小限に食いとめられるはずなのである。この点を少し立ち入って考えてみよう。

何事もやってみなければ結果はわからないというのなら、科学は成立しえないはずである。いくつかの場合について実際にやってみて結果がわかれば、他の非常に多くの場合に対して、やってみなくても結果が推測できる。そういう事情があるところに科学が成立するのである。幸いにして私たちの生きているこの自然界は、そういう意味で科学を成立させるような仕組みになっているのである。

そういう事情があればこそ、ほとんど同じ性能の自動車を大量生産できたわけである。科学を成立させた事情は、同時に人間がいろいろなことを計画的にやれることを保障する条件でもあったのである。非常に多くの場合において、自然は気まぐれでない。あらゆる場合において気まぐれでないかどうかの議論には、ここでは立ち入らないことにする。自動車が計画どおり作れたのは、その場合、確かに自然は気まぐれでなかったからである。交通事故が起こるのはどうしてか。これを自然の気まぐれのせいにするわけにはいかない。少なくとも自動車の運動はいつの場合でも、物理学の法則どおりになっていることを疑う余地はない。そんなら人間の方が気まぐれなためだろうか。

問題をこんな方向へもっていってしまうと、答えもあいまいにならざるをえない。人間が気まぐれかどうかはさておき、人間の能力に限界のあることは確かである。人間のもっているさまざまな機能の一つ一つを取りだしてみると、その中のいくつかは機械の方がすぐれているのである。とくに人間が刺激に反応するのに要する時間を、ある限度より縮めることはむつかしい。反応が早いという点では、機械の方がはるかにすぐれている。電子計算機などは、その最もよく知られた例である。

科学文明が発達するにしたがって、人間は、よりすばやく反応する必要にせまられる。頭の回転を早くしなければならなくなる。それには明らかに限界があるばかりでなく、人間にとっては個々の刺激に対するすばやい反応よりも、ずっと大切な能力がある。それは総合的な判断力ともいうべきものである。個別的な、すばやい反応の方はできるだけ機械にまかせて、総合的な判断に貴重な時間を使う。それが科学文明の中に生きる人間の一つのあり方であろう。

科学者と社会

役に立つ学問と役に立ちそうもない学問とある。実用ということが、はじめから考慮されている学問もあれば、真理のための真理の探究を旗じるしとする学問もある。自然科学の中では一口に「理学」といわれる中にはいる分野が後者である。その中でも純粋数学が一番実用から縁が遠い。実際、私のような物理学をやっているものからみても、数学者は世の中の面倒なことにわずらわされる方が少なそうで、うらやましい。研究していることは確かに純粋物理学であっても、その成果の社会におよぼす影響がわかっている場合には、私たちも超然としているわけにはいかなくなる。私たちにとって、この上もなく居心地のよかったアカデミズムを、無条件で是認するわけにいかなくなってくる。科学者の社会的責任という問題が、私たちの頭の上にのしかかってくる。科学文明の中に生きている科学者にとって、それはしょせん避けることのできない問題となってきた。

数学だけは違うと私も近ごろまで思っていた。ところが数学は役に立つということが、実社会で働いている人々の間で、最近になって急に広く認められるようになってきた。一番簡単で明瞭《めいりょう》な変化は、いたるところで盛んに数字が使われだしたことであろう。言葉だけの表現では説得力が少なくなってきた。数字を入れたり、図表を入れたりする場合が急に多くなってきた。もちろん昔から初等的な数学は、人間社会で大いに役に立ってきた。私たちは買い物をするたびに、算術のご厄介になっているが、あまりたびたびなので、そのありがた味を感じなくなっている。数学が役に立つとか立たぬとかいう場合、もう少し高等な数学を念頭に浮かべているのである。ユークリッド幾何や初等代数が役に立っていると思う人は一体どのくらいあるだろうか。中学校時代、私は幾何も代数も非常に好きであった。役に立つから好きだったのではない。考えること自体に大きなよろこびを感じたのである。私は物理学者になったから、数学が大いに役に立った。一番役に立ったのはいわゆる高等数学の部類にはいる数学であった。高等数学の中にも、またいろいろな段階がある。私が大学生のころに勉強した数学は今日でも大いに役に立っている。しかし数学はそれから三十数年の間に、非常に進歩している。ますます抽象的になり、ますますむつかしくなってきた。そういう新しい数学と、私たち物理学者がしじゅう使っている数学とは、だんだん大きくはなれていった。もはやそういう現代数学は、物理学者にとってさえ、使いものにならなくなったのではないか。私などもそう思うようになっていた。

ところが、どうもそう決めこむわけにいかないことが、最近になってわかってきた。最も純粋な、最も高度に発達した、そして最もむつかしい数学のある部分が、今日の理論物理学に役立つことがわかってきたのである。ニュートンの時代には、当時の最も高度な数学であり、ニュートン自身やライプニッツの生みだした微分・積分が物理学に役立った。そういう歴史がその後も何度もくりかえされてきた。今日またそれがくりかえされつつあるらしくみえる。ただし現代の高度な数学を使うことが、理論物理学にとってどこまで本質的な意味を持つかについては、いろいろ違った意見がありうる。私には私なりの意見があるが、少なくとも過去において、数学は不思議なほど物理学に役立ってきたのである。どうしてそうなるのかは非常におもしろい問題であるが、議論しだすと長くなるから、もう少し日常的な話に戻ることにしよう。

近ごろ盛んに数字が使われるようになったといったが、その多くは、統計的な意味をもった数字である。野球の選手が何回の試合に出場して、何回打席につき、何本の安打を放ったか。その数字の一つ一つは間違いなくきめられる。しかしそれから打撃率を出せば、そこに明瞭な統計的な意味がはいってくる。打席についた回数が少なければ、意味が少なくなる。回数がふえると、率は大きくかわるかもしれないからである。世論調査などについても、もちろんそういう点の配慮がなされている。統計のもつ意味とか信頼度とかを、はっきりさせようとすると、統計数学の知識が必要になってくる。数字が出ている場合の方が、出ていない場合よりは信頼性があるとさえも、一概にいうことはできない。ある選手が放った安打の数を間違いなく数えることは容易である。ある年に日本全国で取れた米の総量というような場合には、細かい数字のどのケタまでが間違いないのか。科学者が観測や実験によって数字を出した場合、同時にその信頼度をも明らかにしようとする。実験の誤差を評価してプラス・マイナスいくらという数字をつけ加える。ここでも統計数学が役立っているのである。

統計とか公算とかいうものは、あてになるような、ならないようなものである。科学が進歩し、科学文明が普及すれば、そういうあいまいなものは姿を消して、何事も絶対的な正確さできまってゆくはずだと思っていた人も多かったであろう。実際はその反対で、むしろ統計や公算が幅をきかすのが文明社会だとさえもいえる。保険に加入する人も、飛行機に乗る人も、自分で意識しなくても頭のどこかで、大まかな公算の評価をしているのである。核戦争が起こるかどうかという現代の人類にとって決定的な問題に対しては、大まかな公算の評価さえむつかしい。起こる公算を少なくするために、あらゆる努力をたゆまずつづけるほかないのである。

都会への人口集中

科学文明が発達するほど、人口が都会へ集中するのは、避けられない傾向なのだろうか。ヨーロッパでもアメリカでも、過去においてそういう傾向が著しかった。

現在の日本は、さらに一層激しい。人々が都会へ、そして特に大都会へと集まってくるのには、多くの理由がある。東京が巨大化しすぎ、阪神地区に人口が集中しすぎるのは、望ましくないことがわかっていても、人の流れを逆転さすことは容易でない。

すでに多くの人たちによって、この困難な問題の解決策が検討されてきた。私のような素人がいまさら口出しすることもない。

しかし私には、一つだけ前々から大いに気になっていることがある。それだけをこの機会に述べてみたいと思うのである。人口が大都会へ集中するといっても、それはあらゆる種類の人たちの数が一様にふえてゆくことを意味していない。ある都会が政治の中心となれば、官庁で働こうとする人たちが、そこへ集まってくる。工業の中心となれば、会社で働こうとする人たちが集まってくる。政治と産業の両方の中心ということになれば、その都会へ集まる人の種類もそれだけ多様になり、数も多くなる。それは当り前のことである。しかし、そういう都会へ、あらゆる種類の人が集まってくるのは、決して当り前のことではない。職業によっては、むしろそういうところへ集まってこない方が当り前と考えられる場合もある。科学者の場合はどうであろうか。

ヨーロッパには昔から、有名な大学を持つ都市が数多くあった。そういう中には、昔も今も比較的小さな都市で、立派な大学があるために世界に知られているという場合がいくつもある。イギリスのケンブリッジやオックスフォード、ドイツのハイデルベルクやゲッチンゲン、イタリアのパドアやボロニア、その他、数え上げれば切りがないくらいである。アメリカの場合はもっと極端である。プリンストンの場合は町の名前も大学の名前も同じであるが、エール大学のあるニューヘブン、カリフォルニア大学のあるバークレー、カリフォルニア工科大学のあるパサデナ、スタンフォード大学のあるパロアルトなどの場合は、大学の名前を知っていても、都市の名前は知らない人が多いであろう。

日本の場合は大分様子がちがう。立派な大学は大都会にあるものと、大体相場がきまっている。ヨーロッパには長い伝統があって、宗教的色彩の強かった小さな大学が、だんだんと近代化しつつ大きくなってきたのである。明治になって、それ以前の伝統とは別に、新しく作られたのが日本の大学であるから、立地条件がちがっていたわけである。同じヨーロッパの中でも、フランスのような近代的な学問の早くから進んでいた国で、おもだった学者がパリに集中していたという例もある。上にあげたアメリカの例にしても、大都市に近接した小都市だといえないこともない。

しかし全体としてみると、少なくともつぎのような結論を引き出すことはできる。大都会でなくても立派な大学が存在し発展しえた、大都会に住んでいなくても学者はすぐれた研究をすることができたという結論である。この結論は、さらにつぎのように拡大できる。大国に住んでいなくても学者は立派な仕事をなしとげることができた。二十世紀の初めの二十数年間、物理学界の長老として世界中の物理学者たちから尊敬されていたローレンツは、オランダに生まれ、ライデン大学の教授として終始した。今日の物理学界において彼に相当するのはニールス・ボーアである。ボーアはデンマーク人であり、四十数年前からずっと、コペンハーゲン大学の教授である。

学者であろうとなかろうと、人間の価値は、その人が大国に住んでいるか小国に住んでいるか、あるいはまた、都会に住んでいるかどうかには無関係である。その人の事情によって、居住地がどこかになっただけのことである。こんなことは、あまりにもわかりきっていて、いまさらいうのも、おかしいくらいである。ところが案外、私たちは知らず知らずの間にある人の価値を、その人の住んでいる場所と結びつけて評価している場合が多いのである。それというのも、一つには人間の本当の値打ちを知ることが、容易でないという事情によるものである。その人自身の値打ちがわかりにくいので、その代わりにその人の属する集団に対する価値判断をする。その資料の一つが居住地ということになる。個人に対する判断を多数の人々の全体に対する一種の統計的推論で置きかえているわけである。それがあまり信頼のできないものであることを、私たちは常に念頭におかねばならない。

このことと、大都会に人口が集中しすぎるということとの間には相関関係があるように思われる。しかし、そう思うのも一種の統計的推論で、その信頼度は私自身もうまく評価できない。

情報の整理

よかれあしかれ、刺激の多いのが文明社会の特徴の一つである。そこに生きる人々は一方では刺激が多すぎるのに悩まされ、他方では退屈をきらって新しい刺激を求める。そういう矛盾が科学文明の発展につれて、ますます深刻になってきた。人間が受けとる刺激にはさまざまな形態がある。寒風の中で手足が冷たいと感じる。満員電車の中で足をふまれて痛いと感じる。それらも刺激にちがいないが、今日私たちの受けとる刺激の中で、一口に情報といわれるものが、特に重要な意味をもっている。科学文明の発展によって、情報の量が非常に大きくなってきた。大きくなりすぎた。それが私たちの悩みのタネである。

目から耳から情報がはいってくる。新聞を読むことによって、テレビを見ることによって、情報がはいってくる。それはこの世界で起こったさまざまな出来事についての知識を供給してくれる。それらの出来事のほとんど全部が、ある読者、ある視聴者にとって、直接見聞することのできなかった出来事である。日本国内の遠隔地、あるいは遠い外国で起こった出来事も報道される。

もともと人間が感じる刺激は、その人にとって広い意味での情報であった。痛いという情報を受けとれば、反射的に足をひっこめる。自分のおかれている環境の変化に対処するために必要な情報としての刺激である。それはあらゆる感覚器官を通じて絶えずはいってくる。目の前には常に自分のいる部屋の一部あるいは窓外の景色がある。耳には何かの音が聞こえている。都会に住む人は耳からはいる騒音に悩まされる。これも広い意味での情報であるが、不必要であり不快である。必要な情報を受けとる邪魔にもなる。しかし騒音よりもっと困るのは、狭い意味での情報の量が大きくなってきたことである。新聞やテレビなどで報道される出来事は、同じころに起こった無数の出来事の中から選び出されたものである。非常に多くの人々にとって知る必要があるか、あるいは多くの人々が興味をもつだろうと推定された出来事が選び出されているのである。読者や視聴者は、さらにその中から自分にとって必要と思われる情報、興味の感じられる情報を選び出して読んだり、見たり、聞いたりすればよいわけである。困るのは必要と思われる情報、興味のありそうな情報が多すぎることである。

何が必要かの判断は人によってもちろん違う。私にとって必要と思われるのは、直接間接に科学に関係した情報である。以前には新聞の記事やラジオのニュースの中で、科学に関係したものは少なかった。しかもその多くは、私にとってもはや必要のないものであった。なぜかといえば、もっと詳しいことを、専門雑誌を通じて知っていたからである。近ごろになって、だんだん事情が変わってきた。

新しい素粒子が発見されたというような重要なニュースは、まず国際電報ではいってくる。真夜中に新聞社から電話がかかってきて、それについて意見を述べよという。すぐ返事のできる場合もあるが、時にはちょっと首をひねらなければならないこともある。エックス一〇という新粒子が発見されたという電文がはいったという。妙な名前だと思いながら、電文のあとの方を聞くと、どうもクサイ・ゼロ粒子のことらしい。それなら西島《にしじま》・ゲルマンの理論といわれるものによって存在が予想されていた粒子である。そういうことにして返事をしたが、あとで電文を見せてもらったら、大文字でエックス・アイ・オーとならんでいる。無理もない読みちがいである。

国際ニュースになるのは、もちろん私たち物理学者にとって重要な情報の極小部分にすぎない。残りの一部は外国にいる日本人研究者の私信の形ではいってくる。しかし大部分は学術雑誌に載る論文が印刷されるより前に配布される予稿、あるいは速報だけを印刷した雑誌として伝わってくる。そういう予稿や速報の重要性がだんだん大きくなってきた。ところが世界中から送られてくる予稿の数がまた非常に多い。それらのどこに新しい重要な内容があるかをさがし出すのは容易なことではない。それに追われていると、こちらの頭が散漫になってしまう。どうすれば多すぎる情報をうまく整理し、その中から重要なものを選び出せるか。これはすべての研究者に共通の悩みであろう。

これを解決する方策の一つとして、ある程度まで役立っているのが国際会議である。ある専門の第一線の研究者たちが世界中から集まってきて、最新の研究成果を発表し討論する。そういう会合の重要性は、他の人の研究にはかまわず、のんびりと自分の研究をしていてもよかったころとは比較にならないほど大きくなってきた。日本のような地理的な条件の下におかれた国の研究者にとっては、特にそうである。国際的な学問的会合の数は近年急速にふえてきた。最小限必要な数のすぐれた研究者にそういう会議に出席してもらおうと思っても、それがなかなかできない。旅費の調達が容易でないのである。時々は日本で会議をやるとしても、その世話や費用の調達が大変である。これらがまた私たちの大きな悩みのタネとなってきた。

研究の大規模化

情報過剰に悩まされるのは、おろかしいことではないか。見ざる聞かざるで自分の仕事に専念したらよいではないか。特に外国からの学術情報を気にするのは不見識ではないか。そういう忠告は確かに真理をふくんでいる。しかし、どうしてもそう簡単に割り切れない理由があるのである。一つの重要な理由は、ある種の研究が非常に大規模になってきたことである。物理学の中でも特に素粒子に関係した実験を行なうための設備は急速に巨大化しつつあり、それに要する経費も常識はずれの額になってきた。一九三〇年代の初めから一九五〇年代の初めごろまでの約二十年間に、非常に数多くの新しい素粒子が発見されたが、このほとんど全部が最初、宇宙線の中で見つかった。宇宙線という天然の宝庫の中から、物理学者は新しい宝物を次々と取り出してきたのである。未知の素粒子が自然界に潜在しているらしいことを知った物理学者たちが、それらを人工的に、そして大量につくり出そうとしたのは、当然の成り行きであった。実際、それによって、さまざまな素粒子の性質を、さらに詳しく知ることができた。そしてまた、宇宙線の中からは発見することの困難だった新粒子をも見つけることができた。

しかし人工的に新粒子をつくり出すためには、一口に加速器と呼ばれている装置を備える必要があった。物理学の研究の規模の巨大化が、加速器の巨大化を中心として起こったのである。それはちょうど今から三十年前の一九三二年に始まった。そのころまでの物理実験は、小ぢんまりしたものであった。普通の洋館と格別かわったこともない建物の中の、あまり大きくない部屋の中で、大学教授が一人か二人の助手を相手に、物理実験をひっそりとやっていたのである。そこへ突然、大型の機械が登場した。コッククロフト・ウォルトンの加速装置と、ローレンスのサイクロトロンとである。

ちょうどそのころ、私は京都大学から、新設の大阪大学理学部へ移った。新しく建てられようとする理学部の建物の地階から一階にかけて、それまでの常識をはずれた広さの、天井の高い部屋が用意されつつあった。コッククロフト・ウォルトン型の加速器をそこに備えつけるためであった。物理実験の規模の突然変異をまざまざと見たのである。それ以後の十年くらいの間の加速器の大型化は、主としてアメリカで行なわれたが、その他の国々の中では、日本が先頭に立っていた。

ところが戦後間もなく、第二の飛躍の段階にはいった。加速器は中間子をつくり出せる程度にまで、一挙に大型化した。一九四八年には、すでにアメリカでは人工的に中間子がつくられたことが確認されていた。それから今日までの間に、日本はおくれてゆく一方であった。ソ連は独力でアメリカと競争することができたが、イギリス、ドイツ、フランスなど、一九三〇年代まで世界の物理学界をリードしてきた国々が、日本と似た立場におかれることになった。そこで一九五一年に西欧の科学者や政治家が集まってヨーロッパ共同原子核研究所をつくることをきめた。この研究所は間もなくジュネーブに建設され、アメリカやソ連と同じペースで次々と大型の加速器をつくってきた。かくして今日、アメリカ、ソ連、西欧の三つが、素粒子の実験的研究の三大中心となっているのである。

昨年ごろからヨーロッパ経済共同体の目ざましい発展が、私たち門外漢の注目をひくほどになってきたが、科学研究における西欧諸国の協力は、それよりずっと早くに実を結んでいたのである。

こういう情勢の中で、日本の物理学者はどうすればよいのか。巨大な加速器をつくることは断念して、素粒子の理論的研究だけを推進すればよいのか。実験をやるにしても比較的小型の加速器でできる範囲の研究だけで満足すべきものか。宇宙線の研究にうんと力を入れるのがよいのか。加速器の巨大化は一体どこまで進むのか。それに伴って、どこまでいっても基本的に重要な知識が新しく供給されることになるだろうか。三大中心に分かれての競争の次の段階として、全世界的協力体制の下に、さらに巨大な加速器を建設しようとする動きもすでに始まっているではないか。

日本のおかれた地理的条件、国力などを考え合わすと、何が一番正しい判断であるかを判定することは容易でない。やはり相当大型の加速器が必要だと思われるが、それはどの程度のものが適当であろうか。自然の最も奥深くにひそむ真理を発見したいという世界の原子核研究者のすべてに共通する願望の達成に、少しでも多く貢献したいという気持は、日本の研究者のすべてが抱いているところのものである。三年ほど前から研究者の間で原子核将来計画が真剣に討議されてきたが、それについて詳しく述べるのは別の機会に譲りたい。

ただここでいいたいのは、日本の将来計画がどうなるにせよ、ここしばらくの間は、恐らく素粒子に関する新しい重要な実験的事実のほとんど全部が、上記の三大中心地域のどこかで発見されるだろうということである。そういう意味だけからも、外国からの情報をどうしても無視することができないのである。

将来の問題

科学の進歩の現在の段階で、私たちは最も重要な研究装置のあるものが、急速に巨大化しつつあることを知っている。その先頭に立っているのが加速器である。六十数年前にエックス線が発見された当時とくらべて、何という大きな違いであろうか。

科学文明の中に生きている私たち現代人は、ただ巨大な施設であるというだけでは、いまさら驚くこともなくなっている。大きなビルディング、高い塔、長い橋など数えあげられないほどである。科学文明の発達していなかった古代でさえも、人間は大仏・ピラミッド・万里の長城のような巨大なものをつくることができたのである。それらと違うのは、加速器のような、実用とはいまのところ何のつながりもない物理学の基礎研究のための装置が巨大化したことである。しかも、それは巨大であると同時に、細かいところまで綿密に、設計どおりつくられた精密機械でもある。

このように精密でしかも巨大な機械が出現し、それが科学の進歩のために重要な役割を果たしはじめたことも、現代文明の特色の一つといえよう。しかし、それと同時に、見かけはあまり大きくなくても、内部の構造の非常に複雑な機械の出現と、その重要性をも見のがしてはならない。電子計算機はその典型的な例である。ところが、それより小型であるにもかかわらず、ずっと複雑な構造をもったものが、自然界には早くから存在していた。それはいうまでもなく生物である。

生物は人間のつくった機械より小さいのに、非常に複雑な構造と多種多様な機能を持ち得るのはどうしてであろうか。複雑な機械は数多くの部分品の集まりである。一つ一つの部分品の構造は簡単である。生物はそれよりもはるかに多くの部分品に分けられる。一つ一つの部分品は肉眼で見えないほど小さい。顕微鏡で見れば生物は無数の細胞の集まりであることがわかる。ところが細胞自身が複雑な構造をもっている。それをさらに細かい部分にわけてゆけば「分子」の段階にまで到達する。十九世紀末から急速に進歩してきた原子や分子に関する研究——それは物理学者や化学者によって行なわれてきたのであるが——と、そこでつながる。二十世紀の後半になって分子生物学が急に成長し出したのも、生物学だけでなく、化学からも物理学からも、十分な栄養分を摂取することができるようになったからである。

人間のつくった機械は、まだまだ大柄すぎ、無器用すぎる。真空管がトランジスターに変えられても、分子からはほど遠い。しかし物理学や化学や工学の進歩に伴って、機械は少しずつ生物に近づいてゆくであろう。それと並行して、生物の研究も進み、生命の創造という夢の実現に一歩一歩近づいてゆくであろう。それは同時に、科学文明の姿を相当大きく変えてゆくことになるだろう。今日の科学文明の中にあって私たちが直面している問題とはまた違った、新しい問題が出てくるであろう。

そういう先のことはなかなか見通せないが、今日すでにきざしの見えるのはつぎのような問題である。人間の頭と手を通ってできた第二の自然は、ある場合には人間にとって新しい環境となる。例えば冷暖房装置はそういう環境をつくりだしてくれる。それはいつも、人間にとって快適な環境であるべきはずだった。現実はそうとばかりいえないが、その点については前にふれたし、また決して新しい問題ではない。第二の自然はしかし、多くの場合、環境としてでなく、私たち人間の代役としての働きをしてくれる。機械といわれるものの多くは、そういう働きをしてくれた。問題は、代役の方が有能になりすぎはしないかという点にある。現在はまだ人間が自分でやらなければならない仕事がたくさんある。科学文明の発展、普及につれて、楽になり、ひまになった面もあるが、その代わりにかえって忙しくなった面もある。機械がもっともっと有能になったらどうなるか。

生命の創造までいかなくても、生物の変種を現在よりずっとうまく使えるようになるだろう。そういうことも新しい問題を生ずることになるかもしれない。生物の研究の進歩と並行して、私たち人間自身の構造や機能も、細かいところまで、ますますはっきりとわかってくるであろう。自然界の探究は非常に進んだといっても、私たち人間自身については未知の要素が多いのが、科学文明の現在の段階であるともいえる。人間自身についても、外界としての自然に対するのと同じように、一つ一つ未知の要素が除かれていったら、どういうことになるか。そこから非常に深刻な問題が出てきそうだということは、おぼろげながら想像できる。

しかし、これらはいずれにせよ、まだ先の問題である。もう一度、科学文明の現在の段階での大きな問題にもどることにしよう。

自然の法と人間の法

科学文明は第二の自然である。それが生《なま》のままの自然と人間の間に介入しているのが文明社会である。それは多くの場合、人間の生活をより安全にし、より快適にしてくれた。しかしまた新しい危険の源ともなった。醜さ、騒がしさによって、生活をかえって不快にする場合もあった。第二の自然は当然の結果として、人間と人間の間にも介入してきた。それは一方では確かに人間と人間の接触をより容易にした。直接会って話す余裕のない場合には電話が役に立った。飛行機の発達に伴って、遠くはなれた国々の人たちと、直接会って話し合うことがずっと容易になった。科学文明の発達によって、地球上の人々をたがいに結びつける糸の数は急速にふえていった。身近の人たちだけでなく、遠い所に住む人たちとも、目に見えない糸で結びつけられるようになってきた。人類の一員としての運命の連帯感が、徐々に人々の心の中に定着しはじめたのである。世界の平和の永続と人類の繁栄のための強固な地盤が、形成されつつあるのである。

残念なことにはしかし、ここにもまったく逆の場合が見出されるのである。人間と人間の間に第二の自然が介入してきた。人間の集団と集団の間にも介入してきた。それは多くの場合、相手をよりよく理解させるのに役立ってきた。たがいに相手に対して、より大きな信頼感を持たせる結果となる場合が多かった。ところが相手に対する不信感がそれでも消せなかった場合には、正反対の結果を生じた。それぞれの側が自分を護《まも》り、相手を倒すための最も有効な手段として、科学文明が利用されることになった。ここでは第二の自然は恐るべき破壊力となるのである。天使の姿から悪魔の姿へと豹変《ひょうへん》するのである。

もう一つ恐ろしいことがある。人間と人間の間に、人間の集団と集団の間に、第二の自然が介入する。両者はたがいに遠くはなれていても、第二の自然の力を利用して、争うことができる。目の前にいる相手をなぐったり、傷つけたりすることは、決してしないという思慮分別が、そのまま遠くはなれたところにいる多くの人々を殺傷する結果となるような行動を自制するのに十分な力となるとは限らないのである。直接的な暴力を抑制させる人間の良心が、間接的な暴力の場合には働かないというおそれがあるのである。

私は人間の善意を信じている。特に異常な場合を除けば、すべての人の心のどこかに良心があることを信じている。しかし今日のように科学文明の発達した世界では、善意に発する行動であってさえも、そのもたらす結果、そのおよぼす影響が、すべて望ましいとは限らない。そして、その全部を見とおすことは多くの場合、決して容易でない。良心があっても、それが働かない場合があるのである。私たちは善良であると同時に賢明でなければならない。科学文明が発達すれば、人間の修養努力は必要でないと思うのは大変なあやまりである。科学文明の発展してゆく中で、人間が個人としても、人類全体としても幸福に生きつづけてゆくことは、決して容易ではないのである。一口に、より一層善良に、より一層賢明になるといっても、それを細かく考えると、実に複雑でむつかしいように思われる。

しかし、少なくとも根本のところは案外、簡単明瞭なのではないかと、私は思っている。私は科学者として一つの信念を持ちつづけてきた。それは「自然はその本質において単純だ」ということである。自然現象が見かけの上では、どんなに複雑、多様であっても、その奥底に立ち入って見れば、必ずそこに簡単な法則が見出される。科学者はそれを信じて研究をつづけ、実際、科学の進歩のいくつかの段階で、そういう法則を見つけだしてきたのである。今日私たちは多種多様な素粒子の存在を認めるところまできている。素粒子の世界はまだ深い霧につつまれている。しかし私たちはそこに自然界の最も根本的な、そしてわかってみれば非常に簡単な法則がひそんでいると信じて研究をつづけているのである。

人間世界についてはどうであろうか。そこでも同じ自然法則は成立しているに違いない。しかし人間世界には、それとは別の法がある。人間のつくり出した法律である。民主的な国というのは、そこに住む人たちが、自らつくり出した法を実行し、守っている国である。自分たちの選び出した人たちが議会を構成し、そこで法律が成立する。それが実施されるための政府があり、それが守られるための裁判所があり警察がある。私たちはそれを国家の正しいあり方と思っているのである。

世界全体についてはどうであろうか。それはまだ法の支配する世界の姿からほど遠い。むしろ無法の世界に近いのである。国際連合は世界平和のため大きな貢献をしてきた。しかし強大国の勝手な行動を抑制する力を持っていないのである。国際連合が次の段階に飛躍しなければ、人間世界全体が法の支配する世界とはならないのである。次の段階にはすでに「世界連邦」という名前があたえられている。多くの人の頭の中に、それはすでに明瞭なイメージとして浮かんでいるのである。現代から未来に向かって生きる人間の善意と知恵とが、その実現のために結集されたならば、科学文明の持つ悪魔的面相も消えてゆくのではなかろうか。

（一九六二年二月）

科学と人間性

思考者としての人間

科学と人間性という大きな問題を考察する手がかりとして、まず最初に、思考者としての人間——つまり考える人——という問題をとりあげることにしよう。われわれが、ものを考えるというのにも、いろいろな場合があるわけであるが、とくに合理的に考える、という場合が重要であると思われる。人間はいつも合理的に思考しているわけではなく、むしろさまざまな感情や欲求で動かされ、またその時々の衝動にかられて、非合理的な考えかたに導かれてしまう場合のほうが多いかもしれない。しかしそれにもかかわらず、人間が合理的に考える能力をもっているということ、少なくとも形式論理の基本原則、たとえば同じことがら、同じ命題を同時に肯定したり、否定したりはできないことを、つねに暗黙のうちに認めているという事実は、きわめて重要である。人間の理性を最低度までさげてしまっても、少なくとも、うそと本当とを弁別しようとする要求だけは、すべての人の心の中にのこるであろう。

さて合理的な思考というものの、もっとも模範的な例は数学である。数学者というものは、結局、論理的に完全無欠であるというところまでゆかなければ満足しない。そういう意味で、「証明」ということが数学には不可欠である。数学者は、自分の思考のプロセスの合理性を、極度にまで明確にすることにつとめる。ある前提が与えられ、それから出発してある結論を出すという場合に、その前提から結論にいたる筋道が、論理の諸原則にかなっているということ、それがとりもなおさず、証明という手続きである。証明のないところには数学はないといってもいいくらいである。わたしはここで、数学についてたち入って議論するつもりはない。ただここでわたしが強調したいのは、数学というものは人間の自由な思考力の現われであり、人間の他のいろいろな心のはたらきや環境によって妨げられずに、人間理性が自由にはたらく典型的な場合であると考えられるという点である。それが、現実に存在するものについての思考であるか、あるいは現実にはないものについてであるかということは、数学では問題にならない。しかし、この思考の合理性ということが、人間にとって、非常に大きな力、大きな価値をもつと思われる重要な理由の一つは、実際にあるものについての合理的な思考が可能であるのみならず、それが非常に有効だということである。実際にあるものといっても、いろいろあるが、その中でも、人間そのものよりもむしろ、人間に対立していると考えられるところの自然、あるいは物質世界についての合理的な思考が、非常に有効なものであるということが、科学の歴史によって十分裏書きされてきたのである。このことは、普通には自然界、物質世界、あるいは自然現象の合法則性ということばで表現されている。自然界のいろいろな現象の起こりかたには、そこに規則がある、法則性があるということに気がつき、これをみつけ出して、この点をどこまでも追求してきたことが、自然科学のもっとも根本的な特徴である。それは、いまさらいうまでもないであろう。よくいわれるように、二千数百年の昔のギリシャにおいて、ピタゴラスという人がこの点に気がついていた。この人は、ピタゴラスの定理というので知られているように、幾何学の大家であったらしいが、同時にすぐれた思想家・哲学者でもあった。この人は、自然現象というものに、なにか数の間の関係というものが現われていて、しかもその関係が非常に簡単である場合があることに気がつき、この点を非常に重要視したのである。

たとえば、いろいろな糸、楽器の紘《げん》の振動によって発する音は、紘の太さやひっぱりぐあいが同じなら、紘が短いほど高い音色であること、これは今日だれでも知っていることであるが、それらの違った高さの音がかさなった場合に、たがいに調和するか、しないかは、紘の長さの割合で決まる。それが非常に簡単な整数比になっている時に、わたしどもの耳は、それらの音がよく調和していると感ずる。そういう例からみても、自然界には、なにか簡単な数の間の関係で表わされるような規則性がある。こういう点に着目して、ピタゴラスは「万物は数である」といったのだと、普通にいわれている。

そういう考えかたがだんだんと発展して、精密科学、とくに理論物理学のような学問ができてきたのだともいえよう。いいかえると、自然の合法則性を、数の間の簡単な関係として表現できるという考えかたが、科学の長い伝統の中に、今日までずっと、非常に重要な要素として尾をひいているのである。

ところが、科学がだんだんと発達するにしたがって、そういう自然現象の法則性を表わすのに必要な数の間の関係をとり扱ってゆく場合に、初等的な数学だけでは不十分で、いわゆる高等数学というようなものが必要になってきた。ニュートンやライプニッツの時代に、微分・積分が発明され、今日いうところの数学解析が、自然現象の法則性を表わすのに、非常に大きな力を発揮してきたことは、よく知られているとおりである。そういうふうにだんだんと高等な数学が使われるのに伴って、だれにでもすぐわかるような簡単な数の間の関係とか、あるいは直観的に明白な幾何学的な関係というようなものよりも、もっと抽象的な、もっと一般化されたところの数量の間の関係のほうが、自然の法則性を表わすのに、より根本的な意味をもってくるようになった。ということは、個々の数とか、あるいは特定の幾何学的図形というものではなくて、もっと抽象化された数学的な記号の間の関係――一つ一つの数ではなく、たくさんの数の集まり、個々の数値ではなくて、多くの数値の全体を表わすところの記号、そういう記号の間の関係――が、自然の法則性というものを記述するのに、よりつごうのよいものであることが、だんだんとはっきりわかってきた。そういう記号の間の関係を媒介として考えを進めてゆくということは、人間の論理的な合理的な考えかた全体からみても、非常に重要な問題を含んでいる。というのは、演繹《えんえき》論理が数学という形で具体化され発展してきたこと、そしてそれがさらに自然現象の合理的記述に役だってきたということを、数学や経験科学からはなれて、見なおすと、記号の間の関係として論理を表現する――もっと極端にいえば、論理を記号の間の関係に還元してしまう――記号論理学といわれるようなものが成立しうることになってきた。

このように、われわれ人間が、数学などの助けを借りて合理的な思考能力を発展させればさせるほど、人間の生きている自然的世界の根底にある合法則性が、ますます的確に把握できることになってきた。人間の理性と自然の合法則性の間に、いちじるしい対応がみいだされる。こういうことが、科学者がものを考えてゆくうえに、科学を進歩させてゆくうえに、いつも背景にあるといえる。これは非常に重要な点であるが、それならどうしてそういうことになっているのか、それ以上追求しようとすると、どうしても自然科学をはなれて、哲学の領域にはいらざるをえない。わたし自身も、この問題についてここで簡単に結論を出そうとは思わない。ライプニッツの「予定調和」という考えが、こういう問題を追求しようとする場合、非常に魅力的であるというくらいにとどめておく。

ここで少し問題をもとへかえして、数の間の関係あるいは記号の間の関係というようなものと、人間の合理的な思考方法とが、どういうふうに結びついているかを、考察してみよう。数の間の関係を追求してゆくということは、計算をしてゆくということである。ある数とある数とをたすと、ある数が出てくる。またそれにある数を掛ける。そういう手続きをくり返してゆくことが、つまり普通の意味の計算であるが、人間がそういう計算能力をもっているということも、合理的に思考する能力をもっているということの一つの表われである。ところが、こういう計算であれば、なにも人間が頭でやらなくてもすむ。実際、われわれが計算するときに、頭の中だけでやれる場合はむしろ少ない。頭の中で暗算するということは、少しこみいった場合には、ほとんど不可能である。その代わりに、紙の上に書いて計算するとか、あるいはソロバンを使って計算をするとか、あるいは、簡単な計算機を使って計算をするということが、だんだんとさかんになってきた。この計算機というものがだんだん進歩してきて、そういうあるかぎられた範囲の計算に関するかぎりにおいては、筆算やソロバンよりもずっと早く計算を遂行することができるようになってきた。そればかりではなく、電子計算機などは、人間の頭のはたらきの中でも、一つのそして非常に重要な特徴の一つであるところの、ものを覚えておくはたらき、すなわち記憶力をまねできるようになってきた。人間がものを考えるというときには、いつもその背後にいろいろな記憶があり、それが必要に応じて意識の中に再生される。あるいはまた、偶然的にそういう記憶が再生される。そういう記憶の助けを借りて、思考が推進されてゆくのである。計算機の場合においても、そういう記憶の能力をもたせることができ、また、記憶の種類や容量を、だんだん増大させつつある状態である。

ところで、ある機械が計算することができるなどというと、人間のもっている合理的な思考能力というもののごく一部分、非常にせまく限定されたはたらきしか代行していないというように思われるけれども、実はそうではないのであって、計算するというはたらきをつきつめてゆくと、次のようなことになる。たとえば、二つの数を寄せるとか掛けるとかいう簡単な操作にしても、これをさらにこまかく分解すると、ある数に一をたすかたさないかのどちらかの操作を、何回も何回もくり返してゆくことになる。つまり一をたすかどうかという問に対して、イエスと答えるかノーと答えるか、肯定するか否定するか、そういう二つのはたらきのどちらを選ぶかという判断の組みあわせに帰着する。逆にいえば、たとえば肯定に対しては一、否定に対しては零という数を対応させておいたとするならば、一と零をいくつも並べることによって、どんな大きな数に対応する組みあわせもつくれることになる。計算をして答を出すということは、結局、一と零のある組みあわせをつくり出すことになる。そう考えるならば、逆に計算ということを、肯定と否定という論理的判断の積みかさねであると見なおすこともできるはずである。そうなると、頭の中で論理的判断を続けてゆく代わりに、そういうプロセスを機械にやらせることもできるはずである。そういうことが、実際今日の電子計算機のようなものだと、もっともつごうよくできている。むしろ計画的に、そういうしくみが電子計算機の中にとり入れられているのである。一つ一つの真空管のはたらきを、電流を通す場合と通さない場合の二つにしぼってしまえば、それは人間が一つ一つの命題に対して、肯定するか否定するかの判断に対応することになる。たがいにつなぎあわされた、たくさんの真空管の全体が、人間の頭のはたらきをすることになる。結局、機械でも、人間が合理的な思考といっているものと同じことをやれることになる。大ざっぱにそう考えていいであろう。しかも機械のほうが、人間よりもまちがいを起こすことが少ない。そして少し複雑な場合には、人間よりずっと速く結果を出してくれる。

将来は、そういう機械の能率、あるいは多能性は、ますます増大するであろう。今日でも、せまい意味での合理的な思考能力に関するかぎり、つまり、ある与えられた前提から出発して、正しい結論をできるだけ短い時間に引き出すという能力に関するかぎりは、機械は、もはや人間を凌駕《りょうが》しているとも言えるのである。そういう点から考えてみると、機械のほうが人間よりえらくなってしまいはしないかという心配も、あながち理由のないことではない。さらに、もっと高度の計算機械ができていって、人間が頭で考えることは、なんでも代わりに、しかももっと速く、そしてもっとまちがいなくやってくれるということになれば、人間はものを考える必要がなくなってくる。思考者としての人間というものは、その役割を喪失してしまうのではないか、という危惧《きぐ》の念を、今から抱く人がいたとしても、それは、あながち根拠のないことではない。

ところが、これはしかし非常に浅い考えかたであって、人間の思考能力、広い意味での思考能力を、低く評価しすぎているということが、少し深く考えてみれば容易にわかる。ある一定の前提があって、それから論理的な肯定・否定判断をくり返して、ある結論を引き出させるというような場合には、たしかに、機械は有用であるけれども、そういう問題を設定する、演繹論理だけで答を出せるような問題を設定するのは、人間のすることである。人間の頭で考えることである。そういうことまで機械が代行できるようになるかどうか、ここに一つの根本問題がある。それなら人間は、どうして自分でなにか問題をみつけ出すことができるのか。人間のもっているせまい意味での合理的な思考能力だけでは、そういうことはできない。ところが幸いにして、人間はもっと他の能力ももっている。その中でも想像力（イマジネーション）といわれているところのものが、重要になってくる。想像力とはなんであるか。これは、考えてみると、あまりよくわからないものであるが、もう一つ、それと似ているが少し違うものとして、構想力といわれている能力がある。自分の考えをまとめる力という意味で、普通に使われているが、考えてみると、これも、どういうことかよくわからなくなる。しかし、とにかくまとめる、いろいろな違ったことがら、違った概念、あるいはさまざまな記憶や経験、そういうものを頭の中で一つにまとめる力、それは非常にたいせつなものである。

われわれは、少し頭が疲れてくると、考えがまとまらなくなってきたという。実際、考えをまとめるということは、人間の頭脳のはたらきの中でも、とくに大変な努力を必要とするものである。そういうはたらきを機械にさせることができるかどうか。そういうことのできる機械は、少なくとも、われわれの現在もっている機械の概念からはみ出してしまう。もう一つ、前にいった想像力というようなもの、自分がいままでに経験してきたこと、また他の人が経験してきたこと、そういうものとはどこか違ったことを思いつく能力を、いったい機械にもたせることができるかどうかということになると、これまた、われわれの現在もっている機械の概念ではかたづかない。なぜかというと、一口に機械といえば、それが計算機であろうと、またほかのどういう種類の機械であろうと、われわれが機械に対して要求するのは、なによりもまずその信頼性、確実性である。機械とか機械的とかいうことばを使う場合、われわれはいつも、そのはたらきがある程度限定されている反面において、そのはたらきがたしかであることを意味している。狂う心配が少ないほどよい機械だと、われわれは考える。機械が狂ったら困る。狂えば修繕して、確実にこちらの要求するとおりにはたらいてくれるようにする。そういうことが、機械のもっている属性として、きわめて重要なものである。

しかし機械のはたらきが確実であるということは、つまりなにかある指定された条件のもとにおいて、人間が要求するようにはたらくということである。そういう属性をもっているかぎりは、人間の想像力に相当するはたらきまで機械に要求できないことになる。

その前にいった構想力、つまり考えをまとめるというようなはたらき、このほうは少し問題が違っており、ちょっと説明がむつかしいが、やはり次のようなことがいえると思う。とにかく、機械というのは、人間によって、ある形にまとめられているものであって、機械が自発的に、人間がその機械をつくる時に考えなかったようなしかたで、自分のはたらきをまとめてゆく――自分のはたらきを規正してゆく――ということは、機械にはできないはずである。少なくとも普通われわれが考えている機械には、それはできない。それはしかし、逆に機械に対するわれわれの考えかたのほうが、せまいワクに限定されているためだとも考えられる。今日われわれのもっている機械に対する観念が、せますぎるのかもしれないと思われるのは、たとえば、機械が狂うというような場合である。困るのはわれわれ人間であって、機械のほうは、狂ってしまってからも、狂う前と同じ自然法則にしたがって、動くかとまるかしているわけである。ただそれが人間の望んでいたとおりであるか、望んでいなかったようなふるまいであるかの違いだけである。

機械の狂いかたにもいろいろあるであろう。それをつくった人間にとって、予想されていた狂いかたをするのが普通である。そういう場合には機械を修繕して、正常なはたらきを回復させるか、それができなければ廃棄してしまうかだけである。ところが、もしも機械が人間の予想していなかったような狂いかたをしたら、どういうことになるであろうか。そういう機械は、人間にとって信頼性、確実性のない困りものだというのが、われわれの機械に対してもっている通念である。しかしもしも反対に、人間が予想しえないようなはたらきかたをするかもしれないような機械をつくり、それを活用することまで考えてみたらどうであろうか。そうなると、機械が人間の頭のはたらきをどこまで代行できるかという問題も、だいぶん違ってくるのではなかろうか。

機械という概念をそこまでひろげた場合に、問題をとく手がかりになると思われるのは、生物の進化の問題との類推である。自然界における生物の進化というプロセスは、たいへんゆっくりしたもので、何億年というような非常に長い間に、だんだんと多くの違った種類の生物が地球上に現われてきたのである。その足どりは、人間の日常生活の時間のスケールからみると、非常にのろのろしたものである。しかし、それは、人間が生物の進化に関与しないかぎりにおいて、そうであったのであって、今日の人間は、進化の過程を、ある程度まで早めることができるようになっている。たとえば、いろいろな生物に放射線を当てることによって、突然変異の起こる回数を、自然のままにほうっておいた場合よりずっとふやすことができ、したがって、いろいろいままで自然界になかった変種を、どんどんつくり出してゆくことができる。しかもそれを、比較的短い時間内にやることができる。そういうふうにしてできた新しい変種の大部分は、生物として生存し、繁殖してゆくのには適していない。しかしそういう中にも、ごく一部分は、いままであった品種よりも、なんらかの意味ですぐれた性質をもっているという場合が出てくる。すると、そのようにしてできた変種が、ほかの前からある品種を凌駕して、どんどん繁殖してゆくというような場合も起こってくるであろうし、さらにまた人間が、人工的に、人間にとってつごうのいいような変種だけを、急速に繁殖させてゆくこともできるわけである。いずれにしても、そういう手法をくり返し使うことによって、自然界の進化という非常にゆっくりしたプロセスを、部分的ではあるけれども、短い時間の間に、もっとはやく進行させることができるわけである。

そこで機械、とくにさきほどから問題にしている電子計算機、人間の思考能力を代行する計算機についても、これと似たようなことが考えられる。というのは、機械というもののはたらきになにか不確実性があって、そのために思いがけない結果というか、結論というか、そういうものを機械が引き出してきた場合を考えてみよう。それは単にまちがいであるとか、あるいはもっと一般に人間にとって役にたたない、おもしろくないという場合が大多数であろう。しかしごくまれには、人間が予想していなかったすばらしい結果である場合も起こってこよう。ちょうどそれは、天才が非常におもしろい、そして新しい考えを思いつく場合のようなものである。天才というものは、ある点では気違いに近い場合が多いのであるが、一般の人はもちろんのこと、天才といえども、他の人がいままで考えつかなかったようなことを思いつくというような場合は、そうたびたびは起こらない。起こらないから天才といわれるのである。ところがもしも将来、機械の力を借りて、そういうことをもっと頻繁におこなわせることができるようになったらどうなるか。人間の歴史の長い期間に少数の天才が現われて、そういう人たちのおかげで、人類がなしとげてきたいくつかの飛躍を、機械の力によって、もっと短い期間になしとげることができるようにならないとは、いいきれないと思う。もちろんこれは、単にわたしの想像であって、機械がそこまで発達するのは、いつのことかわからない。そういうようなつごうのよい機械よりも、有害無益な機械ばかりたくさんできて、ただ人間が困るだけで終るかもしれない。あるいはまた、うっかりそういうような機械をつくると、機械のかってな判断に悩まされるだけで終るかもしれない。しかし、一つの想像、空想としては、機械が天才の代わりまでするというような極端な場合も、考えられないことはないであろう。結局のところ、機械がどこまで人間の頭脳のはたらきを代行できるかという問題に対する一般的な判定は、たいへんむつかしいとしかいえない。

とにかく人間の創造力、――日本語はたいへん不便で、想像力と発音は同じであるが、それと違った――クリエイティブな、創造的な、なにか新しいものを生み出してゆくような頭脳の活動は、さきほどいった想像力、イマジネーションとか、考えをまとめる構想力とか、あるいは論理的な推論を飛びこして結果を見透《みとお》す力、普通に直観的な洞察力といわれているものとかが一緒になって、おたがいに助けあって人間の創造的活動をなしとげてゆくわけであるから、そういうはたらきを、はたして機械がやれるようになるかどうかは、疑問である。

わたしも人間の一人として、機械が人間の頭脳を凌駕するようになるだろうなどとは考えたくないのであって、どこまでいっても人間には、まだトッテオキのものがあると思いたいのであるが、しかしまた、機械というものにいったいどこに限界があるかということも、よくわからないのである。

少し脇道に入ったが、さて、人間というものを理解するうえに、考える人、思考者としての人間という立場に、一応限定して考えてみることは、たしかに有用であるに違いないが、そういうはたらきだけに人間の活動を限定してしまうと、いきおいわれわれは、一種の合理主義の立場に立つことになるのである。人間は、合理的に思考する能力をもっている。そしてそれに対応して、自然現象が合法則性をもっている。そしてわれわれは自然現象を合理的に記述する力をもっており、数学的な記号の間の関係として自然の法則性を表現することができる。こういうことが科学の進歩、とくに理論物理学の進歩というようなものによって、ますますはっきり裏書きされ、われわれは、ますます合理的な思考の有効性に対する自信を強めてきたのである。

そういう事態が、合理主義というものを成立させるところの非常に有力な根拠となっていることは、否定できない。しかし、そういう合理主義の立場にも限界がある。なぜかといえば、人間というものは単に思考者であるというだけではなくて、これからおいおい問題にしてゆくように、観察者であり、観測者であり、また行動者であり、技術者であるというような、人間のもっているいろいろな能力、活動のしかたをも考慮して、いろいろな立場から考察し、そのうえでそれらを総合的に考えてみるのでなければ、人間というものの本当の理解ができないからである。そういう意味でいろいろな立場があるということ自体から、単純な合理主義にも、おのずから限界があることがみえてくるわけである。この点は、次の段で観察者としての人間について考察してゆくうちに、だんだんと、あきらかになってくるであろう。

観察者としての人間

第一段では、思考者としての人間ということに問題を限定して考えた。ところが人間がものを考えるには、なにか考える材料が必要である。その材料となるものは、その人の経験、直接の経験であるか、あるいは他の人の経験を間接に読み、聞いたというような、もっと広い意味での経験かである。一口に人間の経験といっても、種々さまざまなものが含まれている。そして、それらが非常に複雑にからみあっている。その中には、たいていの場合、われわれの住んでいる世界で起こった出来事に関する経験、知識が入り混じっている。逆にいえば、われわれが経験と呼んでいるところのものの、少なくとも相当部分は、われわれがその中におかれている、この世界で起こった何事かに関係していると、われわれは普通考えているのである。それをさらに、もう少しはっきりと表現すると、自分のそとの世界、外界で起こったある出来事に関係している部分があると思っている。もちろん、それだけではなく、われわれの経験の中には、外界で起こった出来事には直接関係なく、自分自身の気持というようなものに関係している部分もあることはたしかであるが、ここで問題としたいのは、われわれが生きている、この世界で起こった出来事に関係していると思われる部分である。そうすると、外界で起こった出来事という以上は、どこで、いつ起こったかということを、必ずいっしょに考えていることになる。そこで先《ま》ず、いつ起こったかということをもう少し正確に表現しようとすると、その出来事の起こった時刻を知る必要がでてくる。

今日われわれは、相当正確に時刻を示してくれると信じている時計をもっている。この時計によって、ある出来事の起こった時刻を決める。そこで、ある出来事が、ある日の何時何十分に起こったということを、直接あるいは間接に知ったとする。また他の出来事についても、それが起こった日時を知ったとする。そうするといろいろな出来事を、時間の順序にしたがって配列することができる。いろいろな出来事の起こる場所は違っていても、起こる時間によって順序づけることができる。しかし、そういう外界の出来事としての時間的な順序づけというものは、われわれがそれらの出来事を直接・間接に知る順序、すなわち、われわれの経験自身の時間的な順序と同じものではない。場合によると、前に起こった出来事を、ずっとのちに知ることになる。われわれが非常に遠くの星を見ているとする。その星が地球から一万光年の遠方にあったとすれば、いまから一万年前にその星から出た光を、われわれの目がいま感じていることになる。ところが、その前にわれわれが地球上で昨日起こったある出来事を直接みるとか、あるいはその報道を聞くとかしたとすると、われわれの直接の経験としては、昨日の地球上の出来事を知るほうが前であり、今日その星を見るほうがあとである。しかし、外界で起こった出来事としては、われわれがいま見ているところの星から光が出たという出来事のほうが、一万年も前であったといわねばならぬ。こういうことはもちろん、ちっとも珍しいことではない。むしろ、われわれが日常、物事を経験していく順序は、外界の出来事としていろいろのことがらが起こった順序とは、非常に違っているのが普通である。そこでわれわれは始終、自分の頭の中で、それらをほとんど無意識的に整理している。そういう再整理をして、外界で起こった出来事としての時間の順序に配列してゆく場合に、われわれが考えている時間なるものは、何人《なんぴと》にも共通な時間であると信じている。われわれの一人一人が、直接間接にいろいろな出来事を知る順序は、人によって違うであろうが、そういう違いにもかかわらず、本当の時間的順序というものは一つしかないと思っている。いろいろな出来事を、外界でのできごととして、いいかえれば、時間空間的な世界での出来事として時間的な順序に配列するしかたは、一つしかない、そしてそれは、すべての人に共通な絶対的なものであると考えている。絶対的な時間という観念が、だれの頭の中にもあって、ほとんど無意識に経験の再調整をしているのである。そういうことはやっていないという人がもしあれば、その人は頭が少しおかしいのではないかと思われてもしかたがない。よく哲学者などは、そういう再調整のはたらきを故意に無視して、直接経験的な時間の順序というようなことだけを考えようとする。そう考えることはもちろんかってだけれども、しかし、だれでもかならずそういう再調整をやっているという事実は、否定できない。少なくともそういうことをしていない人は、非常に少ない。非常に小さい子供であるとか、頭のへんな人とか、全然教育を受けていない人などの場合には、そういう再調整がなされていないかもしれない。されていても、非常に不十分であるということがあろう。しかし普通の人間は、だれでも無意識にそれをやっている。これはごくあたりまえのことで、いまさらいうまでもないことのようであるが、科学が進むにしたがって、そこに新しい問題が生じてきた。何人にも共通な唯一の時間の流れを考えて、その中でものごとが起こる前後の順序というものを考えてゆく。そういう再調整のしかた自身を、二十世紀になってから相対性原理が現われて、根本から考えなおさなければならないようになってきたのである。この点について、ここであまりくわしく議論する必要もないから、簡単に要点を述べるだけにとどめておこう。われわれが直接経験することを、時間空間的な世界で起こった出来事と関係させた場合、われわれはいったい、どういうふうにして、その出来事の起こった時刻や場所を決めているのかという点について、もう少し具体的に考えてみると、ある出来事が、ある時刻に、ある場所に起こったということをわれわれが知るためには、その出来事が起こった場所から、なにかがわれわれに伝わってこなければならぬ。それは結局、光とか音とか電波とかいうような、直接あるいは間接に、われわれの感覚器官でとらえられるようなものの形で伝えられるほかない。それ以外の霊感というようなものについては、われわれはまだ、あるのかないのかさえいえないのである。

今日では、非常に遠くで起こった出来事を、非常に短い時間で知ることができる。たとえばニューヨークで起こった出来事を東京で知る場合、ニューヨークのある人がその出来事を直接目で見て、すぐに電波で東京に伝えたものとしよう。見てから電波で伝えるまでの時間はいくらでも短くできるものとすると、あとにのこるのは、電波がニューヨークから東京まで伝わるのに要する時間である。それだけの時間はどうしても必要である。電波の伝わる速さは、光が真空の中を伝わる速さ――毎秒三十万キロ――以上になることはないのであるから、ある出来事がどんなに早く報道されても、それを知るには、ニューヨークと東京間の距離を電波の速さで割っただけの時間が少なくとも必要だということは、たしかにいえる。逆にいえば、われわれが東京で、ニューヨークに起こった出来事についての報道をキャッチしたとすれば、それは、いまいった時間以上前に起こった出来事に違いないということがいえる。したがって、もっとも理想的な場合を考えて、ある出来事が直接電波とか、光とかによって伝えられたとしても、その間の距離を光が伝わる時間というものだけは、どうしてもかかるわけである。実際そういうことを考えて、われわれは、地球上の各地でいろいろな出来事の起こった時間の順序を再調整しているのである。これは、われわれの常識でよくわかることであるが、ただ実際問題として、地球上であれば、光や電波が伝わる時間というものはきわめて短いから、時間的順序を正確に決める必要のない場合は、それを無視しているだけである。ところが地球以外の一万光年も遠い所にある星のようなものを相手にする場合には、それが大きくきいてくる。星の上で起こった出来事を光が伝えるのに、一万年もかかっているということを考慮に入れなければならない。

しかしいずれにせよ、ここまでは、別にわれわれの常識に反することはない。相対性原理によって、まったく新しい要素として現われてきたことというのは、一つは、どのような方法によっても、遠方の場所で起こった出来事を知るのに、光、あるいは電波によって知るより以上早く知ることはできないという、一般的な制限である。つまり、一般にある出来事が起こったことを実際に知らせる信号は、けっして光の速さ以上に早くは伝わらないということを、相対性原理と関係して、一つの根本的な制限として認めなければならなくなったのである。

もう一つは、これ以上早く信号を伝えることができないという速さ――それがつまり光の伝わる速さと同じ、毎秒三十万キロの速さであるが、――それがだれにとっても同じだということである。もっとくわしくいうと、その人がどのような運動状態にあろうとも同じだということである。これは少し考えてみると、たいへん不思議だということがわかる。そうだとすると、すべての人に共通な時間の流れがあるというわれわれの常識と矛盾することも、わかるのである。なぜかというと、もしも、すべての人に共通な時間の流れがあると認めたとすれば、逆に光の伝わる速さというものは人によって違ってくるということを、認めなければならないからである。たとえば、ある星から地球に向かって光が進んでくる、その速さを毎秒三十万キロとすると、もっと早くこの光をキャッチしたいと思えば、われわれ地球上のだれかが非常に高速度のロケットに乗って、その星めがけて進んでいったらよいだろうと考えられる。このロケットに乗っている人からみれば、光は毎秒三十万キロ以上の速さで進んでくるはずである。光の代わりに音の場合を考えてみると、たしかにそうなっている。音の出る源に向かって走っている人からみれば、音は早く伝わってくるし、反対方向に逃げていけばおそくなる。音が空気中を伝わる速さより速い速度で逃げれば、いつまでたっても音はとどかない。そういう人からみれば、音の伝わる速さは、たしかにその人がとまっていた時とは違っているのである。それはしかし、音が空気中を伝わってくるためだと考えられる。それに対して光を伝えるもの、媒質として、エーテルというものが考えられてきた。エーテルというものを考えるなら、光の場合にも話は同じはずである。ところが有名なマイケルソンの実験によると、そうはならないことがわかったのである。地球は太陽のまわりをまわっているのであるから、光がどちらの方向に進んでゆくかで、進む速さは違っているように見えるはずである。ところが、そういう違いは実験には現われてこなかったのである。相対性原理によると、結局、エーテルというようなものを想定していたのがまちがっていたということになる。それに伴って、すべての人に共通な時間の流れを考えることも、できないことになった。そういうことをくわしく説明する必要はないが、ただここで強調したかったのは、われわれが日常経験をほとんど無意識的に整理している際に、まったく自明の前提と認めていた時間の観念さえも、科学の進歩によって、考えなおさねばならぬようになったということである。

こういうことは、まだほかにもある。それは量子論に関係したことであるが、実はこのほうが、より一層深刻な問題を含んでいるのである。それはやはり、われわれが外界で起こった出来事を認定するしかたに関係している。なにごとかが起こったことを認めるということは、結局だれかが目で見るとか、耳で聞くとか、とにかく、その人が感覚器官によって、なにかを認知するということからはじまる。そこが、単に頭の中でなにかを考えるとか、夢をみるとかいうこととの違いになってくる。そういう認知のしかたの中でいちばんよく使われ、またいちばん確かだと思われるのは、目で見ることである。百聞一見に如《し》かずというとおりである。目でみるということは、結局目に光がはいってきて、網膜のどこかがその光による刺激を受けるということに違いない。網膜のどこかの部分が刺激を受けるということは、網膜のどこかの部分に光のエネルギーが与えられるということである。ところでこの光の正体はなんであるかということについては、十九世紀末までは波動説がほとんど絶対的に信奉されていた。光は波であるから、そのエネルギーといっても、つまりはその波の強さ、いいかえると波としての振度の大きさ、振幅によって決まってくるものだと考えられてきた。波の振れかたにはいくらでも弱いものがあり、いくらでも強いものがある。全然波のないところから、だんだんと強い波になってゆく。そしていくらでも強くできる。それは、連続的に変わりうるものだと考えられていたのである。ところが二十世紀になってから、量子論が出てきて、光のエネルギーについての考えかたがまったく変わった。光の波はあることはあるけれども、それと同時に、光のエネルギーは量子的な不連続的なものであることをも認めねばならぬことになった。ある一定の波長をもった波、したがってある一定の振動数をもった波を考えてみると、その振動数に比例するエネルギーの最小単位、エネルギー量子というものがあって、光のエネルギーは、いつでもその整数倍の価しかとれないということを、認めなければならないようになった。したがって網膜のある部分が刺激され、光のエネルギーを受けとった場合に、そのエネルギーは一定の大きさ以下に小さくはできない。その光の波長、あるいは振動数に応じて、ある単位のエネルギーをいっぺんに受けとることになるのである。その半分とか三分の一だけ受けとるというわけにはいかない。ある波長の光で網膜のある部分を刺激する場合、その刺激をいくらでも弱くするというわけにはいかない。光の波長を短くするほど、振動数が大きくなり、それに比例してエネルギー量子も大きくなる。赤い色の光より紫色の光のほうが、振動数が大きいから、そういう意味で、はげしい刺激を与えることになる。量子論にしたがえば、そういうことを認めなければならない。こういう新しい事態が、人間が外界を認知してゆくうえに、いいかえると観察者としての人間の立場に、どのような根本的な意味をもつかは、以下の議論で、おいおいあきらかになってくるであろうが、その前に、まずわれわれの日常経験の範囲内では、相対性原理や量子論のような新しい考えかたを採用してもしなくても、結論にはたいした変わりはなく、結局われわれの古い常識がたいていそのまま通用する理由を、簡単に述べておきたいと思う。

相対性原理の場合は、事情は非常に簡単であって、われわれが地球上で経験するいろいろな運動の速さ、たとえば飛行機やロケットのような速いものでも、その速さは毎秒三十万キロにくらべると、ものの数でない。したがって毎秒三十万キロという速さの限界があるかどうか、あるいはわれわれが動いても光の伝わる速さに変化がないかどうかは、ほとんど問題にならない。これに反して電子のような小さなものになると、容易に光の速さに近い速さで走らせることができるから、そういうものを相手にする場合には、どうしても相対性原理にしたがって考えを進めてゆかなければならない。

量子論に関しても、われわれが普通にものを見る場合を考えてみると、事情は割合に簡単である。光のエネルギーに最小単位があるかどうかは、たいして問題にならない。われわれがものを見る場合、たとえば、わたしがある人がそばにきたのを目で見て、その人を認定するというような場合には、太陽なり電燈《でんとう》なりから出た光が、その人のからだに当たって反射してわたしの目にはいってくる。その場合、わたしの目にはいる光のエネルギーは、エネルギー量子という単位にくらべて、非常に大きなものである。したがって、そういう光のエネルギーが、実は不連続的だということは、特に問題にならない。光の量子が一万個われわれの目にはいってくるのと、一万一個はいってくるのとの間の違いは、ほとんど問題にならない。一万二個であろうと、一万三個であろうと、それも問題にならない。したがって、光の強さは連続的に変わってゆくと考えていいことになる。しかし、われわれが見ようとしているものが、人間のような大きなものでなく、非常に小さなものである場合には、光のエネルギーがある一定の単位の整数倍の価しかとれないということが、非常に重要な新しい制限になってくる。それが観察者としての人間の立場に重大な影響を及ぼすことになるので、以下で少したち入って論じてみたいと思う。

いま、われわれが一つ一つの電子を見ようと思ったとしよう。そこで電子に光を当てて見る。光が電子によって散乱される。散乱された光をわれわれが見るという順序になるであろう。これをこまかくみると、光の一つの量子が一つの電子によって散乱される。散乱された光の量子がわれわれの目の中にはいる。こういうのがもっとも単純な場合として考えられる。そうなると、光のエネルギーというものに不連続性があるということが、非常に重要な意味をもつことになる。そういうところから、不確定性原理というようなものが出てくる。これについては、ここではあまりたち入った話はやめて、これからさきの考察に必要な点だけを述べておくことにしよう。不確定性原理として、いちばんよく知られているのは、電子のように非常に小さいものがどこにいるかを、われわれが知ろうとする場合に関してである。電子に光を当てることによって、電子のある場所を決めるのに、普通の顕微鏡のようなしかけを使ったとする。電子のありかをできるだけ正確に決めようと思えば、なるべく波長の短い光を使ったほうがよいことは、光の波動説でよく知られていることである。普通の光を使うよりも、紫外線を使ったほうが小さいものをみるのにつごうがよいというのも、このためである。さらにもしも、もっと波長の短いエックス線あるいはガンマ線などを使えば、一層正確に電子のある場所を知ることができるはずである。ガンマ線やエックス線が直接目に感じなくとも、さしつかえはない。蛍光板かなにかで、目にみえない放射線をもう一度目にみえる光線に変えてやればいいのである。またエックス線やガンマ線を使った顕微鏡をどうしてつくるかということも、ここでは問題にしなくてもよい。原理的な問題だけに着目すればよい。

さて、光からエックス線、ガンマ線と波長を小さくしてゆくことは、その振動数を大きくしてゆくということである。振動数を大きくすれば、エネルギーの量子が大きくなる。さきほどいったように、エネルギーの量子は振動数に比例するからである。エックス線やガンマ線の場合には、一つ一つの量子のもっているエネルギーは、光の場合より、ずっと大きくなる。そういう大きなエネルギーの量子が電子によって散乱されるのであるから、それだけ電子のほうも大きな反動を受けることになる。反動を受けることによって、電子の運動状態が変わる。とまっていたものが動き出すとか、動いていたものがより速く走るとかいうような変化が起こるのを、どうすることもできない。そういうことから、電子の位置を正確に知ろうとすればするほど、電子の走っている速さ、もう少し正確にいえば運動量が、それだけよけいにわからなくなってくる。逆に運動量のほうを正確にはかろうとすれば、位置のほうについての知識がぼやけてくる。このようなあい容《い》れない関係、それが不確定性原理の具体的な例として、いちばんよく知られている場合である。不確定性原理については、まだいろいろ議論すべき点がたくさんあるが、ここで問題となるのは、結局、そういう不確定性原理なるものが、自然界に起こっている出来事を、われわれがこまかいところまで正確に認定しようとする場合の、一つの制限になるという点である。いままでわれわれが予想していなかった、一つの新しい制限を考慮しなければならなくなったのである。科学の進歩に伴って、外界に起こっている出来事について、どこまでもこまかく詳しく知ることができるようになるであろうと思っていたのが、かえってそこに思いがけない制限をみつけ出すことになったという点が、いろいろな意味で、非常に重要なのである。いろいろな意味で、われわれの予期や常識に反していたのである。

　これに関連して、ごくわかりやすい例をあげておこう。わたしが石を投げたとする。わたしなり、あるいは他の人が、石がどういうふうにとんでゆくかを観察していたとする。その場合、石が時間のたつにつれて、どういう動きかたをするか、どういう位置にあるかを、時々刻々追跡していくことができる。望遠鏡でのぞいていてもいいであろう。とにかく、時々刻々石のある場所を正確に決めてゆくことは、もちろんできるはずで、それには原理上、なにも制限がない。それればかりではなく、時々刻々、どういう速さで飛んでいるかということも決められる。石がそれぞれの位置を通る時刻をはかっておれば、自然と速度も決まってしまうわけである。これは、われわれに当然できることである。こういうことを疑ってみたこともなかった。ところが、石の代わりに電子のような非常に小さなものをもってくると、話がすっかり違ってくる。

電子は直接われわれの目にみえないが、前にいったように、ガンマ線顕微鏡かなにかを使って、その場所を決めることは、原理上できるはずである。しかしその場合、電子のありかを調べるための手段として使ったガンマ線の量子によって、電子が反動を受け、その速度に不確定性を生ずるのを避けられない。速度に不確定性を生じたということは、どっちに向いて、どのくらいの速さで走ったかよくわからないということである。したがって石が電子の場合には、石のように決まった軌道、たとえば放物線に近い軌道を描いて飛んでゆくというようなことは、いえなくなってくる。それならいったいどういうことになっているのか。非常に考えにくい、常識ではちょっと理解できないようなふるまいを、電子はすると考えねばならぬことになる。たとえば、原子の中にはいくつかの電子がある。それらの電子が原子核のまわりをまわっている。これはちょうど太陽系の中の遊星のようなもので、太陽にあたるものが原子核である、というのが、よく知られているように、ラザフォードがいいだした原子模型であるが、そういう模型は、文字どおり正しいとはいえない。遊星の場合は、太陽のまわりの、ある決まった軌道に沿って動いている。そういう軌道というようなものを、原子核の中の電子について考えるのはおかしい。さきほどからの議論からすれば、そういう軌道を考えてみても、それをわれわれは認知できない。なぜかといえば、電子がある軌道に沿って動いているということを、われわれがたしかめようとするには、結局電子がある時刻に軌道の上のどこかの点にあることを、たしかめねばならない。しかしそういうことをすれば、電子の走る速度に不確定性を生ずる。したがってそれ以後は、予定どおりの軌道に沿って動いてゆくとはかぎらないことになる。どこかよそにそれてしまうかもしれない。もちろんわれわれが認定できなくても、電子はかって軌道に沿って走っていると考えて、絶対にいけないとはいえない。上の議論だけでは、この点はなんともいえない。実際、量子論の出た初期には、まだ電子の軌道という考えは保持されていたのである。しかしその後、量子力学ができあがり、軌道というようなものは考えないほうがよいことになったのである。その代わりに今日では、電子は原子核のまわりになにか雲のようにひろがっている、と考えるのである。軌道という考えかたはやめる。電子はどこか知らないが、原子核の近くにあるに違いない。どこにあるかよくわからないから、むしろなにか雲のようにひろがったものだというような考えかたをしておくほうが、ぐあいがよい。そうすると、光が波であると同時に、量子の性質をもっているという事態とも、矛盾がなくなる。そればかりでなく、雲のようにひろがっているひろがりかたが、どういうものであるかを決める法則がわかっている。それがシュレーディンガーの方程式である。これによって、電子が原子核のまわりのどのへんにありそうかを、決めることができる。自然現象の法則性というものは、そういうところに現われていると考えることができる。しかし電子が原子核のまわりに雲のようにひろがっているということを、われわれが直接認定するのは、これまたむつかしいことである。なぜかといえば、電子のある場所をわれわれが知ろうとすれば、知ることができる。電子は非常に小さなものに違いないから、それのあり場所をくわしく知ることは原理上可能である。雲のようにひろがっているといっても、それを、電子のあり場所をどうしても認知できないというように解釈するわけにはいかない。電子というものは、やはり非常に小さな粒のようなものだという性質を、どこまでも保持している。それと同時に、光の場合と同じように、なにか波のような性質ももっている。このたがいに矛盾した両方の性質をもっているのが、電子である。ひろがっているといっても、ひろがっているものそのものを、われわれが直接認知するのではない。こういう複雑な事情をわかりやすく説明しようとすると、確率——あるいは公算——という概念を借りる必要を生ずるが、この点をくわしく議論しようとすると、非常に長くなるので、ここでは、そういう考えかたから出てくる重要な結論だけを、少し飛躍して述べるだけにとどめておく。

自然現象の法則性というものと、われわれが感覚器官の助けを借りて自然界に起こっている事実を認知するということとの間に、もっと端的にいうと、思考者としての立場と観測者としての立場との間に、いままでわれわれの常識にはなかったところのある大きなギャップが出てきた。この点が、今日の物理学に立脚する自然認識の、非常に基本的な新しい特徴だと思われる。こういうところから、哲学的にもいろいろ重要な新しい結論が出てくるのである。たとえば因果律という問題も、新しく考えなおさねばならなくなった。自然現象に法則性があるということは、今日でもわれわれは認めてよい。しかし、法則性があるということは、われわれが感覚器官によって認知する事実の間に厳格な因果的必然性があるということとは、かならずしも同じではないことを、認めなければならなくなってきた。十九世紀末までの物理学では、自然現象に法則性があるということは、同時に、われわれが事実として認知する自然現象の間に厳格な因果関係があることをも意味している、と考えてよかったのである。ということは、さきほどの太陽系の場合について考えると、一つの遊星、たとえば地球と太陽との間に万有引力がはたらいていることをわれわれが認める以上は、ある瞬間に地球が太陽に対してどういう位置にあって、どういう速さで動いているかということを認知したならば、ニュートンの運動の法則にしたがって、それ以後地球がどういう位置にあるか、どういう速さで動くかということが、全部決まってしまう。実際われわれは、それを計算で決めることができたばかりでなく、現実の地球の運動が計算の結果とよく一致することを、確かめてきたのである。であるから、ある時刻において、この世界で起こるいろいろな出来事について、われわれが十分に豊富な知識をもつことができたなら、それ以後に起こってくるいろいろな出来事というものは、因果的、必然的に決まってしまうと考えてよさそうにみえたのである。それでラプラスは、もしも超人間的な能力をもった魔物、いわゆる「ラプラスの魔」というものがあって、それが宇宙の現在の状態を知りつくしている、そして人間とは比較にならないほど、すぐれた計算能力をもっている、宇宙全体についてのニュートンの運動方程式を完全にとくことができるほどの超人的な能力をもっているとすると、この超人には、未来永劫《えいごう》まで、この世界で起こる出来事が、全部わかっているということになると考えた。

このような超人を想像しうるために必要なことは、一方では、あらゆる自然現象の起こりかたを規定しているところの根本法則をわれわれが知っていると同時に、他方では、われわれがこの世界で現に起こっているあらゆる出来事について、いくらでもくわしく知る可能性をもっていることである。この二つの条件が両方そろっていて、はじめて、未来のことが全部必然的に決まってしまっていると想定できるわけである。

ところがラプラスの時代と違って、今日の物理学にしたがうと、上の二つの条件がみたされているといえなくなってきた。例によって、また原子の中にある電子を相手にしよう。それは、とにかく原子核の近くをウロウロしているに違いない。それもただウロウロしているというのでなく、ウロウロするしかたに、やはり法則があることを知っている。その法則が、シュレーディンガーの方程式といわれるものである。そこでシュレーディンガーの方程式をとくと、電子が原子核のまわりに、どんなぐあいに雲のようにひろがっているかを、はっきりと決めることができる。しかしそれは、われわれが実際に電子のありかをつきとめるための観測をした場合、その結果がなんであるかについて、ただ一つの答を与えてくれるようなものではない。何回も何回もそういう観測をした場合、どういう結果が何回ぐらい出るかという、統計的な答を与えてくれるだけである。そこに頭で考えることと、実際目で見ることとの間の食い違いが現われてくるのである。これと関連して、前に述べた不確定性原理が、また問題になってくる。というのは、電子が現在どこにいるかを正確に決めようとすると、それがどういう方向に向かってどんな速さで走っているかを、同時に正確に決めるわけにいかない。したがって電子がそれからさきどこへゆくかということも、はっきり予想できないことになる。そうなるとラプラスの魔というものがあって、宇宙の将来を掌《てのひら》を指すように知っているなどと考えることもできなくなる。こういう点を第一段で述べた思考者としての人間という観点と考えあわせてみると、つぎのようなことがいえるであろう。

ラプラスの時代の考えかたでは、思考者は同時にそのまま観察者でもある。その間には食い違いは全然なかった。遊星が太陽のまわりをまわっているというようなことは、これは思考者としての人間が決定できることである。われわれが頭の中に描くことができ、また計算して決めることができる。そのよりどころになるのは、ニュートンの運動法則である。あるはじめの条件を与えておいて、ニュートンの運動方程式をとけば、遊星の軌道が決まってしまう。そういう意味で、思考者としての人間が決めるのであるが、同時にそれは、そのままわれわれの観察できる事実の再現にもなっている。われわれが遊星の運行を見ていようと見ていまいと、遊星の運行になんの影響もない。遊星の軌道は運動法則によって決められている。しかも運動法則によって決められた軌道が、現実に起こっているところの出来事を、そのまま再現しているのである。そこには、事実と法則との間のギャップというものはない。これはつまり、思考者としての人間と、観察者としての人間というものの間にギャップがなかったことを意味している。人間は、頭で考える能力をもっている思考者であると同時に、また感覚器官の助けを借りて事実を認定する能力をもっている観察者でもあるが、その両方がピッタリ一致していたのである。両方の立場をとくに区別する必要はなかったのである。ところが現在の物理学の段階では、われわれが事実として認定するもの、すなわち感覚器官の助けを借りて認定しうる個々の事実と、われわれが自然現象の法則性を表現する場合に必要とする、もっと一般的、抽象的な概念や数量との間には、大きなギャップができてきた。われわれの日常経験の世界では、このギャップは問題にしなくてもいいが、原子とか電子とかいう非常に小さなものまで含めた世界を考えると、このギャップが非常に大きな問題になってくる。これに関係して、まだほかにも、いろいろな問題が起こってくるのである。

たとえば、われわれが常識としてもっている時間の概念の中には、時間は一方向きに進んでゆくものだという性格が、自明のこととして含まれている。現実の世界では、時間の逆転ということはできないと考えている。ある出来事が時間とともにつぎつぎと起こってゆくのを、映画に撮ったとする。この映画のフィルムを逆まわしにすると、時間の順序が逆になって現われてくる。しかし現実の世界では、ものごとの起こってゆく順序というものは、おのずから方向がある。たとえば、ガスでお湯をわかしたとすると、水がだんだん熱くなって、ヤカンの中の水は水蒸気となってそとに逃げてゆく。それを映画に撮って逆まわしにすると、だんだんと水蒸気が集まってきてヤカンの中に吸い込まれ、水がふえてゆくということになるわけであるが、現実の世界では、そういうことはけっして起こらない。人間が生まれ、成長し、年とって死ぬ。これを逆にすることは、けっしてできない。死んだものが生き返って年寄りになり、若返り、赤ん坊になって、おかあさんのお腹の中にはいってしまうというような逆の順序は、現実世界ではけっして実現されない。

これに類することはいろいろあるが、そういうことを一般的にいい表わす一つの根本法則としてわれわれが知っているのは、熱力学の第二法則である。現実の世界では、エントロピーという量は時間とともにいつもふえていく。少なくとも、へってゆくことはないというのが、熱力学の第二法則である。これは、熱が関係しているようないろいろな現象を理解してゆくうえに必要な、非常にたいせつな原理の一つである。そしてそれは、時間が一つの方向をもっているということを、非常に簡明に表わしている法則でもある。なぜかといえば、自然界に起こっているいろいろな出来事の中で、熱が発生したり伝わったりする現象を伴っているような出来事であれば、つねにエントロピーのふえてゆくような順序で起こり、その逆の順序は、熱力学の第二法則によって禁止されていると考えられるからである。そういう現象は、非可逆的な現象といわれている。もちろん逆の順序でも起こりうる現象、すなわち可逆的な現象も、自然界にはいろいろある。たとえば石を投げた場合、もしも空気が全然なかったとしたならば、石は放物線を描いて飛んでゆくであろう。今度は石の落ちた所からちょうど逆の速度で投げ返せば、また同じ放物線を描いてもとの所にもどってゆく。このように、現象の起こる順序を逆転させることができる場合がある。もちろんこの場合、実際は空気の摩擦があるために完全に逆にはならないが、もっと理想的な場合がある。というのは、太陽のまわりを遊星がまわっている場合には、途中に空気もなく、その他ほとんどなにもない空間を走っているのであるから、ほぼ完全に逆の軌道を走らせることも可能である。というのは、もしもある瞬間に地球の走っている速度を逆にすれば、もときた軌道に沿ってもどってゆくに違いない。そのような可逆的な現象もたくさんあるが、同時にまた非可逆的な現象もたくさんあるから、全体としてみれば、この世界で起こる出来事の順序を逆にはできない。エントロピーというものが増大してゆく方向に、自然界が全体として動いていると考えられる。このことは、すでに十九世紀にわかっていたことである。しかしよく考えてみると、これは非常に不可思議なことでもあったわけである。

なぜかというと、自然現象をこまかく分析してみると、物質はすべて原子や電子などになってしまう。ところが、一つ一つの原子や電子に関係しているような現象をとり出してみると、すべて逆もどしできるような現象であることが、今日の物理学では、はっきりとわかっている。そういう目にみえない小さな世界の現象が積みかさなって、目にみえる出来事が起こるわけであるが、そこでは、逆もどしのできない場合がある。これはどうしたわけか。これは一つのパラドックスであり、非常に理解の困難なことである。いくら議論してみても、このパラドックスはなかなかすっきりと解決できない。実際十九世紀以来今日まで、多くの学者の頭を悩ましてきた問題であって、簡単に全貌《ぜんぼう》がわかるようにすることは容易でないが、しかしこの問題も、やはり思考者としての立場と、観察者としての立場との間のギャップに関係しているという点から考えてみると、一応理解できるのでないかと思う。そういう観点からすると、そこに二つの問題がある。第一の点は、なるほどわれわれの頭の中では、物質はすべて原子とか電子とかいうものからできていると考えている。それは正しいに違いないが、しかしわれわれが相手にする物体の中にある原子や電子の数は、非常に大きなものであって、現実にそれらの原子や電子の一つ一つについての完全な知識を得ることは、とうてい不可能である。それらの多数の原子や電子の中のごく少数のものについて、われわれがとくに注意して観察してみることは可能であるが、しかしその他の大多数のものについてまで一々観察することは、不可能である。それは人間の力の及ばないことである。

この第一の点については、十九世紀も今日も、考えかたに本質的な変わりはない。そういうことが一つの理由となって、電子や原子に関する出来事の一つ一つが逆もどしができるのに、われわれの目にみえる大きな世界の出来事は逆もどしができないという違いが出てきたと考えてよい。

しかし二十世紀になってから、このほかに、もう一つたいせつな点がつけ加わったことも、見のがしてはならない。事実の認定という場合に、一般にわれわれが現実に相手にしている物体や物体の集まりは、完全に他から孤立しているのでなく、外部といろいろな形で始終交渉しているのであって、たとえばわずかであっても、エネルギーのやりとりがある。ところがこのやりとりは、量子論にしたがうと一般に不連続的である。そう一々のこまかいエネルギーのやりとりにまで立ち入って観察を続けることは不可能であるが、しかし、そういう不連続的な、そして一般に的確に予想できないエネルギーのやりとりが、たえず起こっていることは、考慮しなければならない。そういうところに、エントロピーのふえてゆく原因を求めることができるという説がある。この点について説明しだすと非常に長くなるので省略するが、この説の当否は別として、要するに、今日の物理学に立脚すると、同じ自然現象が可逆的にみえたり、非可逆的にみえたりする理由が、われわれの観点の相違によるものであることが、十九世紀よりも、ずっとはっきりしてきたといってよいであろう。

いずれにしても、思考者としての人間の立場と、観察者としての立場というものを、一応別なものとして対立させてみると、第一段の最後に触れた合理主義の立場とその限界が、はっきりしてくる。われわれが、せまい意味での思考者としての人間という立場にとどまっているかぎりは、合理主義の限界は、まだそこにはみえない。人間は合理的な思考能力をもっていると同時に、人間の生きている世界で起こる自然現象にも合法則性が認められるのであるから、一応そこで、合理主義の立場は安定している。ところが人間は、思考者としての人間という立場に限定されているわけではなくて、実際はいろいろな感覚器官の助けを借りて、いろいろな事実を認定することも、たえずやっている。そういう観察者としての人間という立場に立ってみると、そこに観測に伴う不確定性というような新しい事態をめぐって、いろいろな問題が出てくる。観察者としての人間と思考者としての人間との間に、多少ものの見かたの違いがのこる。観察者としての人間という立場からみれば、不確定性などというものはどこまでも認めまいとする徹底した合理主義は、受け入れられない。そういう意味で、せまい意味の合理主義に対する新しい限界を認めなければならない。しかし、これを裏返しにすると、反対に、実証主義の立場にもまた限界があることを意味している。というのは、観察者という立場だけに限定してしまうと、われわれにとって重要なのは、結局事実を次々と認定してゆくことだけである。そうすると、そこには不確定性というようなものに関係して、合理化できないものがのこる。そこにそのまま、自然の合法則性が現われているとはいえない。そういうことから、純粋の観察者の立場に立つかぎりは、自然現象の合理性とか法則性とかいうものは、ある程度までしか認めることができない。ある程度から先は不確定性に縛られて、合法則性が見失われてしまう。しかしそれは、思考者の立場からみれば、正しくない。自然の合法則性というものは、思考者にとっては、どこまでもたしかなことである。そういうわけで、合理主義の立場と実証主義の立場とは、おたがいに制限しあっている。ある意味では否定しあっているようなところもあるが、しかし片一方の立場だけでは一面的である。実際、人間は単なる思考者でもなく、単なる観察者でもない。思考者であると同時に観察者である。そういう意味で、合理主義的であると同時に、実証主義的でもある。しかし、そういうことを思考者としての人間が認めるならば、より一層高い合理主義にとびあがることができたことにもなる。そういうことができるのは、人間の頭のはたらきの中でも、構想力のような、ちょっと機械ではまねられない高級な能力によるものと考えてもよいであろう。

ところで人間は、考えるとか観察するとかだけでなしに、現実世界の中でいろいろ行動している。生きているということは、なによりも先ず、行動しているということである。したがって話はまだ終らない。どうしても、行動者としての人間という問題にはいってゆかねばならない。

行動者としての人間

いままでに述べてきたことは、先ず、考える人、いいかえれば思考者としての人間、それから見る人、いいかえれば観察者としての人間についてであった。

つぎに第三段として、働く人、行動者としての人間という問題を考えてみたいと思う。

人間の行動ということを広く考えれば、なんでもかでもはいってくる。考えるということも、みるということも、すべて広い意味の人間の行動の中にはいってしまう。しかし行動者としての人間、働く人というような考えかたには、考える人間とか見る人間という捕えかたとは違った、次の二つの点に、重点がおかれているように思われる。

一つは、人間が行動するというためには、ある量のエネルギーの消費が必要だということである。考えるにしても見るにしても、多少のエネルギーは必要であるけれども、人間が動きまわるとか、また働くとかいう場合には、エネルギーを消費するということが特徴的である。そのエネルギーは、広くいえば肉体的なエネルギーに違いないが、とくに働くとか動くという場合には、筋肉のエネルギーが主として問題になる。科学の進歩は、エネルギーの消費という面でも人間に大きな援助をしてきた。つまり、自然界にひそんでいる、いろいろな形のエネルギーを人間がみつけ出し、これを利用しうるようになってきた。寒い時にはものを食べてその中に含まれているカロリーを利用し、人間の体内で燃焼をおこなわせることによって体温を保つというようなことをしてきたわけであるが、その代わりに、だんだんと、石炭をたいて部屋を暖めるというような形でエネルギーの補給をするようになってきた。また、人間が肉体労働をする代わりに、自然界のいろいろなエネルギーを利用して、機械に、人間の代わりに労働をやらせることが、しだいにより広い範囲でおこなわれるようになってきた。こういう面では、科学の進歩ということが、人間の肉体労働を軽減することに大きな貢献をしてきている。石炭をたいて電力を発生させ、それを人間が利用するとか、水力を利用するという段階から、さらに原子力を利用して発電するという段階に進んでゆこうとしている。そういう点だけに着目していると、科学の進歩は人間の肉体労働を軽減してくれ、人間はだんだんと楽になってゆき、生活をたのしむ余裕がどんどんとふえてゆくべきはずのように思われる。しかし事実は、かならずしもそうではない。いろいろな機械が発明され、人間の労働が機械によっておきかえられるということが、人間をひまにしてゆくとはかぎらない。機械はかえって、人間に新しい仕事をつくり出す源泉ともなってきた。たとえば一口に事務的な仕事といわれるいろいろな種類の仕事が、近年ますます増大しつつあり、そのために各人が以前よりもかえっていそがしくなりつつあるという、皮肉な現象も認められる。しかしこれは、過渡的な現象であるように、わたしには思われる。さらに自然界のエネルギーの利用が進み、機械も進歩してゆけば、結局人間は、もっとひまになるべきはずのものだと思う。そうでなければ、なんのために人間が苦労をして機械をこしらえたのか、わけがわからないことになる。あるいは、人間というものは本当は賢くないのであって、機械をいろいろつくり出したけれども、その機械によって自分たちが圧倒されてしまうという運命を予知できないところの、ばかなものであるかもしれない。そのへんのところは、いまはまだ見透しがつかない。これについては、もう少しいいたいことがあるが、あとにまわすことにしよう。

働く人間ということのもう一つの重点は、人間が働くということは、本来は手足を動かすという点にあった。手足を動かすことによって、いろいろなものをつくり出すことができた。人間が考える動物であるということは、人間を他の生物から区別する大きな特徴であることはいうまでもないが、しかしまた、人間が手足で、とくに手を使ってものをつくり出す動物であるということも、人間の非常にいちじるしい特徴である。ものをつくり出すといってもいろいろな場合があり、つくり出されるものはさまざまであるけれども、中でも重要なのは、道具をつくり出すということである。道具とは、なにか人間がある定まった目的をもってつくるもの、ある目的を遂行するのに必要なところのものを意味している。その場合、人間が目的意識をもっていること、あるはっきりした目的をもって行動するということが、重要な要素として出てくる。そこで行動者としての人間、働く人間という見かたのとくに重要な点として、技術者としての人間という問題が浮かびあがってくる。ここまでくると、考える人間とか、見る人間とかいう場合にはなかったところのもの、つまり、人間の現にもっているところの目的というようなもの、どんな目的で行動するかという問題が、非常に重要になってくる。そうすると、その目的が正しいとか、正しくないということが、議論されうることになる。ここまでくると、もはや問題は、せまい意味での科学の問題だけではなくなってくる。どういうわけで人間がある行動をするか。あるいはもっとせまく、どういう目的をもって人間がある道具をこしらえ、機械をこしらえ、あるいはまた、ある種のエネルギーを利用するか、ということが重要な問題となる。それがもっとも鮮明な形で現われてくるのが、原子力の問題である。この場合には、その目的が破壊的なものであるか、建設的なものであるかによって、人類の前途が地獄にも極楽にもなるのであるから、たいへんなことである。この問題はまたのちに議論することにして、人間がものをつくる動物である、道具、機械をつくる動物であるという点を、もう少し違った面から考えてみたいと思う。

その一つは、人間のつくる道具や機械が、人間の感覚器官を補強するという目的に使われる場合があるということである。科学の進歩ということの一つの重要な特徴は、人間の経験の範囲が拡大され、精密化されてゆくということである。望遠鏡が発明され、顕微鏡が発明されることによって、いままで肉眼では見えなかった遠い星や、小さなものが見えるようになってきたということが、近代における科学の発達を裏づける重要な要素であったことは、いまさらいうまでもない。観測機械、観測技術の進歩によって、感覚器官が補強される。それによって経験の範囲が拡大され精密化されてゆくということは、単に観察者としての人間の立場に非常に大きな影響を及ぼしたばかりではなく、そういうより広い範囲の経験、より精密な経験的知識の全体を、われわれが、いかにして合理的に理解しうるかという問題の解決を、科学者に要求するようになってきた。それに伴って、それが思考者としての人間の立場にも、重大な影響を及ぼさずにはいなかった。

これらの点については、すでに第一段、第二段でいろいろと議論してきたが、要するに人間がものをつくる動物であるという特質を、どこまでも進めてゆくことによって、観察者として人間の視野も広くなり、ひいては考える動物としての人間のありかた、人間のものの考えかたにも、非常に深刻な影響を及ぼさざるをえないようになってきたのである。しかし行動者としての人間の立場は、もっと直接的にも、思考者としての立場に関連している。というのは、行動者としての人間という立場に焦点をあわせると、そこに浮かび出てくるのは、実用主義の立場、プラグマティズムの立場である。人間の行動、人間の働きかたが、いろいろな自然界のエネルギーの利用によって、また人間のつくり出したいろいろの機械の利用によって、いかに補強されるにしても、人間が現実にできることに限界があることはたしかである。その限界は、人間の思考力の限界というものとくらべてみても、はるかに制限されたものであることは、否定できない。人間の思考力といっても、かならずしも合理的な思考力とかぎらず、人間の想像力というものをも含めて考えるならば、観測機械の力の及ばない遠い所や、また非常に微細なものにまで、われわれの空想の羽を伸ばすことができる。空想をひろげて、望遠鏡がまだ達しえない宇宙の果てまでも含んだ宇宙全体の構造がどんなものであろうかということに、われわれの思考力をはたらかすことができる。あるいはまた、顕微鏡も電子顕微鏡も力の及ばぬ原子核や素粒子などの微小な世界で起こった出来事についても、いろいろな推理や想像をたくましくすることができるのである。

プラグマティズムの立場では、そういう空想は要するに空想であって、そういう空想をいっさい切り捨てて、われわれが現実に見うるところのもの、現実に制御しうるところのものだけに関心をもつのが、健全な態度であると考えられている。プラグマティズムには、たしかにその存在理由がある。しかしプラグマティズムには、あきらかにその限界がある。われわれが現実に処理ができるもの、手でさわれるもの、現実に見たり、聞いたりできるところのもの以外にはなんにもないという考えが誤っていることは、たしかである。科学とは本来、人間にとって未知の世界を開拓してゆくところのものである。人間にとって未知の世界がまだのこされているということの認識が、人間が人間らしく生きてゆく、人間の人間らしいありかたというものの、非常に重要な特徴でもあると思う。そういう点から考えれば、プラグマティズムとしていかに有益なものであろうと、それだけがすべてであるのではなく、それがより根本的な立場によって裏づけされてはじめて、プラグマティズムが正しい役割を果たすことになるのではないかと思う。しかしそれと同時に、人間にとってつねに未知の世界がのこされているという認識が、合理主義の自己批判のよすがともなるべきはずである。そういう認識を拒否しようとすれば、合理主義自身が独断におちいってしまうほかない。

人間が、道具をつくる動物である、機械をつくる動物であるという点について、一つまだいいのこしたことがある。道具や機械は、本来人間の身体のいろいろなはたらきの代わりをしてくれるものであった。それを補強し、拡大してくれるものであった。ところが広い意味での人間のからだのはたらきというものの中で、人間にとっていちばんたいせつなものは、いうまでもなく人間の頭のはたらきである。機械というものは、近ごろまでは主として人間の肉体のはたらき、肉体のはたらきといっても、特に頭脳以外の手足のはたらきを代行し、補強してくれるものであると理解されていた。しかし最近になって、機械に対するこのような考えかたがせますぎたことが、非常にハッキリとしてきた。第一段で述べたように、電子計算機といわれるものが最近非常に発達してきた。さらにまたオートメーションということが、最近非常にさかんになってきた。むかしからある機械は、自動的といっても、だれか人間がそばにいて、そのはたらきを監視している必要があった。それにはいろいろ理由があったが、その中でも重要な理由の一つは、機械が予定されたとおりの正常なはたらきをしなくなった場合に、人間がそれをなおしてやるとか、運転をとめてしまうとかする必要があったことである。機械が発達するにしたがって、しかし、だんだんと機械が自分で自分のはたらきを制御し、正常なはたらきから逸脱する危険を自動的に防止できるようになってきた。一口に自動制御装置といわれるしかけが、非常に発達してきたのである。それがさらに進んで、その時々の状況の変化に応じて、機械のはたらきかたを自動的に変え、ある目的を達成するのに、もっともつごうよくはたらくようにさえなってきた。それはとくに二十世紀になってから、電子や電波の研究が進み、人間が電子や電波を利用するしかたが、ますますじょうずになってきたからである。それによって、人間の筋肉労働だけでなく、もっと頭のはたらきを要する仕事まで、機械で代行できるようになってきた。最近では、ある製品をつくり出す製造工程の全体を、機械だけにやらせておけるようにさえなってきた。

第一段で述べた電子計算機は、人間の思考能力の相当部分を代行し補強する目的で、発達してきたものであった。しかしそれは、いままでのところ、人間のせまい意味での合理的思考のはたらきを代行し、補強するものであった。与えられた数学の問題をとくとか、演繹論理だけで出てくる結論をみつけ出すとかという種類のはたらきをするのが、計算機の役目である。ところが第二段で論じたように、人間が頭をはたらかすのは、たいていの場合、純粋に数学的あるいは論理的な問題についてではない。観察者としての人間として、目や耳やその他の感覚器官を通して外界からの刺激を受けている。それがつねに、思考する人間に新しい素材を与え、また思考力をはたらかす動因ともなっているのである。そればかりではなく、人間がただ考えるために考えるという場合は少ない。ある問題をといて結論を出せばそれで満足するという場合よりも、結論を出すということ自身が、つぎにその人のなすべき行動の決定のための材料となっている場合のほうが多い。外界に対する観察者としての受身の態度から、思考者としての一応外界から独立した内的活動を経て、ふたたび行動者としての外界に対する積極的なはたらきかけに移るというのが、人間が生活しているということの正常な、そして基本的な形態である。もちろん現代の人間社会においては、分業が高度に進んでいるから、その人の性格や職業や地位によって、いま述べた三つのはたらきのそれぞれが生活の中で占める比重は、非常に違っている。たとえば一口に学究の徒といわれる人たち、とくに数学者とか理論物理学者とか哲学者とかいわれる人々の場合には、外界から一応切りはなされた頭脳の活動自身が、もっとも本質的な重要性をもっている。しかしそういう人たちといえども、そういう頭脳活動を中止するか、あるいは活動と並行して、その時々の外界の情況を観察しながら、いろいろな行動をしていることに変わりはない。しかもとくに意識的に頭をはたらかすことなく、ほとんど反射的に手足を動かしている場合が非常に多いのである。そういう動作は、電子計算機よりも、むしろ自動制御装置をもった機械のはたらきによく似ている。わたしがちょっと手を伸ばして、近くにある物体をとりあげるという簡単な動作でも、目と手と頭と、それらを結びつけている神経との共同作業である。こまかくみれば、目測による手と物体の相互の位置の判定によって、手の動きを始終調整しているのであるが、わたし自身はそういうことは少しも意識しない。そういう動作になれきっていて、一々頭を使う必要がなくなっているのである。実際ある年齢以上の正常な人間は、日常生活においてくり返されるさまざまな動作を、一々頭を使わずに、まちがいなくやっているのである。そしてまた、そうであればこそ、その人の頭脳はよけいな負担から解放され、その人にとってもっと重要な問題のほうに、注意を集中することができるのである。最初の間は、われわれが意識的に努力しなければできなかった動作でも、くり返されるにしたがって、だんだんと努力しなくてもできるようになり、ついには反射的に正しい動作ができるようになる。それによって、次にはもっとむつかしい動作をならう余裕が出てくる、というような順序になっている。

しかしこの順序は、生物が進化して人間となり、そしてさらに人間自身が進歩してきた時間的順序とは逆である。生物にとって必要な栄養物が近くにあることを知って、反射的に身体を動かして栄養物を体内にとり入れるという簡単な動作から、だんだんと進んで感覚器官や手足や神経が分化してきた。そして神経の一部がさらに発達して頭脳ができ、ついに高度の思考能力をもつ人間ができてきたのである。目と神経と手の一体となった反射的な動作に着目するならば、それは自動制御装置をそなえた機械によって、ある程度まねができるといえよう。そして逆に、そういう種類の機械を人間のはたらきの模型とみなすこともできよう。しかしそれが、思考者でもあり観察者でもあり行動者でもある人間の活動の、あるかぎられた面しか表現していないことは、いままでの議論であきらかであろう。このような模型では、思考者としての人間の立場がほとんど無視されているのである。実用主義とか、行動主義とかいわれるものの不満足な点も、そこにある。サイバネティックスは、人間の前にはつねに未知の世界がのこされ、人間に与えられる情報はつねに不十分なものであるという事態の認識の上に立つ、より新しい、そしてより合理化された実用主義として、非常に興味がある。しかし人間と自動制御装置を与えた機械との類推を強調しすぎているという意味において、まだ人間活動のある一面しか表現していないといえよう。

これに対して第一段で述べた電子計算機のようなものは、人間の思考能力のある部分をまねしていると考えてよい。そこで、逆に高度の電子計算機を人間の頭脳の模型とみなしたら、どういうことになるであろうか。これについては、すでに第一段でだいぶんくわしく論じたが、結論は要するに、今日までにつくられたり、考えられたりした計算機では、人間の思考能力のある重要な面が表現されていないということであった。どういう意図をもって、どういう思考の材料というかデータというか、そういうものを使って、どういう問題を設定するかという段階は、計算機のそとで、人間によっておこなわれる。そこでは単なる推理の能力だけでなく、第一段で述べたように、構想力、想像力、洞察力というようなものが、より重要な役割を果たす。さらにまた、計算機に人間の合理的な思考を代行させることによって得られた結論が、どういう意味をもつかの判定をするのは、やはり人間である。その場合にも、やはり純粋の推理の能力以外の能力の助けが、必要になってくる。

さらにもっと高い立場からみるならば、思考する人間、観察する人間、行動する人間というような便宜的な分割をもう一度総合した人間全体としてのはたらきは、今日までに考えられつくられてきた機械によっては、部分的に、そして一面的にしかまねられていないことがはっきりする。一方ではいろいろと違った外的条件に応じた反応ができる融通性をもっていると同時に、他方、合理的な思考の能力をももっているのが、人間である。そしてそういう人間の存在のしかたにとって決定的な意味をもつと思われるのは、思考者とか観察者とか行動者とかいう人間のありかたを総合統一する人間の立場というものを、人間が考えうるということである。それが、より高い意味における思考者の立場でもあることである。人間が「考える葦《あし》」であるというところに、人間の存在のしかたのもっとも本質的なものが見いだされるのである。そういう意味でも、合理主義が自己を絶対化せず、つねに人間が開かれた世界に生きていることを忘れないならば、それは実証主義や実用主義をも包んだ、より高い立場を保持しうるのである。

科学と人間の幸福

前の段では、働く人、行動者としての人間、とくにものをつくる人間、技術者としての人間という面をとりあげて説明してきた。その場合、人間が働き、あるいはものをつくるには、どういう目的のために行動しまた製作するかということが、重要な問題となってきた。考える人、見る人という立場では、目的意識というものは、それほど重要でなかった。真理のために真理を探究するという場合にも、真理という目的があるには違いないけれども、しかしそれは考えたり、見たりすること自体をはなれたものではなかった。ものをつくるという場合にも、ものをつくる技術者自身は、それがなにに利用されるかということを一時は忘れているかもしれない。しかし、技術者自身は忘れていても、たいていの場合、つくられた道具や機械がなにに利用されるかという目標が、別にハッキリと存在しているのである。そこから新しい問題が発生する。人間が、ある目的をもって行動するというか、あるいはある動機によって動かされて行動するという場合、その目的とか動機とかいわれるものは、場合によっていろいろ違っているであろうが、そこに、それこそ人間的なものがひそんでいることは、いうまでもないのである。人間はさまざまな欲求をもっていて、そのどれかを実現するために、いろいろな行動をする。そして、そういうことがあってはじめて、人間が人間らしい、生命のある人間と認められるわけである。生きた人間であるということを非常に低い意味に解釈すれば、生物としての人間という側面が強調されなければならないことになる。われわれ人間は、自分たちが他の生物と非常に違ったものであり、他の生物と違っているがゆえに人間であると思っている。それもたしかにそのとおりであるが、しかしまた、その反面において、われわれ人間の中には、人間以前のもの、人間が人間になる以前の段階に現われてきたもの、生物として適応し、繁栄してゆくために必要であったところのものが、現在のわれわれ人間の中にものこっていることは、否定できない。ハッキリした意識をもっているということ、とくに自意識をもっているということが、人間のもっとも人間らしい特徴であることはたしかであるが、人間を動かしているものは、意識された自己だけではない。意識の底にあって意識に浮かびあがってこないところのもの、潜在意識といわれるものが、かえってわれわれ人間を動かす、より大きな力であることを、われわれは忘れがちである。とくに近代における科学の進歩に伴って、人間が合理的な思考を尊重するようになるにつれ、一方では、われわれのそとにある世界を合理的に理解することに成功したと同時に、他方では、われわれ自身もつねに合理的に思考し、合理的に行動するものである、少なくともそういう理想に、人間は近づきつつあるものであると考える傾向が、強くなってきた。そういう一般的な傾向の中にあって、フロイトの精神分析が、われわれが気づかなかったか、あるいは長い間忘れていた潜在意識の世界をわれわれの前に開いてくれたことは、非常に重要な意味をもっていたように思われる。第一段で人間の思考能力について論じた際には、とくに合理的な思考のしかたに問題をかぎってきた。しかし人間が実際にものを考えるとなると、数学の問題をとく場合のように、いろいろな感情や欲求から一応独立して思考能力をはたらかす場合は少ない。いろいろな感情や欲求が、思考のプロセスに始終影響を与える。それによって合理的な思考が妨げられたり、促進されたり、あるいは思考の筋道を誤って非合理的な思考におちいらされてしまったりする。数学の問題をとくというような、比較的に純粋に理性をはたらかせていると思っている場合といえども、なにゆえにその人が数学に熱中するかという理由にまでたち入ってみると、やはりそこには、理性以外のいろいろな夾雑物《きょうざつぶつ》を見いだすであろう。競争意識や職業意識が全然そこにないという場合は、きわめてまれであろう。さらにまた、同じ人がその時々の気分によって、数学に熱中したり、いやになったりもするであろう。人間の思考や、その他の行動の動機となっているところのもの、影響を与えているところのものの中には、容易に合理的に把握できないものが含まれている。とくにそういうものの中には、自分が意識していないもの、潜在意識としてしか存在しないところのものがある。そういう潜在意識の中には、しばしばその人にとって、処理できないで困るものがあるということ、そして、それを適当な方法で意識の面にまで浮かびあがらせることができれば、その処理が可能になるということを、精神分析はわれわれに教えてくれたのである。

科学の進歩は、人間の外なる世界を合理的に理解することに成功してきた。この外なる世界といわれるものの中には、われわれ人間の身体さえも含まれている。しかしそれと同時に、この外なる世界には、まだ人間にとって未知なるもの、まだ合理的に理解できないところのものがのこっていることを、科学の進歩とともに、よりはっきりと認識するようになってきた。そういう意味で、人間は開かれた世界に生きているのである。これに反して人間の内なる世界、普通に心の世界といわれているものもまた、同じような意味で開かれた世界であることは、かえって軽視されるか、忘れられるかしてきたのである。

そういうことを考えあわせると、フロイト的な考えかたの新しい意義が、よくわかると思う。意識に浮かびあがってくるのでなければ、合理的な思考の対象とはなりえないのは、自明なことである。そしてそれと同時に、内に向かってもそとに向かっても開かれた世界に生きているのが、人間のありかたの特質であることの認識の重要性が、納得されると思う。しかしフロイト的な考えかたが、単に人間心理の分析の段階にとどまって、われわれの生きている世界全体、物質世界をも含めた世界全体と深くつながっているという面が軽視されているかぎり、それはまだ不徹底な、そして一面的な見かたであることを、まぬがれないであろう。

こういうことは、わたしのような物理学者が論ずべき問題ではなく、心理学の専門家によって論じられるべき問題であるが、ただわたしがここで強調したいのは、科学が技術と結びつき、そして技術が人間世界のさまざまな利害関係と結びついてくる場合には、人間性といわれるものの中の合理的な側面だけに問題を局限することは、どうしてもできないという点である。原子物理学者が物質の構造を研究しているかぎりにおいて、その学者自身が人間としてどのような欲望をもち、どのような生活をしているかということは、べつに問題にする必要はなかった。研究以外におけるその学者の思想や生活は、物質構造の研究とは一応切りはなして考えてさしつかえがなかった。

しかし原子の研究が進み、原子力を利用する見こみができてきた瞬間から、研究者としての生きかた、考えかたと、それ以外の面における生きかた、考えかたを切りはなすことができなくなった。原子力がどのような目的に利用されようとも研究者自身にかかわりのないこととは、どうしてもいえなくなってきたのである。原子物理学者の場合は、もっともいちじるしい例であるが、他の非常に多くの場合において、科学の成果が実用性をもちはじめると同時に、程度の違いはあっても、そこに倫理、モラルの問題がはいってくるのをまぬがれない。ここまでくると、いままでのように何段階にも分けて、人間をいろいろな立場、いろいろな面から分析的に考察してゆくだけでは、話がすまなくなる。思考者としての人間、観察者としての人間、行動者としての人間、その他いろいろな側面から見られた人間が、全体として統一された人間像というようなものを形づくっているということ、これはもちろん、はじめからわかっていることである。いいかえれば、一口に人間性といわれるところのものには、さまざまな要素、さまざまな側面があって、それらの全体が生きた人間の中にある統一をもって共存していることは、自明の事実であって、われわれの考察は、むしろそれを出発点とすべきであったともいえるであろう。ところが科学の発達は、人間性のいろいろな側面を統一したものとしての人間像の形成、発展を助長するどころか、むしろそれを分裂、破壊させようとする傾向を伴っていた。科学のいろいろな方向への分化は、局部的には精細な、そして信頼すべき知識や技術をもった多くの専門家をつくり出した。人間のつくり出す機械の種類がふえ、それぞれが精巧となってゆくにしたがって、それを使う人間は機械のはたらきをたち入って理解するわずらわしさを避けて、ただそれが便利だから使うというだけで満足せざるをえなくなった。機械を駆使しているつもりの人間自身は、いつのまにか、機械の助けがなくては生きてゆけない生物に変わりつつあるのである。機械が人間のいろいろなはたらきを代行し、補強し、拡大してくれるのはけっこうであるが、人間の頭脳のはたらきまでだんだん機械にやらせるようになると、そのゆき着くさきははたしてどこであるか、新しい疑いを発せざるをえないのである。

これらのいろいろな傾向が一緒になって、人間性のさまざまな側面が統一を失い、はては人間性の喪失に終ってしまうおそれがないとはいえない。そのような分裂が、人間から幸福を奪うものであることも、否定できないと思う。

科学がはたして人間を幸福にするものであるかどうかということが、最近しばしば問題にされているのであるが、これに対して自信をもって答えることはけっして容易ではない。十九世紀の人々ならいざ知らず、二十世紀のなかばに生まれあわせたわれわれ人間にとっては、科学はかならず人間を幸福にするであろうといいきることは、とうていできない。そもそも、科学の進歩がかならず人間を幸福にするであろうという保証はなかったのである。科学とは、人間の前につねに開かれている未知の世界を開拓してゆく努力の現われであり、人間にとっての新しい可能性の発見であった。未知の世界の中にはたしてなにがあるのか。新しい可能性が発見されるということがかならず人間を幸福にするものであるという保証は、もともとない。それは、幸福と繁栄への可能性の発見であると同時に、人類の破滅と、人間性の喪失への可能性の発見でもあるかもしれない。

人間の幸福とはいったいなんであるか。これに対して的確に答えることは、実にむつかしい。これに直接答えるような学問がはたしてありうるかどうか。人間の幸福というものは、いつまでたっても直接学問の対象とはなりえないものではないかとさえ思われる。人間の喜怒哀楽は、人間の心の奥深くから発するところのものである。それはしばしば、人間の意識、人間の反省をこえた、どうすることもできないところから発する場合が多い。前にいったように、人間は自分の中に、人間が人間である以前にもっていたところのものを、いまもなお多くもっている。自分で気がつくと、つかないとにかかわらず、もっているのである。人間の喜怒哀楽とは、そういうものと深く結びついている。したがって人間の幸福ということを問題にする場合、そういうものをはなれて科学で割り切ることは、実に困難である。各人はそれぞれ、なにか簡単に割り切れないところのものをもっている。そして人間の喜怒哀楽、したがってまた人間の幸福というようなものは、そういう割り切れないところのものと、密接に結びついている。

人間世界において、だれがみても望ましいことであり、原理的に正しいと思われることが容易に実現されず、反対に多くの異論のあるようなことのほうが実現されてゆくのも、人間が意識された自己、合理的な思考や反省の対象となる自己だけによって動かされているのでないことを、雄弁に物語っている。しかしそうであるからといって、われわれ人間は、自分たちのもっている理性、合理的な思考能力を軽視してよいということにはならない。反対にわれわれは、自己の意識の底に奥深くひそんでいるところのいろいろなものを意識の上にまで浮かびあがらせるというか、あるいは言葉を変えていえば、われわれの理性が自己を深めて、より深いところまで沈潜してゆくことによって、人間性のより広い領域を、合理的思考の圏内に入れてゆくことができるのである。そしてそういう努力によって、今後の世界における人間性の喪失や分裂を救うという方向に、人間は進んでゆかなければならないと思う。これが現代人の知恵というものであろうと、わたしはひそかに思っている。

（一九五六年三月）

Ⅱ　創造者としての人間

模倣と独創

由来この金沢《かなざわ》、広くいえば昔の金沢藩の地は、多くのすぐれた学者を出した。自然科学方面では高峰譲吉《たかみねじようきち》先生をはじめとして桜井錠二《さくらいじようじ》先生、木村栄《きむらひさし》先生、哲学思想方面では西田幾多郎《にしだきたろう》先生、鈴木大拙《すずきだいせつ》先生というような傑出した学者が沢山でているのである。いろいろと方面は違っていても、それらの方々が、独創的な研究をなさったということに変わりはないのである。学問がほんとうに進歩するためには何人かが独創的な新しい思想をとなえる、新しい物事を発見する、新しい機械を発明する、そういうことが必要なのはもちろんである。科学者にとって、もっとも重要で貴重な素質が独創性であることは、私が改めて申すまでもない。しかし独創力とは何であるか、そういうものはどこから生れてくるものであるかと反問すると、その答えは決して容易でない。

高峰先生の言葉に「模倣は独創の先駆者である、もしくは先駆者にすぎない」というのがある。日本人は外国の真似をすることが上手であるという定評がある。これは人も認めわれも認めるところであるが、日本人自身決してほめた言葉とは思っていない。いつも外国人のあとを追っているといわれることを、非常に恥かしく思っているのである。しかし、人間のいろいろの性質というものは、いつでも同時に、それが短所であり長所でもあり、人真似が上手だということは、見方をかえれば、自分に欠けているものをとりいれる能力、自分と違った考え方を理解する能力がすぐれている、違った環境にたいする適応性があるということをも意味しているのである。

一人前の大人に成長するまでの間に、人間というものは非常にいろいろなことを学んでゆかなければならない。学ぶということは最初は真似をするということであり、子供が大人になるということは、大抵のことは自分より年上のもののすることを真似しながら、だんだん一人前になるということである。学校に入っていろいろなことを学ぶということも、自分より以前に学んだ人々が知っていることを教えられ、それを理解し、それを記憶するということが大部分である。科学が進歩するということは、その結果としてわれわれが習得しなければならない知識や技術が、ますますふえてゆくことでもある。極端にいうならば、科学が進歩すればするほど、われわれが一人前になるまでに、それだけ、多くのことを学ばなければならない、学問が進歩すればするほど模倣しなければならない事柄の量がふえてくるのだ、というようないい方をすることもできるのである。そういうふうな見方をするならば、日本人が模倣に長じているということも、一概に日本人の短所であるとはいえないのである。いまからちょうど百年前、高峰博士が生れたころ、わが国は長らく閉ざしていた門戸を開いて欧米の文化に接したのであるが、そのとき、あまりにも学ぶべきものが多いのに、われわれの先輩は非常に当惑したに違いないのである。幸いにしていま申したように、日本人はいわゆる模倣性というありがたくない言葉でいわれている能力に豊富にめぐまれていたがゆえに、比較的短い年月の間に欧米文化を取入れることができたのである。

模倣するということは、いいかえると己れを空しくして外のものを素直に取入れることである。こういう意味で日本人は、よくいえば非常に素直であったのである。これを裏返していうと、無批判であったというそしりを受けることも免れなかった。しかしそういうことがあるにしても、人間が成長してゆくにあたって、はじめの期間、子供の間は無批判に真似をする、考えるというよりも、ただおぼえるということが必要な時期があることはたしかである。私自身の子供のころのことを考えてみると、私と同じ年ごろの他の子供たちと違った経験をしたことが、いくつかある。

その一つは、私の生家が祖父の代及びそれ以前には医者あるいは儒者を家業としていたからでもあるが、小学校にまだ入らないころから、いろいろな漢籍、論語とか孟子、その他の中国の古典を教えられたことである。もちろん小学校へ入っておらない五つ六つのころであるから、意味はわからないのであるが、祖父が大きな字の書いてある漢籍を私の前に置いて、一字ずつ字をつきながら読んでくれる。それをただ私がついて読むだけで意味はほとんどわからない。そういうようなことを何年かしている中に、主だった漢籍は全部教えてもらった。

そういうふうな教え方というものに一体なんの効果があり、なんの意味があったのかということはその当時は自分にはわからなかった。ただむやみやたらと教えられている。こちらにとっては非常につらい。ときどき漢籍のうえに涙をぽとぽと落すというようなこともあった。ところがのちに中学校に入り高等学校に入り、一人前の人間になってから振返ってみて、はじめて、その効果がわかった。それは学校で漢字を習うとき全然苦労しなかったということである。いつの間にか漢字になれておったので、いろいろむつかしい漢字のたくさんある書物を読むにも全然苦労しなかった。漢文を習っても他の人より非常に楽であり、また幼いときのことは不思議によくおぼえているので、全然意味がわからなかったにもかかわらず、たしかに効果はあったのである。

こういうことはどの方面にもあり、ひとり学問だけでなく、芸能といわれるもの、例えば、音楽、舞踊などでは更にいちじるしいようである。語学もその一つの例で、英語その他の外国語を習うにしても、非常に小さい時分に習うと非常に楽におぼえられる。成長すると、そういうわけがわからずにおぼえる能力はだんだん減退してゆき、その代わりにいわゆる批判力が、だんだんと頭をもたげてくる。そういうものの方が優勢になってゆくと同時に、われわれの考え方ががんこになり、他を受入れる柔軟性がなくなってくるということもあって、おぼえる力が減退してくる。

私は英語を学校で習い、読み書きは一通りできたが、しゃべる方はあまり自信がなかった。アメリカにいる間に聞く方はじきになれ、全然苦労をしなかったが、しゃべる方はいつまでたっても苦労であった。われわれが日本語を話す場合は、文法的に正しいかどうかというようなことを反省してみることは全然しない。おそらくわれわれが話している文章をあとで読みかえしてみたならば、文章になっておらないところがたくさんあるに違いないのである。しかし、そういうことはおかまいなしに話ができるのである。ところが英語をしゃべるときには、そういうことが気になるので、なかなか本当の自然な言葉になってこない。中年になってはじめたことは所詮《しょせん》そういうような欠点をまぬがれることができない。

そこで若いころになにを教えるべきか、なにを学ぶべきかということが、いよいよ重大な問題になる。それは大変むつかしい問題であるが、とにかく、この地球上には非常な多勢の人間が集まって共同生活をしている。いくつもの国や民族がお互いに接触して地球の上に一つの世界をつくっているので、お互いに相手の国の長所を取入れるということをおこたってはならない。そういうことはある意味ではお互いに模倣しあうということである。そういう見方からすると、模倣は大変結構ということになるが、その半面これに付随する欠点と思われることがある。

一口に日本人は熱しやすく、さめやすいといわれるが、これは感心しないことと思う。真似をするということ自身はある期間、ある程度まで必要であるとしても、それがあまりにも無批判であり、その時々の流行に追われるということになると、これは困ったことだと思う。また真似をするということが極端になり、真似する相手の国を崇拝するというところまでいってしまうと、これは大変困ったことだと思う。日本ではある時期に、ある特定の国を崇拝するということがあったが、その反動としてまた非常にきらいになるということもいままでに何度もあった。こういうことはまことに困ったことだと思う。これからは、こういうことがないように、どの特定の国も崇拝しないようにと切に思うのである。そういう点から考えても、模倣ということには、たしかに限度がなければならないと思う。

さきほどから繰返したように、模倣というものを適度に調整するものは、人間のもっている批判力といわれるものである。そういうものは人間がだんだん成長するにしたがって、おのずから記憶力よりも打勝ってくるように思われるのである。その結果、外からはいってきたものをただ模倣するという域を脱し、そこから独創的なものが生みだされるにいたって、はじめて個人にしても民族にしても、世界の文化に本当に貢献するということになる。これは私がいうまでもないことである。

では独創とはどういうことであるかというと、それは今までだれも考えなかったことを考え、だれも気のつかなかったことをみつけだす、だれもまだつくらなかったもの、新しいものをつくりだすということである。

一体そういうことが、どうして人間に可能なのか。そういう問いに答えることは実は非常にむつかしい。人の一生の間に、本当に独創的な仕事というものは、そうたびできるものでない。多くの研究のなかで、真の独創というものは、きわめてまれにしか現われない。こうすれば独創的な仕事ができる、これが独創的な研究をする秘《ひ》訣《けつ》であるというようなことが、簡単にいえるようなものならば、もっと数多く独創的な研究が現われてくるはずであるが、そうはゆかない。

なかなかそう簡単にこういう問いにお答えできないのが当然だと思う。私は理論物理学を研究している人間であり、科学者の一人である。したがって、私の考えていることは、自然科学にかたよっているかもしれないが、今日の近代科学というものを、そのはじまりにさかのぼってゆくならば、どこまでもさかのぼれるであろう。しかし、普通にいわれているように、十七世紀のガリレオ、ニュートンというような大学者の輩出したころが、近代科学のはじまりだと見てよいであろう。

このガリレオがよく知られているように、「科学というものは経験と理性をもとにできてゆくものだ。理性と経験を重んじなければならない」ということをいった。これはまことに、もっともなことである。一見平凡であるが、しかしよく考えてみるとなかなか意味深い言葉である。われわれの経験を尊重するということを、積極的に考えれば、われわれの経験の範囲を現在よりさらにひろげてゆくことも含まれる。経験をひろげてゆくためには、いろいろいろな方法により、われわれの経験の範囲をひろげてゆくことであるが、そういういろいろの新しい機械、新しい方法というものが必要なのであるが、そういういろいろな方法により、われわれの経験の範囲をひろげてゆくことを意味している。たとえば大きな望遠鏡をつくることによって、いままで見えなかった遠いところの星を見ることができる。またわれわれの経験を一層精密にしてゆくということも含まれている。顕微鏡によっていままで見えなかった細菌がはっきりみえるようになる。そういうようなことによって、われわれの経験の範囲をひろげてゆく。もう一方のわれわれの理性を重んじなければならないということも、今日ではきわめて明白なことである。われわれが合理的なものの考え方をしなければならないということである。そういってしまえば簡単であるが、合理的にものを考えるということはどんなことであるか。まずごく簡単にいって、われわれの考えの筋道が正しいかどうかということを決めるものは何か。それは論理というものである。論理的に矛盾があっては話の筋道がこわれるのであるから、それを極力排除するのが合理的に考えるということの第一歩である。

ところで、論理というものが非常に有効に使われ、整然たる形の体系にまで生長したのが、すなわち数学なのである。数学というものは結局一つの論理体系となってはじめて完成する。論理的な方法で何かを証明しようとする場合、必ずまず何かを前提としなければならない。数学の場合には公理、物理学の場合には原理といわれるものがそれである。そういう大前提がないことには何も結論できない。これが演繹《えんえき》論理といわれるものの特徴で、ある一般的な原理とか公理というようなものから何かある結論を引きだすためには、その公理や原理を認めなければならない。数学はそういう演繹論理一本であるが、物理学その他の自然科学では、そういう演繹論理だけではいけない。さきほど経験が大切であるということをいったが、経験をだんだんと精密にして系統立ててゆくと、そこから何かの法則が帰納的に見つかってくるのである。

いくつかの違った場合を比較してみると、それに共通した何物かがあることがわかったとする。たとえば一定量の気体をとると、その温度と体積と圧力の間に、ある一定した関係があることがみつかったとする。これがいわゆる経験的な法則である。これは先ほどいったような演繹論理ではない。純粋に論理的にはそういうものはでてこない。論理的には疑えばいくらでも疑える。われわれはすべての場合について実験してみることができない。そのうちのいくつかの特殊な場合について試してみるだけである。その他の試されなかった場合については、本当かどうかということを論理的に証明する何ものもない。ただわれわれが直接に試すことができなかった場合にも、そういう法則が成り立つであろうと推定するのであって、そういう意味では、経験的法則なるものは、すでに経験を超越し、論理をも超越しているのである。それは経験によって試すことができる、実際に試してみて法則どおりでなければその法則は誤りであるということがいえるのではあるが、はじめから全部の場合を試してから法則をたてるということは不可能であるばかりでなく、それでは法則はもはや無用の長物になってしまう。これが帰納論理の特徴であるとされている。

帰納論理というものは、いわゆる形式論理ではない。そこには、われわれの経験や論理を越えた何物かが、すでにはいっているのである。しかし学問がさらに進歩してくると、こういう経験的な法則だけでも満足できなくなる。たとえばニュートンの運動の法則というようなものは経験的法則というものより、むしろもっと一般的な原理といわれるもので、経験によって直接その正否を決めるのでなく、それからの結論によって当否が決まるのである。

ニュートンの法則からでてくるいろいろな結論が実際にあうかどうかを試すという場合、ニュートンの運動の法則を原理として認め、それからさきほどいった数学的演繹法によって、いろいろな結論をだし、その結論がすべて経験と一致していたということを根拠として、ニュートンの原理は正しいものだと認められたのであるが、年がたつにつれて、それが絶対的な動かすことのできない原理ということになってしまった。二十世紀になってはじめて、アインシュタインの相対性原理やプランクの量子論などというものがあらわれ、ニュートンの原理よりさらに先に進まなければならないということがわかったのである。

しかしそれまでの間、すくなくとも二百年は絶対的な原理として認められてきたのである。さきほどいったように、科学というものは「理性と経験を尊重する」というが、そういうようなことをいくらいっても、ある原理が絶対に正しい原理であるということは証明のしようがないのである。しかしそういう原理をみつけだすということが人間の創造的活動のなかのもっとも重要なものの一つであり、そういう原理がみつけだされるということによって、科学が飛躍的に進歩するということは、これは私が改めていうまでもないことなのである。

するとそういう原理がどういう方法によってみつかるかということが、きわめて重要な問題になってくる。私がいまいったことをもう一度繰返してみると、ある原理がみつかる、そしてその原理がいろいろの出来事、いろいろの現象に対して正しいことがわかったとする。そうするとわれわれはそれで一応満足する。しかしさらに経験の範囲をひろげてゆくと、もうその原理は成り立たない、新しい経験と合わないということが起こってくる。今まで人間のみつけだした科学の原理というものは、みんなそういう運命に逢着《ほうちゃく》している。

ある原理Aがそういう運命に逢うと、さらに根本的な原理Bをわれわれはみつけださなければならないことになる。それが見つけ出され、原理Aにあてはまらないような現象に対してもBは成立することがわかったとする。しかし、われわれの経験範囲がさらに拡大されると、原理Bもまた成り立たないような現象がみつかってくるかも知れない。そうなると、さらにもう一層根本的な、もっと普遍的な原理Cをみつけなければならないことになる。それは前の原理AとBを含みそれよりさらに普遍的な原理であるはずである。物理学はこういうふうにして進歩してゆくのである。

しかしよく考えて見ると、平生われわれはこれと似たことをもっと荒っぽくやっている。「急がば回れ」とか「論より証拠」とか、いろいろのことわざがあるが、ことわざというものは日常の経験の中のいくつかに共通して成り立ちそうなことを、簡潔に表現したものである。昔の哲学というものは、どこの国でも非常に比喩《ひゆ》を使った。だれにもわかる簡単な場合をとりあげ、そこで成り立っていることに、もっと一般的な意味を持たす、もっとむつかしい場合にもあてはめてみる。それは一種の類推である。経験的法則を科学者がみつけるときにはもうすこし穏かな、もうすこし遠慮した仕方でやるのであるが、根本原理をみつけだすときには、それをもっと大胆にやるほかない。これはどういう場合でも、はなはだ危険なことは否定できない。

たとえば一つのことわざに対して、ちょうど正反対のことわざがあるのが通例で、どういう場合に片っ方が成り立つか、その反対が成り立つかについて、はっきりしたことがわかっていない。ただ、ある場合に、その片っ方の言葉を思い出す。そのときは非常にピッタリしていると思うのであるが、実はその反対のことわざもあることは、一時忘れているのである。そういうことと、科学研究における創造的な活動とはなんの関係もないように思われるが、実はそうではない。どちらの場合にも非常に大きな飛躍がある。ただ違うのは、科学における原理の方は数学的な推理の力によって、そこからいろいろな結論を引出し、それを経験と比較して正しいかどうかということを確かめることができる。したがって出発点がいかに飛躍していても、その飛躍が正しかったか正しくなかったかということが決められるのである。そういう意味で類推といっても科学の場合においては、めったやたらにやるのではなく、類推をいろいろ試みている中に、やがて正しい原理に到達し得るのである。

私は今日の進歩した物理学の段階において、経験と理性だけで科学が成立しているものとは思っていない。そういうせまい行き方をしたのでは、ゆきづまらざるを得ない。しかしまた類推だけでは、はなはだ危ぶなっかしい。それだけではなさそうで、もう一つあるように思う。それは何かというと、科学というものとまったく縁のないことのように思われるかもしれないが、一口にいうと美的直観である。それは芸術の話でないかと皆様はお思いになるかもしれないが、そうではない。たとえばわれわれが根本的原理をみつけるというような段階でも、またもっと低い段階でも、そういう美的直観というものが働いている。

さきほどいったように気体の温度と体積、圧力の間にある一定の関係があるという場合に、その一定の関係というものが、きわめてこみ入ったもので、簡単な数学的関係で表わせない大変ごちゃごちゃしたものなら、多くの人は満足しない。それがきわめて簡単な形であると、皆が一応満足する。たといそれが実際と精密には一致しなくても結構なのである。このわれわれの住んでいる自然界というものは、非常にみかけは複雑であるが、その根本において非常に単純なもの、規則的なもの、非常に一様な性質をもったものであると、科学者は無意識的に考えている。

たとえば電子というものは全部たがいに寸分の違いがなく区別ができない。それが自然界の根本事実である、ということがわかると、われわれは大いに満足する。そういう単純性、規則性、一様性を知らず知らずのうちにもとめているのである。昔から科学者は自然の斉一性、すなわち自然というものは、その根本にまでさかのぼれば、ある単純さをもったものであり、単純なものから出発して、いろいろな微妙なこまかい違いというものを、みんな導きだすことができるだろうと期待していた。そういう意味で、この世界は簡素な調和したものであり、そこに一種の美しさが見られるということを信じてきた。そういう美しさを直観的に洞察する。そういう力を偉大な科学者といわれる人は、みんなもっているように思われる。そういうふうにいうと、これは科学について普通いわれていることとは全然違ったことのように見えるのであるが、科学の根本にさかのぼって人間の創造的な活動というものを深く考えると、結局そういう所に到達するのである。

そこで話ははじめにもどるが、日本人は模倣性が強いのであるが、それはそれで結構だと私は思っている。日本人はもう一つの、これは確かに自慢していいところの優れた性質をもっている。それは何かというと、美的な感受性というものに日本人は恵まれている。私は外国でしばらく生活していて日本へ帰るたびに感じるのは、われわれの住んでいる日本の自然が非常に美しいということである。そういうところに育ってきた日本人の美的感受性が非常に発達してきたのも、不思議でないかも知れない。

そういう点からみて私は日本人が、これからさきの芸術や科学のどちらの方面においても、自分達のもっている能力を本当に発揮するということが一番大切だと思うのである。さきにいった模倣性ということについては、いいとも悪いともいえないが、それに伴って一種の劣等感というものが非常に根強くあるように思う。劣等感が強くなると、正反対の根拠のない優越感に変わりやすいから、なおさらいけない。自分の本当の値打ちがわかれば、かえってその人は謙虚になってくる。そういう意味において私が模倣とか、独創とかいうことについて話してきたことが、皆様にとって何かのご参考になれば大変しあわせだと思う。

（一九五三年十一月　金沢大学講堂における高峰譲吉博士百年祭記念講演）

科学者の創造性

私どものように、科学の研究や教育に携わっておりますものは、年から年じゅう、なにか独創的な仕事をしたいと思い、また、自分だけでなく、もっと若い人たちにも、なんとかして独創性あるいは創造性を発揮してもらいたい、それにはどうしたらよいか、ということばかり考えているわけです。しかし、科学者が独創性を発揮して立派な仕事をするということは、なかなかできることではないのでありまして、長い研究生活のなかで数えるほどしか、そういう機会に恵まれません。おなじ創造性の発揮といいましても大小さまざまありますから、ちょっとしたことまで数えれば、幾つかの成功をおさめられる場合がありますけれども、少し大きな仕事になりますと、一生に一度……、一度でもできたらいいのでありまして、二度そういうことに成功する人は、よほど偉い人であります。一ぺんもうまくいかないというのが、むしろ普通であります。

仮に運よく一ぺんでも成功する、あるいは特に運がよくて二度目も成功したとしましても、その途中の長い期間には、いったい何をしていたのか。勉強していたのか。

遊んでいたのか、休んでいたのか……、いずれにせよ、創造性を発現しなかった。これは学問にかぎりません。芸術であろうと技術方面であろうと、とにかく一生懸命やって何か独創性を発揮したいと思っていても、うまく発揮できることはめったにない。そうすると、そのほかの時間はぜんぶ無駄だったのかどうか。もちろん、そんなことはないのでありまして、五回や十回駄目であっても、断念するというのではいけない。百回駄目でも、まだやってみなければいけないのであります。そういう失敗をかさねているうちに、いつか成功の機会が訪れるだろうと期待するしかないのであります。

一人の研究者のキャリアといいますか、活動できる年数は、だいたい三十年から四十年ですね。そういう三十年、四十年の間に一度か二度成功するだけで十分である。結局は一度も大きな成功を収められなくても、努力しただけの意味は必ずどこかにあるのでして、成功しなかったから無意味だったということはないのであります。そのようなことについて——私は芸術とか技術方面のことはよくわかりませんので、あまりあやしげな想像をしてもしかたがありませんから、自分の専門に近いところに話を限って——科学者の創造性という問題についてお話したいと思います。

必要条件である執念深さ

いま申しましたように、研究というものは自分の能力が続くかぎりやりたい。いよいよ駄目とわかれば、やめたらいいのでありますが、なかなかそうは思いきれないのでありまして、まだ自分はやれると思いがちであります。幸い、私どものように大学におります者には、停年というものがあります。京都大学は、かつては停年が六十歳であったのが戦後六十三歳になりました。六十歳がいいか六十三歳がいいかは人によるのでありますが、とにかく一応そういう停年なるものがありますから、停年までがんばってみて駄目なら思いきったらいい。それでも思いきれない人は、大学におらなくても、自分でさらにがんばったらいいわけであります。

しかし、そのようなわれわれ学者のキャリアを考えてみますと、これからの議論には私の主観が非常に強く入ってくるのですが、要するに学問することそれ自身が執念です。執念深く、つまり、なにか執念にとりつかれてやっている。いやしくも学に志す人はみんな、それだけの執念をもっておったに違いないのでありますが、ただ、その執念がどのくらい強いか、どのくらい執念深いか、これは学者によって違う。しかし、執念深いから成功するとはかぎらない。いくら執念深くても成功しない人もありますね。数学でよく使う言葉で申しますと、ある命題が成り立つための必要条件と十分条件というのがあります。執念深いということは確かに必要条件だと思います。しかし、十分条件でないことも確かです。

なぜそういう執念をもつのかということになると、わかりにくくなってくるのですが、さらによく考えてみますと、その人が自分自身のなかに非常に深刻な、内部的な矛盾をもっているということと非常に関係があると思います。世の中には、普通の人もあり、偉い人もあり、あかん人もあり、いろいろありますが、非常に偉いと思われる人、変わってると思われる人、とびはなれていると思われる人にも、いろいろタイプがあります。

大きく分けると、一つは聖者、聖人というタイプの人であります。もう悟りを開いているタイプですね。私は悟りを開いておりませんから、そういう聖者とか聖人のことはわかりませんが、そういう人は執念をもっていない。前にはもっていたかも知れないが、それは克服してしまっている。

それに対して、もう一つのタイプ——天才あるいは天才とまではゆかなくても相当すぐれた才能をもっていて、自分の仕事に打ちこんでいる人は、それなりの悟りはあるかも知れないけれども、やはり、まだ執念が残っている。もう少し悪い言葉でいうと我執ですね。人間があまり立派になりますと、学問や芸術はできなくなるのではないかと思います。聖者とか聖人とは違うタイプの天才、あるいは天才に準ずるような人は、自分のなかにいつまでも深刻な矛盾を残しているようであります。ある一つの考えに執着しているけれども、しかし、それと反対の考えが自分のなかから抜けきらない。ああでもない、こうでもない、もっとほかの考えのほうが良いのではないか、というように、信じたり迷ったりしながら、いつまでもやっているのが学者の仕事ですね。

もちろん一概にはいえませんが、私どもがやっているような理論物理、基礎物理の研究はそういうものです。ある学者がある説を強く主張している。いかにも、それを百パーセント信じているように見える。しかし案外、本人の心の中では、それと反対の説が気になっている。そういうことが多いのではないでしょうか。すぐれた仕事をする人は、そういうものです。それだからこそ迫力があるのでしょう。自分のなかでまずたたかっておりますからね。自分で悟ってしまったら、なにも論文を書く必要はない。論文を書くのは、他人が目あてのようにみえますが、それよりもまず、自分にいいきかせるためであります。

天才と奇人

とにかく、そういう矛盾が内部にありますと、それが何らかの形で外に現われる。その現われ方もいろいろありましょうが、特にそれが他の人には変に見える場合に、奇人だということになります。そういう奇妙なことをする人は天才だといわれる。しかし、天才と奇人とが一致するとは限らない。天才で奇人的に振舞う人もあるかもしれないけれども、奇人的に振舞う人、かならずしも天才ではない。しかし人間というものは非常にたちの悪いものでありまして、他人が奇妙であることを喜ぶのですね。だから、奇人が天才であることを非常に喜ぶ。奇人らしくない人が天才であったりすると、どうもおもしろくない。自分と方面の近い人ですと、価値判断が比較的正しくできますから、とんでもない買いかぶりはしませんが、知らない方面の人だと、ちょっと変わっていると、これは偉いのかもしれないと思い、変わってない人は、これは天才でない、というように判断しやすい。しかし、創造性がほんとうに発揮されるかどうかは、むしろ、自分のなかにもっている矛盾が奥のほうにひそんでいる、そして、それだけ根強い、それをどうするかということと関係している。それが外にも現われて奇人的である場合と、外に現われなくて、外からみるといっこう変哲もなくみえる場合とがあると思います。

いずれにしても矛盾ということと執念ということとは非常に関係があるわけですが、しかし、矛盾を含んでいるとか、ある一つのものに執着するとか、一口にいっても、その執着するところは、いろいろあるわけです。非常に高い理想、それは容易に達成できないような非常に大きな遠いものかもしれない。それを達成しようとする人は、仕事のスケールも大きくなり、大きな仕事を成就する可能性も出てくる。そのかわり一生かかっても、まとまったことはとうとう何もできなかった、という結果になる公算も非常に大きくなるわけです。そのような点が、一つ根本にあると思います。

記憶力、理解力、演繹的推理力

創造性という問題は、いちばん正体のつかみにくい問題であります。これを外から歴史的、社会的に見ることにも十分、意義がありましょうが、問題の性質上、内面に入ってみる、内面から見るのでなければ、本質はつかめないと思います。

ところで、執念深いとか、自分のなかに矛盾を含んでいるというようなことが重要だと申しましたが、もちろん、それだけではいけないのであります。創造的能力と一見、反対物のように見える能力に、記憶力があります。実際、非常に記憶力がよく、したがって学校時代に成績がよかった人で学校を出てからは一向パッとしない、学者になっても独創的な仕事ができないという人が、たくさんあります。それから、また理解力といわれる能力があります。これも、しかし創造性と相反するように見える場合があります。ものわかりは非常によいが、独自の考えはもっていないというタイプの人を、たくさん見受けます。しかし、ある種類の記憶力と理解力とが、創造性を発揮するための土台として必要なことも明白であります。

一口に理解力といわれるものの中には、いろいろな要素がふくまれていますが、合理的な思考能力を、その中でも重要なものと考えてもよいでしょう。それをさらに狭く考えますと、論理的、特に演繹《えんえき》論理的思考力ということになります。ある前提から出発して理詰めで結論を出す。こうだからこうだ、という推論を積み重ねてゆく。これは創造性を発揮するための土台、あるいは道具として、たいへん大切なものでありますが、それだけでは足りないのであります。論理的な演繹能力だけなら、電子計算機の方がすぐれている。スピードもずっと速いし、途中で疲れてしまって、間違えたり、やめてしまったりということも少ない。今日の電子計算機は記憶能力ももっている。人間にくらべると記憶の量という点で、計算機はまだ、はるかに劣っています。しかし、とにかく計算機は記憶力と論理的思考力とを持っています。しかし、私たちは今日までの電子計算機が、創造力を持っているとは思わない。そんなら人間は、そのほかに、どんな能力を持っているのでしょうか。

類推

人間のいろいろな知能、頭の働かせ方のなかで、誰でもある程度そういう能力をもっておって、しかも創造的な働きと一番つながりがありそうに思われるのは、類推という働きであります。これは昔からよくいわれていることでありまして、皆さんも、これから私の申しあげることをお聞きになれば、割合たやすくおわかりになると思います。

私たちが、ほかの人たちに、わかりにくいことをわからせようとする場合に、よく使うのは、誰でもが熟知していることにたとえて話すというやり方です。すでによくわかっていることと似ていると、むつかしいことでもわかったような気になる。話す当人には両方ともすでにわかっている。必要なのはむつかしい方によく似た、やさしい例を見つけることだけです。しかし、それだけならまだ本当の創造性の発現とまではいかない。ある人がやさしい例と似ていると思うことによって誰にもわからなかったむつかしいことを理解できたとしたなら、そこではじめて、本当に創造性が発現されたといえるでしょう。実際、古代の哲学の書物、たとえばギリシャや中国の古典を読みますと、盛んに「たとえ話」が出てきます。古代の思想家は実際、たとえ話によって、人にむつかしい思想を教えただけでなく、恐らく自分自身も、そういう類推によって、独創的な思想に到達し得たという場合が多いと思います。

今日でも、うまいたとえ話をしますと、ほんとうかな、と思わせる。他人に「ほんとうだ」と思いこませるためには、たとえ話というものはたいへん役に立つのでありますが、あとでよく考えてみますと、どうも、そのたとえ話につられて、おかしな結論にひっかかってしまったと気がつくこともあります。しかし、私の申したいのは、ひとに納得させるとか、あるいはひとを催眠術にかけたりするということではなくて、自分が何か新しいことを考えつく、わからないことをわかろうとするときに、「類推」が今日でも相当、役に立つということであります。

模型による類推

一口に類推といっても、いろいろな場合がありますが、物理学などに関係して、一番わかりやすい例は、「模型」による類推であります。二十世紀の初め頃、原子の構造がまだよくわかっておらなかった時代に、原子模型をいろいろな人が考えだしました。イギリスのJ・J・トムソン（Thomson）という人が一つの模型を考えだしました。これには、ちょっといいところもありましたが、結局、正しい考え方ではないということがわかりました。それと同じ頃、長岡半太郎先生がまた違う模型を考えだし、大分たってからラザフォード（Rutherford）の原子模型が出て、結局はそれが一番真実に近いということになりました。

そこでラザフォードの模型だけについて申しますと、われわれは太陽系がどんなものか知っている。太陽のまわりを地球やその他の惑星が楕円《だえん》軌道を描いている有様を、われわれは想い浮かべたり、絵にかいたり、実際に立体的な模型をつくったりできる。いずれにしても太陽系は、直観的に明確に把握できている。ここでは文字どおりの模型ができている。つまり、太陽系自身は非常に大きいのですが、それをうんと小さくして、図にかいたり頭の中で想い浮かべたりする。それから逆にスケールをうんと大きくしてゆきさえすれば、もとの太陽系を再現することができる。こういうことは、昔からわかっていた。そこで、こんどは反対に、人間的スケールの模型をさらにずっと縮小していったものが原子だとする。もちろん、その場合、太陽のかわりに原子核、惑星のかわりに電子をもってこなければならないが、とにかく、そういう入れかえをやり、スケールを小さくしたものがそのまま原子だと思う。そう思えば、原子を直接に見たわけではないけれども、見てきたような話ができる。そして、それを手がかりとして、原子の振舞いについて、いろいろな結論を、割合たやすく引き出すことができる。それらの結論が実際とよく合うとわかれば、その模型がよかったことになります。

そんなわけで、模型を使って考えてみることはたいへん便利でありますが、これは類推の一種であります。しかし、この場合たいへん大切なのは、類推はあくまで類推だということであります。二つの違った事物の両方に共通する点を利用するのが類推でありますから、二つの間の違いが、どこにあるか、ありそうかという、逆の面からの考察が同時に必要なのであります。それをもう少し具体的にして、模型による推論の場合について説明します。太陽系の場合には文字どおり模型がつくれます。スケールさえ大きくすれば、模型はそのまま本物と一致すると考えてよいでしょう。もちろん、この場合でも木材か金属でつくった太陽や惑星と本物とは、スケールの差以外にも、いろいろと違っていますが、それらの相互の位置や運動だけを比較する限り、そういう違いを問題にする必要はない。とにかく太陽や惑星の位置や運動も模型と同様に、観測してきめられるのですから、本物と模型は同列においてよい。ところが原子の場合は、その点が非常に違う。模型の方は目に見えるが、原子の方は見えない。見えるものと見えないものが、同じような運動をしているかどうかさえ問題であった。実際、原子の中の電子が、太陽系の中の惑星と全く同じ運動をしていると考えると、いろいろ困ることがわかってきた。そこでボーア（Bohr）が目に見える物の運動の場合にはなかった新しい制限条件——プランク（Planck）の発見した量子論の考え方を適用することによって出てくる制限条件——を持ちこみ、新しい原子模型をつくった。その結果、いろいろな原子の性質が、よりよく理解できるようになったのであります。

こういう例でもわかりますように、類似性と同時に本質的に違っている点を探りあてることによって、別の段階に飛躍することができる。しかしその場合、そういう飛躍のための跳躍台としても、類推や模型が大いに役に立つのであります。私自身も中間子論を生み出す最初の段階で、それまでよく知られておった電磁気的な力との類推によって、当時まだ正体の全くわからなかった核力の本質をつかむことを考えたのです。その場合、両者は似ていると同時に、違った点もあるべきことは初めから予想していました。このように類推という思考過程は、古い、よく知られたものを手がかりとして、それと似た、しかし異質的なところもある新しいものを発見したり、理解したりするのに役立つのであります。

電子計算機における類推

そんなら類推の能力を電子計算機のような機械にあたえることによって、創造的活動をさせることができるであろうかと考えてみますと、原理的には不可能とはいえませんが、実際は、なかなか難しいのです。誰でもすぐ思いあたるのは、現に存在するアナログ計算機であリましょう。計算機には大きく分けて、ディジタル計算機とアナログ計算機の二種類がありますが、近ごろの大きな計算機は、ほとんどすべてディジタル式であります。先ほど記憶力と演繹的推理力を持っていると申しましたのは、ディジタル式の電子計算機のことでありました。つまり人間の頭の働きの一部を代行し、しかも人間より速く、そして間違いなくやってくれるわけです。ところが、人間は目や耳を持っております。科学が進むのに伴って、そういう感覚器官の役割りを機械に代行させたり、補強したりするようになりました。特にいろいろな物理量を正確に測定するための精密機械が発達してきました。そこで今度は数の計算のプロセスを物理量の測定のプロセスに置きかえることによって、計算問題を解こうとする試みが出てまいりました。特に微分方程式を解くという問題になりますと、もしも、それと同種の微分方程式にしたがう電気回路をつくることができたならば、後者について電流や電圧などを測定することによって、元の微分方程式の解が得られるわけで、ディジタル式の場合のように、加減乗除を非常に多数回くりかえす必要がなくなります。

大ざっぱにいって、こういう類似性を利用して機械に問題を解かせるのがアナログ式であります。ちょっと考えると、人間の持っている類推の能力を機械に持たせたように見えます。しかし実は、そこに本質的な違いがあります。人間の場合に、類推の能力が創造的な働きをするのは、「類似に気がつく」ということが核心となり、出発点となるからであります。アナログ計算機の場合には、それをつくった人間が、類似性を知っており、それを利用しただけであります。機械自身が類似性を見つけ出したのではありません。

直観と人間の顔の識別

そこで、もう一度、人間の持つ類推の能力について考えてみますと、それは明らかに「直観」といわれるものと密接な関係を持っています。よくわからないものを理解するために、それと似ているだろうと思われる、もっとよくわかったものを持ってくる。よくわかったものというのは多くの場合、それについての直観的なイメージを私たちがすでに持っているものなのであります。原子を理解するために持ってきた太陽系については、私たちはすでに、はっきりと直観的に把握することができていたのであります。直観的に把握するということは、各部分をばらばらなものとしてではなく、全体として、あるまとまりを持ったものとしてつかむことであります。三つの直線を別々のものでなく、端と端のつながった一つの図形と認めることによって、三角形のイメージができる。もっと複雑な図形についても、それがある図形として認識されるのは、人間の持つ直観の能力によるといってもよいでしょう。

そういう「図形認識」にかけては、人間の能力は驚くべき発達をとげています。機械に、この能力を真似させることは非常に困難であります。もっともいちじるしいのは、人間が他の人間を見わける能力でありましょう。群集の中に自分のよく知っている顔が見えると、瞬間的にそれと気づきます。これは誰でもが持つ能力ですが、恐るべき能力であります。特に、ある人の顔を覚えておこうと意識的に努力しなくても、何度か会っている間に、その人のイメージが私の記憶の中にできあがってしまっている。そして次に出会った時には、大勢の群集の中でも一瞬にして見わけることができるようになっている。人間の頭の中ではいったい、何事が起こっているのであろうか。こういう疑問に対しては、まだ誰も満足な答えをあたえてくれないのであります。

これについて私は、次のような素人考えを持っています。人の顔を見わけるというのは、高度の総合判断であります。その人の顔の輪郭、顔の部分の形、表情、顔色など、いろいろな要素の全体として、他の人の顔と確かに区別できる、ユニークなイメージが、頭の中にできあがっている。それはそうに違いないが、さてそんなら、その人の顔のディテールまで覚えているかというと、そうもいえない。特徴のある顔は覚えやすく、また見わけやすいということがあるのを見ても、ディテールを全部覚えているのでなく、むしろ、他の部分は軽視もしくは無視して、いくつかの重要な特徴だけ、はっきりと覚えているのではないかと思われる。人間は頭の中で、そういうことを、ほとんど無意識的にやっているのではなかろうか。つまり、無駄なものを捨てて、重要なものだけ拾いあげるという活動が頭の中で始終、行なわれているのではなかろうか。そう考えると、総合的判断を行なう準備として、感覚としてあたえられる豊富な内容を持つ全体の中から必要な要素だけを、いくつか取りだす抽象の能力が、直観の働きの裏で活躍しているのを無視できなくなる。抽象化の働きが、実は直観と表裏一体の関係にあることになる。そうなると、人間の創造的思考という問題も、直観と抽象化の協力関係という面から眺めるのが、一つの有力な解決法になるのではなかろうか。私はこの数年来、こんなことをしきりに考えているのであります。

抽象化、一般化

そこで今度は、抽象化という働きについて、もう少し立ち入ってみましょう。人間の抽象化の働きと一番密接に関係しているのは数学であります。小学校で2×2＝4、あるいは2＋2＝4であることを習います。それらが正しいことは、子供でも直観的に知ることができます。そして直観的に自明だから真理だということになります。だんだんと大きな数になりますと、二つの数の和や積がいくらになるか、直観的に把握することが困難になります。そういう場合には、小さな数の和や積について、わかっている知識を積み重ねて――つまり定められた仕方で、そういう知識をくりかえして使うことによって――大きな数に関する正しい知識を獲得せねばならなくなります。ところで、数を数として扱うということ自身が、そもそも抽象化の結果であります。コップを一つ二つ三つと数える時には、コップについてのあらゆる複雑な知識は捨ててしまって、ただ、それらが同じコップだという点だけを認めて数える。人間についても一人二人と数える場合も同じです。いったん、数を扱うことにしてしまうと、それがコップの数であるか人の数であるかさえも問題でなくなる。物や人から離れて、数の間の関係を一般的に考えればよいことになります。このようにして、抽象化は一般化を結果することにもなります。これが、抽象化、一般化ということであります。

同じ数学の中でも、幾何学は算数以上に直観をたよりにしておりますが、特に中学校で習うのは平面幾何学であり、紙の上に書けるし、直観的にそれを把握しやすいわけです。しかし、三次元の幾何学、つまり、空間の幾何学、あるいは立体幾何学になりますと、図を書くのもずっと難しくなります。直観的に把握するには、影になっているところは点線で書いたり、いろいろと苦心しなければならないが、とにかく奥行きのある世界のイメージを、はっきりと想い浮べる能力をわれわれはもっています。ところが、さらに進んで、四次元空間の幾何学を考えようとする、あるいはもっと一般に、n次元空間の幾何学まで考えようとすると、もはや直観はきかない。

しかし、それでも直観のきく二次元や三次元の場合を土台にして、それを抽象化、一般化して、多次元空間の幾何学をつくってゆくことができる。これも、一種の類推だと見ることもできますが、こういう意味の抽象化、一般化は、数学に限らず、数学をふんだんに利用している物理学でも、さかんに行なわれております。

今日の理論物理学では、抽象化、一般化が極度まで進んでいる。直観がほとんどきかなくなってしまっている。これは行き過ぎだろうということを、私は、折りにふれていっているのです。特に若い人たちに対しては強くいっているのです。出発点には何か直観的なイメージがあったが、それをだんだん一般化、抽象化してゆく。その結果として、最初のイメージは捨てられて、ある抽象的な形式だけが残る。残ったものだけをいじくりまわしていても、本当に新しいものは出てこない。話がますます形式的になり、非常に空虚な感じのものになってしまう。それに対応する物理的なもの——つまり自分の生きている世界のもろもろのもの——とのつながりがだんだん稀薄《きはく》になってゆく。形式だけが宙に浮いてしまった感じになる。この頃の抽象化ばかりをやっている理論は——これは私がいったのではなく、若い人の一人が自分でそういったのですが——いわば骨皮理論ではないか。骨と皮はあるが、いっこう肉づけがない。そうなると、おもしろくない。しかし、これを非常におもしろいと思う人もたくさんあるのですから、世の中はさまざまです。初めからそれをやっている人は、それが非常におもしろいと思っている。人間は何に執着するかわかりません。初めから抽象化されたものに執着すると、それがとてつもなくおもしろく見えるのかもしれません。しかし、私などには骨と皮ばかりに見える。

直観と抽象の逆説的関係

むかし、一休《いっきゅう》という和尚さんが、お正月に頭蓋骨《ずがいこつ》をかついで歩いて、この世の無常を悟らせようとした。人間は、きれいな女の人も偉い人も、みんな骸骨《がいこつ》が肉をつけ、皮をかぶったものにすぎないというわけです。実際、エックス線を透《とお》して見れば骸骨だけしか見えない。しかし、骸骨が人間の本質だというわけにはいかない。人間の本質が骸骨ではないことは確かです。一休和尚も、骸骨でない人間精神の真面目を悟らせようとした。物理学も骸骨だけになってはつまらない。だから私は、骨皮理論は賛成ではありません。抽象化、一般化というプロセスだけが一方的に進行して、骨と皮だけになってしまっては困る。直観の裏で抽象が働いていたように、抽象の働きの裏で、全体をまとめて把握する直観の働きがないといけないと思います。それが、いつかは効能を発揮して、新しい段階への飛躍が実現し、新しい物質観、自然観ができあがることを期待しているのであります。

その場合、しかし、抽象化の進行に伴って、直観の方も進化する必要があります。たとえばアインシュタイン（Einstein）が相対性理論を唱えて間もなく、ミンコフスキー（Minkowski）という数学者が、それは四次元世界――ミンコフスキーの四次元空間――を考えると非常に明瞭《めいりょう》に表現できることを示しました。元来、四次元空間は抽象的なものでしたが、今では私たちはミンコフスキーの四次元空間に非常に親しみを持っている。ミンコフスキー空間の中で、物理現象を直観的に把握することができるようになっている。人間の直観は、このように進化してゆくわけです。このようなプロセスも同時にあるわけですから、直観と抽象の関係は非常に逆説的、パラドックス的であります。抽象化、一般化してゆくと、具体的なものからどんどん遠ざかってゆく一方のようでありますが、頭の方も変わって、時間がたつと、そういうものがまた具象性を帯びてくるということもあるわけであります。われわれの知能が子供のときからだんだん発達してゆく場合にも、そういうことがあるわけです。また、そういう変わり方は、人によって相当違っているであります。

現代の数学は私たち物理学者からみると、極度に抽象化されているように見えますが、数学者自身はそうは思っていないようです。私たちからみると抽象的すぎるようなものが、数学者には案外、具体的なものとして把握されているらしく思われます。

だから、抽象化、一般化を、一概に骨皮とか骸骨といってやっつけてしまっても、しようがない。しかし、私が申したいことは、そういうものだけでは創造的な働きにはならない。はじめから抽象的なものを、さらに一層、抽象化、一般化するだけでなく、その上に、なにか、新しいものを生み出す源泉あるいは契機となるものをつけくわえることが必要です。そういう源泉や契機はどこに見出《みいだ》すべきか。過去の天才は自分で、この点をどう考えていたのか。その一つのいちじるしい例について話したいと思います。

天才の輩出した十七世紀

自然科学、特に物理学関係に話を限って申しましても、過去において、創造的才能を発揮した人が数えきれないほどあるのですが、しかし、物理学の歴史をたどってみますと、どの時代でも同じように偉い天才がぽつぽつと現われたのではなく、ある時期に割合かたまっているのです。近世以後で、それが非常に明らかにわかるのは、二つの時期でありまして、一つは十七世紀です。十七世紀には、ガリレイ（Galilei）、ケプラー（Kepler）、ニュートン（Newton）、ホイヘンス（Huyghens）というような大学者が次々と出ました。これは天才群の輩出した第一の時代です。科学史の専門の方々は、この時代を科学革命の時代と呼んでおられ、非常に詳しく研究なさっておりますので、ここで詳しくお話しする必要はないと思います。

もう一つ天才がたくさん現われたのは、十九世紀の終りから二十世紀の初めです。プランク、アインシュタインというようなところから始まりまして、物理学の二度目の革命が起こったのです。それにひきつづいて、一九二〇年代にもう一つの山があった。つまり量子力学の建設という大きな成功があり、これと関係して、数多くの天才的な物理学者が世に出たのであります。

なぜそのようにかたまるかということは、議論しだすときりがない。いろいろな側面から検討してみなければなりませんので、今日はそういう話はやめておきます。ここでは、ただ前のほうの、科学史学者が科学革命の時代といっている十七世紀、そこに天才といわれる人がたくさん現われたなかで、特にデカルト（Descartes）に焦点をしぼって話したいと思います。

デカルト的明晰

デカルトについて、私のように物理をやってきたものが、どのような印象をもっていたかと申しますと、解析幾何を発明した人で、たいへん偉い数学者だったらしい。

それより、もっとよく知られているのは、“Cogito, ergo sum.”（われ思う、故にわれあり）という言葉です。これが近世哲学の始まりだといわれています。それにくらべて、物理のほうはたいしたことはなかったらしい、物理の教科書にはあまり出てこない、デカルトの屈折の法則というのは、どうも説明のしかたがよろしくない、哲学、数学では偉いが、物理となるとそれほどでもなかったのじゃないか、というのが、以前に私の持っていたデカルトのイメージでした。実際、今日でも、ガリレイ、ホイヘンス、ニュートンなどと比べられるような、大物理学者とは受け取られていないようでありません。しかし、実際に科学史家が詳しく検討したところによりますと、ガリレイからニュートンに至るまでに、相当の年月があるのですが、その間をつないでいる人として、デカルトが大きな役割を果しているのです。私はデカルトが好きなのですが、好き嫌いは別として、彼をとりあげたのは次のような理由からです。科学者の創造性について考えるとき、今日まで創造的な仕事をした人はたくさんありますが、その創造的な仕事はどのようにしてなされるか、われわれの創造的働きはどういうものか、どのようにすれば創造的でありうるかということを自分で反省し、その観察を後世に残した人は、ほとんどないのです。デカルトは、そういうことを自分で考えた点でも非常に貴重な存在です。デカルト自身、非常に偉い学者です。だんだんと調べてみると、われわれは先入観をもっておったことがわかります。非常にスケールの大きな人でありまして、哲学、数学、物理学、天文宇宙、それから生物へと、彼の関心の範囲は非常に広かった。単に手広くというのではなくて、年齢とともに興味の対象がだんだんに変わっていった。若いときは数学の才能をあらわし、また物理でも相当の才能をみせ、それから宇宙の進化論、やがて生物の進化論というようにだんだんと変わっていったのでありますが、しかし、それは、デカルトという人が自律的に、そのように発展すべくして発展したように思われるのであります。

それは、自分の生きている宇宙を理解したいということ、単に〝コギト・エルゴ・スム〟だけではない。〝われ思う、故にわれあり〟というところが出発点であるかもしれませんが、結局、自己もふくめて、この世界全体を理解したいということで、ある時期にはさかんに動物の解剖もやったようであります。しかし、サジを投げた。あの頃の科学の段階では、生物も含めた、まとまった宇宙観、自然観、物質観はできないというので、サジを投げたのであります。もし、彼が現代に生まれてきたならば、生物物理などに大いに興味をもって、ほんとうのことや、ほんとうでないことを大胆にいってのけるに違いないと思います。そのように、彼は自分自身が非常に創造的才能をもっており、それを発揮したと同時に、どうすればそのようにできるかということを考え、またそういうことを書き残しているのであります。

フランス人はよく〝デカルト的明晰《めいせき》〟ということをいいますが、そういわれても、フランス人には明晰にわかるかもしれませんが、私どもにはいったいデカルト的明晰というのは何か、なかなかはっきりとつかめない。デカルトは、非常に合理主義的な人であるということになっております。ところが、デカルトの書いたものを読んでみますと、直観を非常に重んじております。つまり、合理主義と直観主義が本来一つのものだということを、よく知っておった人なのですね。人間の創造的な働きの本質を、よくつかんでおった人だと思うのです。この点は他の機会に書いたこともありますので、ここではちょっとだけ説明して、私の話を終りたいと思います。

デカルト的方法

デカルトにはいろいろな書物がありますが、私は哲学者でもないし、また難しい哲学書を時間をかけて読む暇もありませんので、なるべく早く読んでしまえる本で、なにかためになるものと思って探したところが、『精神指導の規則』という薄い本が見つかりました。これに非常にいいことが書いてあります。われわれ科学者のために、修身のような、道徳教育の教科書のようなことが書いてあります。この本には精神を正しく導くための規則が二十ほど並んでいて、その一つ一つのあとに、説明がついています。

規則一は、「研究の目的は、現われ出るすべての事物について、確固たる真実なる判断を下すように精神を導くことでなければならない」となっています。全く当り前のことのようですが、研究者が自分で自分の精神を導く。精神は、あらぬほうに行ってしまいやすい、常に自分の精神を自律的に正しい方向に向けよというのです。意識以前のことを意識的に考えよというわけで、何でもないことではありません。

規則二は、「確実で疑うことのできない認識を精神が獲得し得ると思われるような対象のみに携わるべきである」となっています。真理をそこから獲得し得るような相手を選んで研究しなさいというのでありますが、これにもなかなか意味があります。まずわかったところを、もっとよくわからせろというのであります。

規則三は、「示された対象について明晰且《か》つ明白に直観し、または確実に演繹し得るものを求むべきである」。これがデカルト流の精神指導術の極意であります。これは要するに、明白に直観し、または確実に演繹するという、何でもないことを二つ並べて書いてあるように見えますが、そのあとに、いろいろと書いてあるところから考えあわせますと、私が、先ほどから申していることの核心をついていることがわかります。つまり、三段論法などというものは、初めからわかっていることを、もったいぶっていい直すにすぎない。直観的に把握できているからこそ、それを三段論法の形に直せる。そういうことをデカルトは、ずばりといっています。「多くの事物は、たとえそれ自身明白でなくても、いちいちの事物を明瞭に直観しつつ進む思惟(しい)の連続的な、中断されない運動によって、真実の既知の諸原理から演繹されたならば、それが確実であるということが知られるようになる」ともいっています。こんなふうにいわれてみれば当り前のようだが、やはりおもしろいと思うことが、たくさん書いてありますよ。例えば、先ほどの規則三のあとにこういうことが書いてあるのです。たいへん教訓的だと思いますが、まず2＋2＝3＋1というようなことを直観すべきというのです。われわれは、子供のときにはそういうことを直観したのでしょうが、まずそういうところから始めろというのです。そこがはっきりわかれば、それが足がかりになって次へ進める。

ですから、デカルト流の自分自身の精神を導くというやり方を絵にかいてみると、直観を一つの円とすると、その円が幾つも重なって、連環のようにズーッとつながってゆく。それを裏をかえせば演繹論理になっているということだと思います。ふつう、演繹論理は非常に形式的に捉《とら》えられておりますが、デカルト自身は今いったようなとらえ方をしている。そのようにして、自ら精神を導いてゆくべきだと考えたのでありますよ。このように考えますと、合理主義とか直観主義といっても、デカルトには本来一つのものであります。デカルト的明晰というものの本質は、やはりそこにあるだろうと思います。先ほど申しました「類推」の働きなども、そう違ったものではないことになります。しかし、デカルト的な方法は、現代の物理学の段階では、そのままでは適用できません。

デカルト的方法と現代科学

どういう点が現代的でないかと申しますと、一つ非常にはっきりしておりますことは、最初に自明な、疑いようのないもの、直観的に非常に明白なものから出発せよ、というところです。その点は、現代物理学は、今世紀の初めの革命によって、そういう段階を超えてしまったのです。ポアンカレ（Poincaré）などが早くからはっきりいっているのであります。物理学の原理は絶対的な真理というようなものでなくて、いつも仮説的な性格をもっております。そういうものは自明である場合もあるし自明でない場合もあります。できるだけ直観的に明瞭に把握しなければならない、という点では、デカルトの考えは、今でも正しいでありましょうが、直観的に明瞭でほんとうかもしれないものがいろいろあり、しかも、それらが互いに矛盾している場合が出てくる。そのどれが正しいかということは、それからのいろいろな推論――デカルト流にいうならば、直観の連環をズーッと進めていって、実際の自然現象とつながるところにきて、そこでうまくつながらなければ、それはアウトということにするほかはない。すると、また別の直観から出直さなければならない。

初めにあるものは、ただ一つときまっていて、それは自明なものと思ってよかったのは、十七世紀の古典物理学の時代の話です。非常にへんなものから出発しなければならない、ということを二十世紀になってわれわれは教えられたのであります。しかし、今日といえども、デカルトの書物から、創造性などと関連して教えられるところが多いのであります。つまり、論理というものは直観の連環だという考え方ですね。そういうことが非常にはっきりと表現されている。ただし、どのようにして直観と直観がつながるか、あるいは、つながるだけでなしに、直観自身がどうして進化してゆくか、というような点までは、デカルトも考えなかったようです。

時間も超過しましたから、このへんでやめますが、創造性という問題にはいろいろな面から近づき方があり、たまたま私は理論物理をやっておりますので、それと関係の深い側面だけを申しました。これから先の機械文明のより一層進んだ世の中では創造性はあまり重要なものでない、誰も彼もが、みんな同じようなことを考えるようになってしまうだろう、というように悲観的に考えておられる方もたくさんあるかと思いますが、しかし機械文明が進んでゆけばゆくほど、そういうなかで、人間はどうすればさらに創造性を発揮できるか、より一層真剣に自分で考えなければならない、と私は思います。デカルトは、すでに三百年も前に、自ら、自分の精神を導くことを考えた。現代のわれわれは、自分を導くどころか、外からの要因によって年から年じゅう引きずりまわされており、またそのことさえも知らずにいる。はなはだあわれな状況にあるのではないか。そういうあわれな状況から脱却するには、デカルトを思い出していただくのもたいへんいいのではないかと思って、彼の話をつけくわえた次第であります。

（一九六四年五月）

創造性と自己制御
――教育の問題と関連して――

私は長年、大学で教育と研究にたずさわってまいりましたが、教育というものは、実に難しい仕事であることを骨身にしみて感じております。研究の方につきましては、なにがしか学問の進歩に、ひいては人類の進歩に貢献できたものと、多少の自信をもっておりますが、教育に関しましては、いったい自分はなにをなしえたか、なにが成功であったか、なにが失敗であったかが、はっきりとわからないのであります。

もともと教育については、皆さまは、それぞれ教育の現場でご苦労なさっておられるのでありますから、よくよくご存知のことでありましょうが、はじめの方にさかのぼるほど難しいと申してもよろしいと思います。そういう意味では私のように大学院の学生を相手にしたり、あるいは大学の学生を相手にしている者は、高等学校、中学校、小学校、あるいはまた幼稚園などで教育の仕事にたずさわっておられるかたがたにくらべれば、むしろ楽なことをやっているといえましょう。

相当の教育過程をへてきた、そして相当の年齢に到達した生徒、あるいは学生は、先生があまりとやかく申しませんでも、自分で考え自分で判断する能力を、ある程度は身につけているのであります。また、そうでなければならないのです。そのうえに教えることの内容は、難しいようでありましても、その範囲は限られております。自分が研究してきたこと、あるいはそれに関連のあることを教えるのでありますから、教育という仕事のうしろには、自分自身がやってきた研究というささえがあるのであり、そこに安心感があり、したがって教育が難しいといっても、初期段階より、結局はやさしいと思います。そのようにやさしいはずであるにもかかわらず、その私でさえも教育は非常に難しいことだと体験しているのでありますから、皆さまのご苦労はずっと大変なものであるに違いないと思うのであります。

だんだんとはじめの方にさかのぼるにしたがって、一人の先生が教えなくてはならない範囲も、もちろん、どんどんとひろくなるわけであります。生徒に理解さす、ということにも骨がおれるのでありましょうし、さらにまた学ぼうとする気持にさすということ自体にも、より大きな困難があるでありましょう。教える内容は普通の意味ではやさしいはずであります。はじめにさかのぼるにしたがって、やさしいことを教えているようにみえてますが、かならずしもそうでないのであります。

私は、自分が物理学を研究し教育している人間でありますから、理科関係に話を限って申しますと、ことに物理などを考えてみますと、だんだんと初等の教育になりますほど、身近な現象、身近な物体を教材にしなければならない。それは当然のことでありますが、物体の性質、現象そのものは誰にでもなじみが深い。しかし、もしもそれになんらかの説明をしようとして、かくかくの理由があって、物体が、かくかくの性質をもつとか、かくかくの現象が起こるのだと推論しようといたしますと、身近な現象の方がむしろ、納得のいくような説明が困難である場合が多いのであります。

だいたい物理学者——科学者全体のなかでも、物理学者というのは大変ずるい人たちでありまして、私もずるい仲間の一人でありますが、物理学は非常に進んでいる。なぜ非常に進んだかというと、非常にうまく簡単な現象をつかんできたからであります。ところが、一見簡単にみえる、そしてなじみの深い、身近な現象というものは実は、大抵は非常に複雑なのであります。そして物理学にとって非常に基本的な理論とのつながりは、直接的ではなく、両者をつなぐ道すじはこみいっているのが普通であります。ですから根本にさかのぼって納得のいく説明をあたえるということは、身近な現象の方がずっと難しいのが通例であります。一応の説明はしてみても、あとに疑問が残る。そこでさらにたちいった説明をしようと思いましても、それでは子どもの理解力をこえてしまうということがあります。また先生自身にも、十分納得がいかないというようなことにもなってきます。

私が中学生だった頃のことを考えてみますと、物理学というものは、いくら考えてみても、よくわからない。疑問がのこる。しかし、疑問はもっと勉強したら将来解けるのだろう。そういう期待がもてるところに物理学に対する魅力を感じました。ひとくちに理科といわれている学科、それにさらに数学もふくめて考えますと、それぞれ違った特色と魅力をもっています。皆さまはその中のいくつかを教えておられるわけでしょうが、生徒に興味をもたす仕方はそれぞれの学科で違っているだろうと思います。

数学の場合を考えてみますと、算数にしましても、代数にしましても、幾何にいたしましても、それぞれの段階でよく考えれば、必らず解けるはずの問題があたえられている。それを一生けんめい解くということに喜びがある。そのように一生けんめいに自分で解決を考えるという過程自体が、その生徒の身につく大きな宝物になっていくのであります。そして、その上に、完全な解決に到達した喜びをも味わうことができるのであります。

生物になりますと、それとは非常に性格が異なったものになっております。さまざまな現象、さまざまな生物の形態や働きがつぎからつぎへと現われてくる。それを観察するということ自身に非常に大きな楽しみがあり、非常に大きな魅力が感じられる。もちろんどうしてそうなるかという理由も考えてみるでありましょうが、これはほとんどすべての場合について容易に解けない難問題であります。生物では問題を解くという性格は、少なくとも初等教育では、前面にだせない。物理という学科は数学と生物の中間の性格をもっていて、先生にとっては一番難物であります。私は中学校でも高等学校でも物理を習っていると、わからないことがつぎつぎと出てまいりました。しかし、よく考えると一応はわかる。わかるためには、数学とおなじように一生けんめいに考えなくてはならない。考えただけではどうにもならぬ場合も沢山ある。自分で実験もしてみなくてはならない。ところが実験してみるといっても、中学校や高等学校では非常に限られている。こういう実験をしてみたいと思っても、やれない場合が多い。同時にまた、一生けんめいに考えて理解しようとしても、中学校や高等学校の学力では徹底した理解はえられない。そういうことは物理学を教えたり習ったりするどの段階でもあることで、非常に基本的な疑問がやはり残る。残るのが本当でありますす。残ればこそ、さらにそれを解決したいという意欲がでる。さきへいったら、こういう実験ができるであろう。さらにもっと難しい理論があるのであろう、それも自分に理解できるようになるであろうと希望しながら、さらに進んでゆく。物理という学科は、そういうところに、魅力と期待と喜びをみいだすことのできる性格を強くもっています。

そういう魅力にひかれて、私は結局、物理学をやることになったのであります。そういうふうに——少なくとも教育過程の中で——学科によって性格がいろいろと異なるのであります。

私は大学の先生になりまして、いくつもの幸いをえたと思っておりますが、その幸いのひとつは、自分にとってわからないことは、人に対しても、とくに学生に対してもわからんといえることであります。これは非常に大きな幸いであると私はいつも思っているのであります。自分が不勉強でわからないというのは、これはこちらが悪いのでありまして、自分がもっと勉強しなくてはなりません。わかっているはずのことを、私がもしわかっていなかったら、もっと勉強しなくてはならんのでありますから、それを偉そうに学生にいうべきではありません。そういうことは、ないようにつとめておりますが、しかしいくら勉強してもわからんことがあるわけであります。自分がわからないだけでなく、ほかの学者にもまだわかっておらない、まだ解決しておらない問題がいくつもあるのであります。そういうことを学生にはっきりいえるということ、ほかの本を調べても、ほかの論文を調べてもまだわかっていないとはっきりいえるということは、私は非常に大きな幸いだと思います。

まだ本当にわかっていないことと、誰かが解決してしまっていることとを区別する――つまり、わかっていることはわかっていることとして教え、また学生は勉強してそれを学びとらなければならないのでありますが――わかっておらないことがその他にあるという点をはっきりさせる。そういうふうな教え方をするところに、大学とか大学院とかいうものの教育の非常に大きな意義があるのだと思います。そういうことが、学生、生徒の学習意欲――どうしても理解しなくてはならないし、また理解しうることを学びとるという学習意欲――それから研究意欲――まだわかっていないところのことをわからす、未解決の問題をなんとかして解決しようという研究意欲――この両方はもちろん表裏一体をなしているのでありますが、この両方の意欲を同時に強めていく、そういうことが大学や大学院の教育の要点であると思います。

ここでちょっとつけくわえて申したいのですが、研究の意欲と学習の意欲とは本来別のものではないのであります。ただ大学、大学院教育とさきにすすんでゆくにしたがいまして、研究の方が、より強く表にでてくるのであります。それ以前の段階、もっと初等的段階、さきほどから申しておりますように高等学校、中学校、小学校とさかのぼっていけば、研究などということを考えたって仕方がないのではないかと思われるかもしれません。それは一応はそのとおりであります。小学生に数学の研究はできない。中学生にも高校生にもできないのでありますけれども、しかしそれは客観的に外からみた話であります。現在の世界の数学界の情勢から判断すると、中学生や高校生が価値のある研究をすることは不可能であります。数学に限らず、世界の学界の水準からみて、研究らしい研究をするためには、まず高度の教育をうけなければならないことは、申すまでもありません。それはしかし、客観的に外からみた話であります。

学習をしている当人からみたならば、感じは非常に違うのであります。大学院や大学と、高等学校、中学、小学校とは客観的には非常に様子が異なっているようにみえますけれども、私がさきほどいった点は、勉強している本人からみれば教育のどの段階にも共通しているのであります。つまり、その本人にとってはわからないこと——小学生にとってわからないことがあり、またわかっていることがある。わからないことをなんとかわからせたい、なんとか学びとりたい、自分の力で理解したい。中学生にはまた、中学生なりにそういう要求がある。高校生にも、大学生にもある。それからさらに進めば、それが客観的にみても研究意欲となり、研究活動になってくるのであります。しかし、どの段階でも、主観的にはそれがある。またあるべきであります。たんなる受身的な学習、なにかを覚えればよろしい、あたえられたものを覚えておけばよろしいというだけではないはずであります。

どの段階でも大学における教育、大学院における教育というものと非常に似た面をもっている。この点は今まで、とかく軽視されがちであったのではないかと思うのであります。

さきほども申しましたように、私のような立場の者は大変、幸いでありまして、わからんことはわからんといえる、ところが高等学校の先生がた、中学校の先生がた、小学校の先生がたは、生徒に対して先生にもわからんとは、なかなかいえないのだと思います。そう簡単にはいえないという悩みは非常に深刻なものだろうと思うのであります。生徒は、先生はなんでも知っておられるという前提のうえにたって、先生を信頼しているという場合が多いでありましょう。そういう前提は正しくないのでありますけれども、しかし先生というものは、やはり子どもに信頼してもらわなくてはならないのでありますから、たいへん難しい問題だと思います。

しかしそれにしても、さきほどいいましたような意味で学習と研究とは、どの段階でもやはり表裏一体の関係にある。もう世の中のことはなにもかもわかっている。その先生はすべてを知らないであろうし、また誰ひとりとしてすべてのことを知っているわけではないけれども、しかし人類全体にとっては、もうなにもかもわかっているのだという固定概念を、しらずしらずのあいだに生徒にうえつけるのは、どの段階においても望ましくないと思います。

とにかく、だんだんと教育の段階が変わるにつれまして、教育の実際のありかたが大きく違うのは当然であります。そしてまた、教える先生も違う。小学校と中学校とで違う先生が教えるのでありますけれども、教育を受ける本人からみますと、それはもちろん一貫した過程であります。不可分な一体であります。ひとりの人間がだんだんと学習をつみかさねてゆく過程の中で、かりに小学・中学というように段階がいくつかにわかれているのにすぎないのであります。学校を卒業してしまったら教育がおわったのかというと、そうでもないのであります。私のいうことは極端になるかもしれませんけれども、私が始終考えておりますのは、教育というものは一生おわらない、ということです。とくに私自身の場合は、あきらかに一生かかっても自分自身の教育がこれでおわったと判断することは、どうしてもできそうにないのであります。

そういう点について、ここでくわしくたちいることはさしひかえますが、ただ、あとで申しますことと大いに関係がありますので、ちょっとだけ、ふれておきたいと思います。学問が進歩し、世の中が変わってゆくということは、現実にそうなのであり、将来もそうでありましょう。その中で私たちは生きつづけてゆく。そして社会のために貢献でき、また自分でも満足して生きてゆくためには、自分を再教育しつづけてゆくことが、一生を通じて必要であります。完全に頭がぼけてしまえば仕方がありません。そうなれば私も勉強をやめますけれども、そうでない限りは、自分自身を再教育しつづけてゆかなければならないと思っています。

その方法はいろいろあるでありましょう。そこまで考えなくても、少なくとも教育というものは、小学校——あるいは幼稚園——から中学校、高等学校、場合によっては大学や大学院まで、人によって教育をうける年数は違いましょうが、どの人にとっても、相当長期にわたって一貫した過程であります。けっして目さきだけの短い期間の話でないことはきわめて明白であります。あまり自明のことでありますために、かえって、それが忘れられやすい。むしろ現在の時点でかくかくのことが必要であるから、それにまにあうようにしなければならないという議論が、どの時代でも非常に強くでてくるのであります。さしあたってこういうことが必要だから、教育もこうでなくてはならないという議論が、どんな時代でも非常に強くでてくる。そして、そういう考え方は一般の人にも容易にアピールするのでありますけれども、しかし教育というものはよく考えてみるまでもなく、そういう短い目さきの問題よりも、非常に長期的な考え方を重視しなければならないという性格が強い。その方に重点がおかれなければならないことは明白であります。

とくに教える側の私たちや皆さん——皆さんといっても私よりもずっと若いかたが多いのでありますけれども、しかし私にしましても、皆さんにしましても教える者は、教えられる生徒より年が上でありまして、教えられる者の方が長い未来をもっているのであります。学校教育をおわってからも、三十年・四十年・五十年という長い未来をもっているわけであります。そういう現在からみて相当長い未来、相当遠い未来というものを考えてみますと、二十世紀の終わりにまで到達するわけであります。さらにまた二十一世紀にまたがるところまでも考えなければならない。そういう長い期間にわたっての社会生活のあとあとまで、役だってゆくような教育をしておかなくてはならない。

そういうふうに考えると、いったいどんな教育をしたらよいか見当がつかないような難しい問題にならざるをえないのであります。その間に世の中はいったいどのように変わってゆくのか。三十年・四十年・五十年さきの世の中をみとおすということは、困難というより、むしろ不可能なことであります。私たちは現在二十世紀の後半に生きているのであります。二十世紀の前半とか後半とかいう分け方自身が便宜的なものにすぎないのでありますけれども、四十年さきといえばもう二十世紀が終わっているのであります。そういう遠い未来を考えるのは、ほとんど無意味に近いようでありますけれども、しかし教育ということを考える以上、やはりそこまで視野にいれなければならない。この点と関連して、近頃、つぎのような話をよくきくのであります。

近頃の若い人たちは、非常に現実的になった。私などは若い頃、とくに世の中のことにうかつな人間でした。今でも迂遠《うえん》な人間でありますけれども、今の若い人は私などとは正反対で、非常に現実的だとよくいわれます。現実的だという意味にも、いろいろありましょうが、一つの極端な場合として、よく例に引かれますのは、つぎのような話です。

もしも将来、首尾よくある官庁、あるいは会社に入ったとしたならば、一体月給はどうなるのか、そして月給がどういう割合で増えてゆくか、老後の保障はどうなっているであろうか、というようなことをいまからよく調べて勘定をする、長期間に対する損得勘定をする。こんなことは私の若い頃には思いもよらなかった現実主義的態度であります。子どもだけでなしに親も一緒になってソロバンをはじく。ちょっと考えると、まことにもっとものことのように思われます。このような、いろいろな勘定をしまして、どれが一番有利であろうか、どういう道を進んだならば、長期的にもっとも安定した生活が保障されるであろうかというような推定をするわけです。

こういうことは、昔でも多くの人が、ほとんど無意識的にやっていたわけですが、今の方がそれを非常にこまかく、しかも若い時にやるようになってきた。そこで自分にとって望ましい未来に対する答をだし、そこから物事を未来から現在へむかって逆算する。時間的に逆方向に結果から原因へとたどる。そのやり方は簡単でありまして、自分にとって長期的に一番有利だと思われる軌道にはいれる公算が一番大きいような大学をまずきめる。すると、その大学へはいれる公算の一番大きな高等学校がきまる。そのつぎには、そこへはいる公算の大きい中学がきまる。すると小学校もきまり、最後に幼稚園まできまってしまうことになる。非常に極端なようですが、そういうふうな考え方、未来の目標をきめて、そこから現在へ逆算してゆくという考え方、これはちょっと考えると、ひじょうに合理的、現実的な判断のように見えます。

しかし、右にあげた例にかんする限り、実は大変おかしなところがあります。どこがおかしいのか、皆さんにもすでにおわかりかと思いますが、念のために、こういう推論の欠陥がどこにあるか指摘しましょう。

さきほどから問題にしている例では、自分の進路をきめようとする——あるいは親がきめようとする——当人はまだ小さい子どもであります。これからさき、平均的には五十年以上は、生きつづけると期待される子どもたちであります。そういう子どもたちの一生は、二十世紀のおわりどころか、二十一世紀にまでのびると推定されます。ところが、さきほどの逆算方式では、そういう遠いさきまで考えて、それは現在とほとんど変わらないだろうという大前提をおくのであります。未来は現在とあまり変わらないだろうという前提のもとに、現在へ逆算してゆく。これが大変おかしい。

実際二十世紀の前半をふりかえってみますと、非常に大きな変化があった。二十世紀にはいってから、十九世紀の人たちには想像もできなかった出来事がつぎつぎとおこって、今日の状況になったのであります。これからは、もうそんな大きな変化、そんなに急速な変化がないだろうときめてかかるのは、非常に不合理であります。これからさきも、少なくとも今までの数十年間に匹敵するような変化がおこる、変化がどのようなものであるかを予見することは非常に困難であるけれども、とにかく大きな変化があるだろうと考えるのがあたりまえでしょう。

おこりうる変化の中で、大体の想像のできるものがいくつかあります。たとえば核戦争がおこりうる。しかし、そういう変化はもっとも困るわけでありますから、これは何としても避けなければならない。それがおこらないように、あらゆる努力をしなければならない。これはもういうまでもないことであります。そういう努力が実を結ぶものといたしますと、当然科学文明はどんどんと進展しつづけるでありましょう。科学文明がさらに一層、高度になってゆくとすれば、その影響をうけて、人間社会の姿も大きく変わってゆくに違いない。どういう変化であるか、的確なことはわからなくても、大局的、長期的判断としては、以上のような考え方の上にたつほかないと思います。

未来の人間社会の姿には、案外、現在とあまり変わらない面ももちろん残るでありましょうけれども、科学文明の発展に影響されて、大きく変わってゆく面の方が多いと考えて、まず間違いないでしょう。するとさきほどのべた一見、現実的、合理的判断と思われていたものが、実は現状を凍結させたままの未来を想定し、それから逆算するという点で、きわめて奇妙な推論であったといわざるをえなくなります。

もう一つおかしい点があります。現状は変わらないという判断を裏づけるものとして、変わらせないという立場がありうると思います。私はそんなことは、少なくとも科学文明に関する限り不可能だと思いますが、問題は変えないようにするとしても、またどういう方向に変わるにいたしましても、それは主として人間のいとなみによって、変わったり、変わらなかったりする点にあります。過去へさかのぼってみますと、大昔には人間は何かあたえられた自然的な条件の中で、何とかしてそれに適応し生活してゆくことが精一杯であったわけであります。そういう意味での、なまの自然環境というものも、これからさき、やっぱりある程度の変化がおこりうるでしょう。冬が寒すぎたり、夏が暑すぎたり、レコード破りの台風がおこったり、大地震がおこったりというようなことは、いくらでもありうると推定されます。しかし私はいま、千年も万年もさきのことを議論しているのではありません。数十年という程度の未来を考えているのであります。ところが数十年という短い年月の間に、気象条件が非常に大きく変わるというようなことは、まずありえないでしょう。なまの自然的環境にも、いろいろ突発的な変化はあり、また徐々に変化することもあるでしょう。しかし、それは現在の私たちにとって思いもよらない大きな変化ではないだろうと思います。数十年程度の年月の間の主な変化といえば、やはり人間のいとなみの積みかさね、とくに科学文明の発展と、その影響をうけつつ人間社会が変貌《へんぼう》してゆくこと以外にないと思います。

ところで人間のいとなみといったときのその人間とは、いったいだれのことであるか。自分だけをそれから除外するというのは非常におかしい。自分の未来の生活の設計をしようとする若い人自身も世界がだんだんと変わってゆく過程の中で、それをひきおこすところの人間のいとなみの中で、わずかであっても、何かの役割をはたすことになるであろう。自分はとてもそういう変化を、この世の中にひきおこす力などはもっておらない、せいぜい世の中が変化した結果に順応するのが精一杯であるという判断をする人が多いかも知れない。さきの長い若い人の中にも、そういう判断をしている人が多いように思われます。

そういう人は実際、世の中を変化させてゆく人間のいとなみには何の関係もないのかというと、決してそうではないのであります。非常にわかりやすい例で申しますと、世の中には「流行」というものがあります。流行といえば、だれか流行をつくりだす人があるわけです。それに対して意識的に無意識的に流行をおう人が非常にたくさんあるわけです。その中で、たとえば無意識的に流行をおっている人が、自分はなにもしていない。その流行を作りだしたわけでもない。ただ、他の人もやっているように自分も流行にしたがっているだけだ。この変化には自分は関係はないと思っているとしたら、それは非常におかしい。なぜかといえば非常にたくさんの人が流行をおうだろうということを予想して、だれかが流行をつくりだす場合には、流行を作りだすのに、流行をおう人も間接に参加しているわけです。あるいはまた思いがけず、なにかが流行するようになった場合でもおなじことです。つまり流行ということも人間世界の変化の一つであり、また人間のいとなみであります。でありますから、積極的と消極的であるとを問わず、なんらかの形で世の中が変化してゆくのに、おのおの人が、自分で気がついてもつかなくても、参加していると考えるべきであります。世の中は、なるようにしかならないと思っている人でも実は、変化、進歩、あるいは停滞、退歩のどれかに、知らぬまに貢献しているというわけです。

もう一つ非常にわかりやすい例を申しましょう。核兵器という非常に恐ろしいものが出現した。こういうものを一日も早くなくしてしまわなければならない。そこで核実験に反対する運動に参加する。そうするのが正しいと私も皆さんも思う。ところが世の中には、自分が反対してもどうにもならない、核実験をするかしないかは大国の首脳がきめることだから、いくら反対しても駄目だろう、なにもならないことはやらない方がよい、と思っていた人、あるいは今でも思っている人が相当数あります。しかし、みんながなにもいわなかったとしたら、どうなっていたでしょうか。なにもいわないということは、消極的な形でありますけれども、核兵器競争の激化してゆくのに貢献しているということになるわけです。反対する人がある。その人の数がより多くなり、その声がより大きくなってゆけば、やはりその影響がだんだんと現われてきまして、どうやら核実験停止協定がむすばれるところまでこぎつけることになったわけであります。

こういう点を教育というものとの関連において考えてみますと、人間が現在から未来へむかって生きがいを感じるのは、いったい何によってであるか、という問題がでてこざるをえないのであります。人間世界はこれからも変わってゆく、自分たちはその変化に少しも参加していないと思っていても、世の中は変わる。しかも実は自分も参加して変わってゆくのであります。現状のまま停滞させよう、凍結させようと思っても、そうはならないのであります。凍結させようと努力したい方は、されたらいいと思いますが、生きた人間の集まりとしての世界を凍結さすことはできないでありましょう。

かりに日本人がみな、なにも新しいことはしないで現状に満足していたとしても、他の国の人がたくさんおり、何か考えだすでしょうから、世の中はやはり大きく変化するでしょう。日本もその影響をうけざるをえないのであります。そういう変化があるのなら、それは進歩であって欲しい。望ましい方向への変化であって欲しい。そしてそれに少しでも大きな貢献をしたい。大小の差はあるでしょう。また成功する場合も失敗する場合もあるでしょう。失敗する場合の方が多分多いでありましょう。こと志と違う場合が多いでありましょう。しかし私たち人間にとりまして、成功するか、失敗するか、また成功したとしても、それがどれだけの貢献になるか、あらかじめ正確には知りえない。ある程度の予想はできても、ある程度以上はわからないというのが、これが人間の人間らしさであり、そこに人間の生きがいがあると私はかたく信じているのであります。

さきほどから同じようなことをくりかえし申しているようでありますけれども、結論的にまとめてみますと、人間というものは、どういうふうな生き方をいたしましても、やはり世の中の変化に――その中には望ましい変化、望ましくない変化、あるいは停滞や退化という場合もあるでしょう、そういうふうな場合もふくめまして――なんらかの形で参加しているわけであります。そうであるならば、やはり私たちひとりひとりが、この世の中を望ましい方向へ変化させるのに少しでも貢献する、ひとりひとりの力は小さくても、みんなが協力してそういうことをやってゆくということが、これから未来に向って生きてゆこうというすべての人にとっての生きがいでありうるわけであります。みんなが協力してそういう望ましい世の中ができてゆくならば、それがさらに各人の生きがいを大きくしてゆく。そう考えるのが本当だと思います。さきほど申しましたような例では、非常に若いのに、もう若年寄りになったような考え方になってしまっている。いまの現実の世の中をみていると非常に現実性をもっているようでありますけれども、実は非常におかしいのだと思います。私の考えの方が、ちょっと考えると、自分の力を過大評価しているみたいで、少しおかしいように聞えるかもしれません。いわゆる現実的態度よりもむしろ、もう少し古い、いわゆる「理想主義的態度」であります。しかし、この方がかえって本当は現実的なのではないでしょうか。ただ昔流の理想主義というものには、これからの未来を考える場合には、いろいろと考えなおさなくてはならない点があるのはたしかであります。だからといって、しかし、いわゆる現実的態度がけっして本当に現実的であるとはいえないと、私は考えるのであります。

こういうことを申しておりますと、それが教育の問題とどういうふうにつながってくるのか、ある程度はすでにおわかりいただけたと思うのでありますが、とにかく未来は、自分が変えることに参加しておらないつもりであっても、実はなんらかの形でそれに参加している。そこで人間のさまざまな活動の中で、未来の世界にいろいろな変化をひきおこす一番大きな原動力となるものはなにかと、考えてみますと、それはあきらかに、ある人、あるいは人々が創造性を発現するということであります。

わかりやすい例で申しあげますならば、だれかがある新しい発見をするとか、発明をする。そうしますと、その結果として、科学文明の姿、ひいては人間社会の有様が多かれ少なかれ変化することになります。ところが一口に創造性の発現と申しましても、その仕方はいろいろあるのであります。発明、発見に限らないのであります。芸術的な方面における創造性の発現というようなものが、過去においては非常に大きな意味をもっておった。将来でもおそらく同じことだと思うのであります。そういう点について、私はここでくわしくたちいるつもりはございませんが、どういう場合にせよ問題になることの一つは、人間の創造性というものは、どういう時期に、その人の一生の間のどういう時期に発現するのかという点であります。

そこでもういちど、二十世紀の前半をふりかえってみますと、その半世紀のあいだに、世の中は大きく変わりました。科学文明は非常に進歩いたしましたが、そこで一番決定的な役割をはたしてまいりましたのは——これは私が申しても別に我田引水にならない、非常にはっきりとしたことだと思いますが——それは物理学の革新であったといえます。物理学が革命的変化をとげたということが、二十世紀前半の大きな変化のもっとも大きな原動力であったと思ってよろしい。良かれ悪しかれ、そうであったと思うのであります。ところが、そういう物理学が——数学などもふくめてよろしいのですが——急激な発展をとげたのは、そういう方面に非常に多くの天才が集中的に出現した結果でもありました。そういう人たちの創造性というものは、平均的にみまして、比較的若い時期、とくに二十歳台で発現された場合が多いのであります。

しかし学問には物理学や数学以外の分野がたくさんあります。それらも一緒に、また芸術その他、学問以外の方面もふくめて、ひろく考えてみますと、いちがいに創造性は若いときに発現されやすいとはいえません。もっと遅く発現される場合、また一生のあいだに何度にもわたって発現される場合も少なくないのであります。ところで私たちがいま問題にしているのは、現在から四十年・五十年にわたる未来であります。

過去の例は参考にしておけば、それでよいのであります。二十世紀後半はどうであるかの予想が困難なことはもちろんでありますが、学問の発展の方向の大づかみなところは、ある程度まで推定できるのであります。

おそらく二十世紀後半において、中心となって大きく発展してゆく方向はなんであるかと申しますと、それは生物学、新しい形の生物学だろうと思います。新しい形という意味がなんであるか、くわしい説明はやめて簡単に新しい形の生物学とだけ申しておきます。あるいは生物物理学といってもよろしいのでありますけれど、あまり物理という言葉を使いますと我田引水のように誤解されそうですから、それもやめます。生物学の発展にともなって、私たち人間の身体や頭の働き、神経の働きなどのしくみがこまかくわかってゆく。とくに大脳生理学が面目を一新し、それが心理学にも決定的な影響をあたえるのでありましょう。これと並行して人間の高等な知能を代行し補強するような機械の開発が非常にすすむ時代でもあろうと思います。いままでも、すでにそういう機械は相当開発されています。そういう自然科学——数学や工学や医学もふくめた広い意味の自然科学の側からの人間の研究の発展は、おそらく人文科学や社会科学全体に大きな影響をおよぼし、それらも面目をあらためるでしょう。さらにまた二十世紀の前半にはあまりいちじるしくなかった新しい哲学の出現、新しい思想体系の建設というようなことも、盛んになるかもしれません。二十世紀の前半には、物理学が非常に大きく発展し、それが哲学にも深刻な影響をおよぼしましたけれども、そこから非常に新しいまとまった思想体系が生れてきたかというと、どうもまだそういう時代とはならなかったようにみえます。ある意味では思想の貧困の時代であり、現在もまだ、そういえる時代であります。近い将来も、あるいはそうかもしれないけれども、もう少し長い目でみますと、やはりもっと非常に新しい――科学の新しい発展段階に呼応したところの――思想体系ができあがってゆく時代になるのではないかと思われるのでありますが、そういういろいろな点を考えあわせてみますと、二十歳台で創造性が発現されなくてはならないという考え方はあたらないことになりそうです。昔からいわれております大器晩成型も大いに尊重されなければならない時代になるのではないかと思うのであります。とにかく創造性の発現の時期についても、あまり狭く考えてはいけないと思います。

このようにして、一般的にいえそうなことは、今日のいわゆる科学文明は、さらに一層進むと同時に、もはや既成概念としての科学文明という言葉ではつつみきれないような新しい様相の文明になってゆくだろうということであります。

ところでこういう変化の中で、創造性の発現が、ますます重要になってゆくということも、同時に予想されるのであります。何故かといいますと、つまり学問にせよ文明にせよ、非常にはやく進んでゆくということは、同時にそれらが非常にはやくゆきづまりやすいということでもあります。両者は矛盾しているようでありますけれども、実は表裏の関係にあるのでありまして、昔はだれかが大発見をするとか、大発明をするとかいうことが、ときどきおこる。しかし、それを他の人たちがとりいれてなにかをするというのに割合と時間がかかった。さらにそれが社会一般に影響をおよぼす――たとえば新しい原理をもとにした機械が大量生産されたりして世の中に広い影響をおよぼす――までには相当長い時間がかかるのが通例でした。ということを裏がえすと、進歩が遅いかわりになかなかゆきづまらない。ひとつの大きな発明・発見というものが長いあいだにだんだんといろいろな方面に影響をおよぼしてゆく。文明は徐々に進んでゆくかわり、ゆきづまりも急にはおこってこない。現在は進歩もゆきづまりも両方とも早いのであります。なにか新しい発明・発見がありますと、たちまちあちこちで研究し、それをなにかに利用する。新しい機械がどんどん大量生産される。めざましいようでありますけれども、ひとつひとつとしては、すぐにゆきづまるということでもあります。

それはまた、そういう文明社会の中に生きている個人個人にとりましても、うっかりすると、たちまちゆきづまってしまいそうになるという事態をひきおこしやすい。近頃よく英語のフラストレーションという言葉が使われますが、このフラストレーションがおこりやすいということは、いま申しましたように進歩が非常に早いということと、大いに関係があるのであります。

それからもう少し狭く考えますと、これは自明のことで私が申しあげるまでもないのでありますが——日本の将来を考えました場合、各人の考え方や立場の違いに関係なく、これからさき日本が国際競争、経済的、文化的な国際競争の落伍者《らくご》にならないために、そしてまた日本人の生活水準がどんどんと向上してゆくために、最後に頼るべきものはなにかといいますと、これは日本人の創造性の発現ということに帰着する。そういう意味で創造性の発現ということは——どんな時代でも大事でありますが——ことにこれからさき、ますます大切になるということはあきらかだと思います。

ところがこの創造性とは一体なにか、どういうふうにそれは発現するのか、またどういう子供が創造的才能をもっているか、どうすればそれが判定できるのか、ということになりますと、幸か不幸か、まだよくわかっていない。わかっておらない間の方が幸いかも知れませんが、しかし将来はだんだんとよくわかってくるでありましょう。

現在の段階でわりあいはっきりといえるのは、創造性を発現するのにも、いろいろな方面があり、いろいろな発現の仕方があり、また発現の時期もいろいろあって、どのひとりの人も、非常に極端な場合をのぞけば、全然どういう方面にもなんらの創造性を発揮する可能性をもっておらないとは、けっして断定しえないということでありま す。どの子供に対しましても、自信、希望、未来への可能性に対する希望をもたすことができる。その結果、創造性の大きな発現をするかも知れないし、しないかも知れない。それは結局、潜在的なものにおわるかも知れない。しかしそういう希望をもたすことによって、創造性発現のチャンスは増えるでありましょう。

また同じく勉強するといいましても、そういう希望をもてば自然と、自主的に勉強するようになるでありましょう。はじめに申しましたように、学習という過程、小学校、中学校と進んでゆきます学習過程の中に、研究過程に似た姿が見いだされます。客観的には研究といえないにしましても、その当人にとっては、学問の研究とおなじで、たんなる受身の学習ではなく、未来への希望をもち、自発的にわからないことをわからしてゆこうという努力、そういう努力ができるだけ早くから習慣となり、身についてゆくことによりまして、その人がやがてあとで、創造性を発現するようになるということを期待すべきだろうと思うのであります。

さきほどから未来は現在から、だんだん変わってゆくものだという面を強調してまいりましたが、ここでちょっと変わらない面、変わってほしくない面について、ふれておきたいと思います。現在は学問がすでに非常な発達をとげた時代であります。ということは、確実な知識、精密な技術、そしてそれらの基礎となる一般的な法則といったものが、すでに大量にみつけだされており、人類の共有財産として集積されている時代に私たちは生きていることを意味しています。今日では、もはや誰ひとりとして、その全部を知りつくし記憶することができないほどまでに、厖大《ぼうだい》な集積となっています。各人はその一小部分だけを理解し記憶するだけで満足するほかありません。各人が人間社会の中で、それぞれ独自の役割を果し、そこに生き甲斐《がい》を見いだすためには、むしろ各人が全知識、全技術の中のそれぞれ違った部分を身につけている方がよいでありましょう。しかし、そうかといって各人の知識の間に共通するものがなければ、相互の理解は不可能であり、各人の知識や技術を社会に役だてることも不可能になります。

実際はもちろん、各人の知識の間には大きな共通部分があります。一番はっきりしている共通部分は、算数に関する知識で、二たす二は四というようなことは誰でも知っている。もしそうでなかったら物の売買さえも成立しなくなる。人工衛星が実現して以来、遠い星の世界が今までより身近に感じられるようになりましたが、科学者の中には、どこかの遠い星に住んでいるかもしれない高等な生物との電波による通信を真面目に考えている人たちがあります。そういう宇宙人と私たち人間とが通信しあえるためには、両者の知識に共通するところがなければなりません。そこで通信をはじめる最初の手がかりとして最適のものはなにかといえば、やはり二たす二は四というような算数の知識だということになります。

地球上の人間同士の間には、もっとずっと多くの共通の知識があります。同じ日本人であれば、さらにまた多くの共通性が加わります。ところが同じ共通部分といっても、その中には、ほうっておいても人間が自然に獲得する知識・技術もあり、また幼年期・少年期の家庭生活の中で親や年長者を見習ったり、教えられたりして獲得するものもありますが、そのほかに学校で先生から、順序をおって教えてもらわなければ習得の困難な部分があります。文明が進むにつれて、そういう部分の量も増え、重要性も大きくなってゆきます。そして相当大量の知識を習得し記憶しておかなければ、それ以上に高度の知識の獲得はできないというようになってきます。そこで記憶ということが、今後も依然として重要な問題として残るわけです。この点は今後も変わりないと思います。

さきほどから強調してきました人間の創造力というものは、ちょっと考えると記憶力と反対のもののようにみえますが、実はそうではなく、創造性の発現は、相当大量の、そして相当程度まで系統だった記憶を素地として、はじめて可能なのであります。そういう意味でも記憶力というものは馬鹿にできないのであります。この点をもっとはっきりさすために、もう一度、人間のつくりだした電子計算機をひきあいにだすことにしましょう。

人間が自分でやれば非常に長い時間かかる複雑な計算を、電子計算機は非常に短い時間でやってくれるわけですが、それと人間との違いはどこにあるのか。計算機の方がまちがいが少ないとか、こみいった計算を早くやってくれるとかいうすぐれた点をもっておりますが、劣っている点の中で、一番はっきりしておりますのは、記憶容量が小さいということであります。人間の頭の中には非常に大量の記憶が入っております。そして、まだ新しく入る余地があります。それが電子計算機より、はるかにまさっている重要な特徴のひとつであります。私は生徒、学生の時代から、記憶力にあまり自信がなかったのでありますが、記憶などはそんなに大切ではない。一口に暗記ものなどといわれる学科があって、教科書を丸暗記しないと、試験の成績がよくない。そんなことはつまらない。自分の記憶があまりよくないものですから、勝手にそう思ってきたのであります。しかし本当はそうではないのでありまして、記憶というものはきわめて重要でありまして、実際に、ことにはじめの方の段階で、記憶を相当量蓄積しておくということがなければ、それからさきの、それ以上の高等な機能というものは発現しえないのであります。人間の頭の働きというものは、そういうふうになっているのであります。しかし、記憶だけでは駄目なことも、もちろんであります。むしろ、より高度な機能を発揮するための前提として、記憶が重要なのであります。

さきほども申しましたように世の中が進むにしたがって、記憶しなくてはならないこと、いやでも応でも記憶しなくてはならないこと、あるいは知らぬまに記憶させられてしまったことが、非常に増えてゆくのは仕方のないことであります。しかし、憶《おぼ》えておくだけ――つまり記憶万能ということになると困る。それはひいては画一教育という立場にもつながるのであります。これとこれとを憶えさせておかなければならないということだけに力を入れますと、判で押したような教えかたにならざるをえない。だれもかれも、同じことを憶えているだけということになりますと、それはまたさきほど述べました逆算的な物の考え方につながってゆくことにもなるのであります。結果記憶が固定しているように、未来もまた、その人の頭の中では固定してしまう。結果はきまっているものとして、さかのぼって、推論してゆくという考え方は、記憶万能主義と非常に似かよった性格をもっております。未来までも固定して考えますと、これとこれとさえ憶えておけばよろしいというふうな考え方になってゆくわけであります。創造性の発現ということとは裏腹になってしまうのであります。

ところで創造性の発現ということは、教育にとって大きな問題でありますけれども、これをもう少しひろく考えてみますと、教育の現場の人たちだけの問題ではないことが、すぐわかるのであります。日本人一般がいったい、創造性というものを本当に尊重してきたのか、現にどの程度尊重しているか、ということが、非常に決定的な意味をもっているのであります。日本の今までの歴史を、あらためてふりかえるまでもなく、すでに皆さんもよくご承知でありましょうが、創造性を尊重するような仕方で日本が歴史的に発展してきたのでないことは明白であります。これはもう、たびたびいわれてきたことでありますから、ここではひとつだけ私の気のついた、非常に象徴的な例を申しあげるだけにとどめたいと思います。

いまから十年あまり前でありましたか、一時、文化切手というものがでたことがあります。文化切手というのは明治・大正の日本の文化に貢献した偉い人たち十人ばかりの肖像画の入った切手のことであります。その顔ぶれは坪内逍遥《つぼうちしょうよう》とか夏目漱石《なつめそうせき》とかいう有名な、また立派な人たち、日本の文化に貢献された人たちばかりで、それに対して、私はかくべつ異論がなかったのでしたが、ただそこに非常に特徴的な事実を発見して愕然《がくぜん》としたのであります。私ども物理学をやっております者にとりましては、長岡半太郎先生は大先駆者であります。非常に早い時期に世界的水準からみて十分価値のある、原子構造に関する、独創的な学説を発表された方であります。さらに長岡先生の長い経歴を通じてみましても、非常に独創性に恵まれた方であったことが、よくわかるのですが、不思議なことにこの方は、文化切手の中に肖像画があらわれてなかった。もうひとりあげますと、西田幾多郎という先生が京大におられた。非常にすぐれた哲学者でありました。西田先生の考え方に賛成すると否とにかかわらず、先生が非常に独創的な思想家、哲学者であったことは、だれも否定できないと思います。ところが、この先生の肖像も切手の中に入っていない。私はこれは大変、象徴的な事実だと感じた。日本人が、ある人間について価値判断をする場合、その人の独創性、創造性の発現ということをいったいどのくらいおもくみてきたか、そういうことがまた教育にどう反映したか。子どもが成長して大人になってゆく過程で、そういうことが、どんな影響をおよぼしてきたか。今までみのがされてきたのではないか。ひとつの盲点ではなかろうかと、私は日頃から考えております。こんなにまで科学文明が進んできたのだから、もうこれからさきの世の中では、ひとりひとりの力はたいしたことにならない。創造性などということは、もはやたいしたことではなくなった、というふうに考える人であったとしますならば、それは大変なまちがいだと思います。

創造性が発現されるかどうかという、そのもとは教育過程の中で、その素地が養われるわけであります。そういう点だけを考えても、教育の仕事が非常に貴重な天職であるということは、昔も今も変わらない。むしろこれからさきの方がいっそう重要な役割をはたすことになるのではないかと思うのであります。

それから、もうひとつ私は表題に自己制御という言葉をかかげました。こういう言葉をつかうと、わかりにくいかもしれませんが、なぜ、創造性だけでなく、もう一つ自己制御ということをつけ加えたかということを、少しお話ししたく思います。未来というものは、どうせ現在からは変化したものになってゆくのであります。しかもそれは主として人間のいとなみによって変化してゆくのであります。しかもどんな変化でも良いというわけにはいかないのであります。みなにとって望ましいような方向の変化であってほしい。ひとりひとりにとっても、人類全体にとっても望ましいような変化であって欲しいわけであります。ところで、さきほど申しましたように、変化がおこるキッカケ、非常に大きなキッカケになりますのは、人間の創造性の発現でありますが、とにかくなにかのキッカケでおこった変化のはじめは、それが人間世界にどういう影響をおよぼすか、わからない場合が多い。しかし、いつまでもわからないわけではない。どういう方向に人間世界をみちびいてゆくものか、ということが、だんだんとはっきりわかってくるのであります。近頃ではむしろ結果が非常に早く現われる場合が多くなってきた。それが望ましいものであるようにするには、創造性という問題だけでは話がすまないのであります。その方向をコントロールする、制御するということが重要になってきた。いくつかの方向があって、その中のどれを選ぶか、そして選んだ方向からそれないようにするか、ということが重要になってきたのであります。

二十世紀の後半にはどのような学問がもっとも大きく発展しそうかという点については、すでにふれましたが、それと自己制御の問題とは大いに関係があるのであります。生物、生きものというものは、非常に複雑な自己制御機構をもったところの機械のようなものであります。逆に申しますと、そういう自己制御能力をもった機械が、だんだんと開発されてきているということ自体が、機械がだんだんと生きものに近づきつつあるということでもあります。そういうことが、二十世紀後半の科学、技術の発展の大きな特色の一つとなってゆくでありましょう。そして同時にまた科学文明の発展の現在の段階で、すでに個人にとっても集団にとっても、自己制御という働きが非常に重要になってきているのであります。とくに人類全体として、自分たちの進む方向をつねに正しくむけておくための努力が、現代人の重要な義務となってきているのであります。

非常にわかりやすい例として、さきほどいった核兵器をもう一度とりあげましょう。原子力というものを、どういうふうに使うのか、それをいったいだれが決めるのか、こういう種類の問題は、従来は科学者はよく考えてみたことがなかった。それが大変なことになってから騒ぎだしたのであります。しかしまだ手遅れではない。遅ればせながら相当数の科学者が責任を感じまして、なんとかして、人類の進路を望ましい方向にむけてゆく、まちがった方向に暴走するのを避けようという努力をしているのであります。これは科学者だけの問題ではなく、あらゆる人がそういう努力をしなければならない時代になりつつあり、将来もやはりそうだと思うのであります。原子力の場合は一番よくわかるケースでありますけれど、他の場合でも、多かれ少なかれ、そういうことがあるのであります。

さきほど申しましたように、なにかが実現しますと、それと同じようなものが、どんどんできる。同じものが大量生産されるということになります。あるいはまた、わずかな変化を非常に拡大する仕くみが非常に発達してまいりました。もしも大量生産や拡大の方向がまちがっておれば、ばく大な浪費や破滅という結果に短い期間に暴走してしまうことになる。とめようにもとまらない、手遅れになりやすい。そういう事態をできるだけ早く見とおして避けなくてはならない。そういう能力を各人が身につけていなくてはならない。そういう時代になってきているのだと思います。

ところで機械が暴走する、たとえば自動車の場合を考えてみますと、自動車は人間が運転しておりまして、人間が運転を誤まった結果、衝突事故がおこったりする。直接の責任は人間にあるのですが、しかしもっと根本にたちもどって考えますと、機械に問題がある。機械に自分自身を制御するもっと高度の機能をもたせる努力が、もっとなされなければならないと思います。現在の自動車などは、まだまだ不完全な機械だと思います。自動車の数がどんどん増え、スピードも大きくなってゆくのに、自己制御装置の方は発達せず、人間の運転機能に一方的に頼れというのは、本来無理な話であります。人間というものは、すくなくとも現在は機械よりずっとかしこいのであります。ただし、なにかあるきまった反応をするための時間ということになると、機械の方がずっと早くやれる。そういう仕くみはどんどん開発されています。したがって非常に早い判断というものは、機械にさせた方がいいのであります。個々のきまった仕事の制御は機械にさせた方がいいのであります。しかしどういう種類の機械を作るとしても、それをどれだけ生産するか、その機械にどういうふうな制御機構をつけるかなどをきめるのは——その辺にもいろいろ問題があるわけですが——結局は人間であります。科学文明がどんなに進みましても、その方向をきめる——暴走するか、破滅するかを避けるためのカギをにぎっているのは、われわれ人間でなければならない。そうでなくなったら大変なことです。

そういうわけで、現在から未来にむかって生きる人間には、「創造性の発現」ということと裏表の関係にある「自己制御能力を身につける」ことが必要であります。科学者の責任ということも、後者のひとつの現われであります。そういう気持と能力を開発し、充実させ、定着させてゆくということも、今後ますます重要になってくるであろうと思います。機械にコントロールされるのではなくして、機械をコントロールする。何となく社会がどこかへ流れてゆくのでなく、それを望ましい方向に流れるように各人が努力する。みんなにとって望ましい社会ができてゆくためには、各人が自分を規制し、またもっと大きな組織となれば、組織自身が暴走しないように制御する。さらには人類全体が平和を保持するように自己規制してゆくことが、ますます重要となりましょう。その場合、まず一番もとになるのは、各人が自主的に自分を制御し、環境に一方的に順応するのではなくして、受動的に外的条件によって制御されるのではなくして、自分自身の判断で自分をコントロールしてゆく。そういうことが教育ということの、一つの大きな目的でもあるわけだと思います。これをもっと卑近な、世俗的な言葉でいいますと、各人に自由があたえられているからといって、なにをやってもいいのではなくて、少なくとも、できるだけ人に迷惑をかけないという心構えをもっていなければならない。それは昔も今も変わりありません。そういう心構えが各人にそなわっていてはじめて、社会全体、人類全体もまた望ましい道を進んでゆくことができるようになる。その場合には、それぞれの人から自主的に、そういう気持がでてくることが望ましい。強制されて、いやいややっているということではおもしろくないのであります。それには、子供の時から、そういう能力を、だんだんと身につけてゆかねばならない。

私は教育というものは非常に難しい、非常に大きな複雑な問題であることをよく知っています。きょうは教育のある面をとりあげただけで、そのほかに大きな問題がいくらでもあることをよくよく思い知らされています。

人類の未来を考えますときに、その中でしめるところの教育の役割というものは、今後ますます大きくなってゆくであろうと思われます。教育者であるということは、今後も、いままで以上に尊い天職であることに少しも変わりはないと思います。

私自身、はじめに申しましたように、教育に関しては自信が全然ないのであります。

私の申しましたことも、一面的な見方であるということは、私自身十分、心得ておりますが、私の申しましたことのなかに、なにかご参考になります点がありましたら大変しあわせだと思います。

（一九六四年一月）

学習と研究

教育のむつかしさ

私は大学で長年研究と教育をやってまいりましたが、教育はたいへんむつかしいものでありまして、自分が教育者として、あまり成功しているとは思っておりません。だいたい教育というものは、非常にパラドクシカル、逆説的なものであります。たとえば、先生が非常にすぐれていたら、その弟子が偉くなるかというと、そうとも限らないのです。その理由は、あとで考えることにして、とにかく先生は、自分よりも若い人たちを教育するのでありますから、教えられる人たちのほうが、たいていは教える先生よりも後まで生きる、先生よりもずっと長い未来を持っているのでありますす。そういう長い未来を考えてみますと、いったい、どうすればよいのであろうかと、迷わざるをえないのであります。

人間は、幸か不幸か、未来について確実な判断ができない、予知ができない。できる部分もあるが、できない部分もあるので、全体的には、未来は不確定なものであります。自分よりずっと後まで生きる生徒たちに、現在から近い未来にわたる数年間に、最も良い教育をしようと考えても、どうしたらよいか、簡単に答えの出るはずがないのであります。

教育とはパラドクシカルなものだと申しましたが、パラドックスというより、哲学者がよく使うアンチノミー、二律背反ということばのほうが当たっているかも知れません。つまり二つのたがいに矛盾する、相いれないような要請ないし要求がありまして、そのどちらもが、何とか満たさなければならない、というような面が非常にたくさんあるわけです。二、三その例をあげてみましょう。

教育の方針というのは、遠い先のこと、不確定な遠い先のことまで考えて、決められなくてはならないものです。ところが教育を受ける生徒自身にしましても、また父兄にしましても、何よりも先に社会の現状に即して物を考えている、学校を卒業した直後はどうなるかというようなところに関心が集中しているとしても、一概にそれはいけないともいえないのであります。そこで、先生のほうが長い未来のためによかれと思ってやることが、生徒や父兄に理解されないということにもなる。

つぎに二番目のアンチノミーとしては、これはわかりきったことでありますが、高等学校からさらに進んで、大学あるいは大学院にかけての高等教育が普及するのは、教育の機会均等という要請が、より完全に実現されることを意味しており、もちろん望ましいわけであります。しかし、同時にまた、そういう多数の人に対して、相当高度な教育をするのは、非常にむつかしいことでもあります。特に現代のように科学が非常に進歩しており、また将来も、ますます進歩すると予想される時代においては、習得しておかなければならない科学的な知識と技術の量は非常に大きく、その内容も非常に複雑化し、多様化してきています。そういった中で、非常に多数の人に高度の教育をするのは、よけいにむつかしい。教育のための設備の問題、予算の問題、人員の問題などだけでもたいへんでありますが、そこには、もっと本質的な問題が横たわっています。つまり習得すべき知識の量が、教育を受ける人たちのひとりひとりの能力にくらべて、大きすぎるという困難を、どう解決すべきかということです。ここでいつも問題になるのは、一般教養課程と専門課程の比重です。どちらも重要なことは明らかですが、片方に重きを置くと片方がおろそかになってしまいます。

もう一つ、いちばん困る問題は、入学試験であります。私があらためて申すまでもなく、この問題が最も深刻なのは、大学の入学試験という問題に直面している高等学校の教育であります。しかし、その影響は中学校、小学校、はなはだしきは、幼稚園にまで及んでいる。この影響がけっして望ましいものでないことは、周知の通りであります。そんなら入学試験をなくしてしまえるかというと、なかなかそうはゆかない。

むしろ、ますます進学競争が激しくなり、受験勉強の弊害がますますはなはだしくなってゆく傾向が見られるのです。入試の弊害でいちばんいけないのは、自主的に、自発的に学習するという意欲がだんだんと減退してくることであります。試験を通るために勉強する、だから、大学にはいってしまうと、もう安心だというので遊ぶ。これははなはだ困るのであります。私たちの時代には、さいわいにして、大学にはいるまで、それほど勉強しないですみました。昔の高等学校では、好きなことをいろいろやり、それから大学にはいって、いよいよ勉強するという段取りになる。それが逆になると、どうにもならないのです。

このように教育のむつかしさを考えだすと、きりがない。しかも、それらはいっぺんに解決できないものばかりであります。私とて速効的な解決策を持っているわけではありません。ただ教育というものに関する基本的な考え方は、どうであるべきかについて、自分なりの考えを少し話してみようと思うだけであります。

学習と研究

教育というものが、非常に長期な事業であることは、まちがいのないところであります。教育を受ける側としては、子どものときから教育を受けて、大学まですすむ人もあるだろうし、あるいはまた、中学校か高等学校で終わるとすぐ社会生活にはいる人もあるでしょう。しかし、どの人にとりましても教育というものは、当人にとっては一つの一貫作業なわけです。受けるほうは引き続いて教育を受けている。しかも、学校を出てしまったら、もう教育というものはないのか、といえば、そういうことはないのであります。

私は研究者として、今日まで研究を続けてきておりますが、研究を続けてゆくということ、これは同時に学習することでもあるわけであります。研究といえば、いかにも大きなことのように思われますが、私が自分で独創的なことを年から年じゅうやっているかというと、もちろん、そんなことはないのです。どんな天才的な学者でもそんなことはしておりません。やっぱり人の書いた論文を読んだり、本を読んだり、それを理解しようとする。また、計算をしたり、実験をする、といいましても、それもなるほど研究生活の一部ではありますけれど、それらはすべてが独創ではありません。つまり学習と研究とは、それほどちがったことではなく、しかも一生ずっと続いてゆくものなのです。

たとえば、私がやっています物理学、原子核物理とか素粒子物理などは、ものすごい勢いで進歩しているわけでして、必ずしも進歩とはいわないまでも、どんどんといろいろ新しいことがでてくる。私は大学を卒業して、比較的若いころよく勉強いたしましたけど、それ以後いろいろ新しいことがわかってきまして、それも、やっぱり勉強しなければならない。どうして勉強するのかといえば、実際はこれはむつかしいことなのです。それでも何とかして勉強しなければならない。これは必ずしも研究だとはいえない、むしろ学習です。

二、三年前に、私の研究所で成人学校というのを開いたことがあります。つまり年長の者が若い連中に対してあんなつまらんことをいっている、と片づけるのではいけない、やっぱり自分たちも若い連中のやっていることを勉強して、理解した上で、何とかかれら若いものの考えを取り入れるなり、批評するなりしなければならないと考えたのです。まあ、正確にいえば、老人学校ですが、老人学校というと聞こえが悪いから成人学校と呼び、そこで若い連中の何人かに、短期の講義をさせました。生徒になるのは、年長の四十代、五十代の人です。六十代というのは、ほとんどおりませんでしたが、生徒になりたいのはなれというので、私も一番前にがんばりまして、三日間ほど話を聞いたのですが、ずいぶんくたびれました。しかし、ときどきそういうこともやらなければならない。先生になるのは若い連中ですから、非常に話しにくかったらしいですけれども、その人たちにとって、たまにはそういう苦しみをなめるのもよいことだと思いました。

こういう話をいたしましたのは、やはり研究と学習とは、私たち研究をしているものにとっては、一生切り離すことのできないものだということを、申し上げたかったからです。それでは、研究生活に入らないで、社会に出てしまった人の場合はどうなのでしょうか。私は、この場合も、研究者の場合と、全く同じことだと思うのです。四角ばって研究とか、学習とかいわないだけのことで、学校に行かなくても、書斎にこもらなくても、また、研究室にいなくても、やはり人間は、学習し続けている。形はいろいろありましょうが、どこまでも学習を続けているのが、人間のほんとうの姿だと思うのです。

教わることと身につくこと

学校では、教えることと教えないこととがありますが、人間には別に教わらなくても自分でわかることがある。私は近ごろ、学校で習わないでも自分で獲得するもの、また自分でも気づかぬうちに獲得したものに、非常に大事なものがあると感じるようになりました。いちばん簡単な例を申しますと、人の顔を見分けるという能力です。これは、ものすごい能力です。私たちは、非常にたくさんの人が集まっておりますところでも、自分の知った人がおれば、すぐ見つけることができます。これは、実に恐るべき能力だと思います。これをかりに電子計算機などでやろうとすると、なかなかできないたとしても非常にむつかしい、複雑なプロセスになることは確かです。そういう驚くべき能力は、別に学校で教えなくても、だれでもそれ相応の年齢になれば、ちゃんと身につける。わたくしたち人間は生長し成熟してゆくわけでありますが、その間にそういう能力を、ちゃんと身につけるようになっている。これは、たいへんなことです。

ところで、学校で教える数学などについては、どうでしょうか。算数のように簡単で初歩的なことは、あるいは教えられないでも、自然と身につくかもしれません。しかし、数学の少し進んだことがらになりますと、系統的に教えてもらわなくてはわからない。全く独力でやれる人があったら、これはたいへんな天才です。昔から、どんな天才でもひとりではそんな先へは行けませんでした。たとえば、ユークリッド幾何学を学校で教えますが、生徒はユークリッド幾何学を習って、はじめてわかるわけです。そうして、証明のしかたを覚えいろいろ自分でやってみます。うまく証明できたりするとうれしいものです。

ところでユークリッド幾何学のようなものが、学習すればパッとわかるというのは、どうしてか、ということを考えてみますと、先ほどから申しているような、だれでもが知らない間に獲得している能力——たとえば人の顔を見分けるような——能力がはたらいているからにちがいない。こういった能力の、ごく簡単な場合のことが、現在、心理学、電子工学などの分野で研究され始めているようです。図形認識能力の研究などというと、言葉はむつかしく、しかつめらしいのですが、内容からみれば、人間が顔を見分けるほうが、ずっとすごい能力なのです。三角形を三角形、Aという字をAという字だと見分ける図形認識なんか、実は大したことはない。

しかし、それでも図形認識の能力は、人間にとって非常に大事なものでして、そういう能力を持っていなければ、どうにもならないし、たとえば幾何学が幾何学でありえないわけです。図形認識ということばを、もっと広く考えると、そこにはそれ以上にたいへん高度なもの、たとえば運動の認識などということも含まれています。図形が、じっとしているのでなく、動きまわっても、それをちゃんと追跡できるような能力まで含まれてくるでありましょう。

まあ、言葉のせんさくはこのくらいにいたしまして、ともかく私たちは、そういう能力を持っている。だから、ユークリッド幾何学が頭にはいってきます。こういう図形認識の能力は、学校で教えられなくても、自分が持っている、もうすでに獲得しているのです。実は、それが非常に大事なことだと思うのです。

近ごろ創造性ということが、だいぶ広く問題にされだし、その研究も盛んに行なわれだしたようです。人間は、学問研究とか、芸術とか、いろいろな方面で創造性を発揮したいわけですが、なかなか発揮できません。うまく発揮できる人がたまにいるわけですが、これはたいへんしあわせな、運のよい人であります。

ところで、この創造性ということは、先ほどのべました、図形認識の能力とか、人の声を聞きわける能力とか、学校で教わるのではない、ひとりでに身につく能力と、非常に関係が深いのではないかと思います。電子計算機には、そういう能力はありません。全然ないといったらいいすぎかもしれませんが、今までありますす電子計算機はそういう働きをしないのです。

学習意欲について

人間にはそういう能力が、おのずからそなわっているとすると、教育とは、いったいどういうことか。教育には、自然には身についてこないような、教えられなければ、学習しなければ、そして、それも系統的に学習しなければ獲得できないような知識を授けるという一面があるにちがいない。

いっぽう学習ということを考えますと、たとえば、数学なら数学、生物なら生物を学習する。そこに教科書があれば教科書を理解し、記憶しようとする、それも、入学試験に必要だから覚えるのでは、非常につまらないことでありますけれども、入試の対策としては、理解することより、記憶するほうが大事でしょう。せっかく理解しても忘れてしまったのでは、試験は通らない。しかし学習するということを、そういううふうに考えずに、私たち研究者が研究するということと比べてみたらどうなるでしょうか。

研究というものは、未知の領域を開拓する、だれもまだ発見しなかったようなものを発見するとか、だれにも解けなかった特別な問題を解くとか、大きな目的をもっているのですが、それからみれば、たとえば高校生の学習ということ——教科書に書いてあることを理解したり、記憶したりすることは、客観的にみれば値うちのないことだと考えられます。しかし、教育を受ける当人にとっては、これは、同じようなことなのです。高校生は、何も学問の最先端の知識をもっているわけではないのです。高等学校の教科書にでてくる問題なら、先生は答えを知っているわけでしょうし、一度は解かれた問題に決まっています。それに対して、生徒のほうが、自分の力で解こうと思った場合は、自分はまだ、解いたことのない、答えのわからない問題に対するわけですから、研究者が研究するのと同じような気持なのです。これは、トラの巻などを見て解き方を知り、それを憶《おぼ》えておくのとは、全然ちがいます。そういう点では学習意欲と、研究者の研究意欲とは別のものではないでしょう。学生時代に、そういう学習意欲を実際満足させる経験をもち、それが習慣づけられれば、やがて研究意欲に高まってきます。そういう教育を受けて来れば、仮に研究者にならないで、どんな職業についても、その人はしあわせなのではないか。人生の生きがいには、いろいろありますけれど、そういう人はどういう方面へ行っても、生きがいというものを感じると私は思うのです。つまり、学習意欲を高め、それを保持し、それがさらに先に行って高まり、一生保持されるような、そういう教育がなされることが、非常に重要だと考えます。

そして、このことは、初めに申しました、教育は非常にパラドックス的である例として引いたことと深い関係があるわけです。先生があんまり偉すぎるといけない場合もある、ということを申しましたが、先生が手をとって教えてくれる、あるいは、先生が非常にいいことをいってくれる、というような場合には、かえって、先生にたよってしまう。先生のいうことを信じていたらいい、ということになれば、先生は偉いのに、弟子はあまりパッとしない。反対に先生が偉すぎて、ついてゆけないという場合もありましょう。どちらにしても、自分でひとつやってみようという気をくじくことになります。

記憶と創造的能力の関係

それと、もう一つは、ちょうど逆のようなことなのですが、今度は記憶という問題を考えてみましょう。私は、昔、記憶ということを軽蔑《けいべつ》していました。自分が物おぼえが悪いので、記憶というのは、つまらない能力だと思いこもうとしたのでしょう。私が生物学や化学などやらなかったのは、ほかにも理由はありますが、いろいろなことをおぼえさせられるのがとても苦手で、せっかくおぼえても試験場で思いだせないし、すんだら忘れてしまうから、こんなのをやってもしかたがないと思った。そして無理に記憶するというものはつまらない、理解することが大事だと思うことにしていました。

ところが、人間のいろいろな知的な能力の間の関係が、よりよくわかってきますと、記憶というものは恐ろしく大事なものだ、ということもわかってまいりました。実際、電子計算機などは、人間にくらべて記憶容量が、ものすごく少ない。人間のほうが、ずっと大きな記憶容量をもっている。しかも、まだまだ人間の頭の中にはあいたところがあり、まだまだ詰め込めるのです。

ところで、詰め込み教育はいけないとよくいわれますが、このことと、人間の記憶容量の大きさが重要性を持っているということとは、いったいどういう関係になっているのでしょうか。私自身もほんとうのことをいうとよくわかりませんが、私なりに考えてみますと、人間は物をおぼえてゆくけれども、それを一時忘れている。つまり、おぼえているということは、頭の中のどこかに残っていて、それを必要なときに思い出したらいいわけです。試験に強いことが必ずしもつまらないことではないんで、試験問題を見て、パッと思い出すのも一つの能力ですね。私はそういう能力には、すぐれていないのですが、しかし、それも必要なことでしょう。必要なときに、パッと自分の記憶をとりもどすことができるというのは、やはり大切な能力でしょう。ところが、必要な記憶をとり出すというのは、なかなかうまくいかないものです。

そのような場合、人間は、やっぱり、平生から記憶をきちんと整理して、オルガナイズする、いろいろな知識を——自然とおぼえた知識でも、自分が努力して獲得した知識でも——自分なりに、うまく組織化しておかなければなりません。整理のしかたには高度なものから非常に簡単なものまで、いろいろありましょうが、整理することと、理解することとは密接に関連しているように思われます。教育にはそういう、すぐに記憶を再生する能力が身につくようにする効果もある。そこで、そういう記憶と理解とかをもとにして、創造性を発現できるようにしたい。

うまく創造性が発現できたとすると、たとえば、日本の将来ということを考えてみますと、日本で教育がうまくいって、他の国の人よりも日本人の創造性の発現の公算が大きくなる、実際にその回数が増えてきた、というようになれば、しめたものです。一億の人口でも創造の可能性が三十倍になれば、三十億人分つまり、日本一国の創造性が全世界に匹敵するようなことになります。

そんなことは、いったいどうしたらできるのか、といわれると、実はわからないのであって、わかってしまったらおしまいかも知れません。しかし、そういうことになるには、必要条件がいろいろあるかと思うのです。十分条件というのは、なかなかわからないのですが、必要条件のほうはわりあい簡単にわかる。私がいちばん重要だと思う必要条件は「執念深い」という、非常に簡単なことです。「凝る」ということもありますが、「凝る」というよりは、「執念深い」というほうがいいようです。何々に「凝っている」という場合、半年ほどそれに凝っていて、いやになって他のものに凝るとなると具合が悪い。そこで、やっぱり「執念深い」といったほうがよいようです。

さて「執念」は、どこから出てくるのでありましょうか。それが私にとってはいちばんよいことですが、そうしようと思っても、それを妨げるいろいろな要素があるわけです。たとえば、物理学なら物理学に一生執着する。人それぞれ何かに執着する。雑用がたくさんあったりすると、とかく執着心が失われたり、執念が弱まったりします。そういうものがあっても、執着するのでなければ、ほんとうの執着心ではないでしょう。部屋の中にこもって勉強しようと思っても、ほかにたくさん用事があり、学問以外に責任も義務もあるだろう。それでもやっぱり執着するのでなくてはほんとうの執着心ではない。そういう執念深さというのは、どこから出てくるでしょうか。これは実は、だれにでもあるものだと思うのです。何に執着するかが違うだけで、それぞれみな何かに執着している。それはなにも学問には限らないのですが……。この執着することと、先ほど申しました学習意欲とは、非常に関係があるようです。ところが学校教育を受けている時代に、その学習意欲を、どこかで喪失してしまうようなケースが非常に多いのじゃないかと思うのです。

まあ、とにかく、「執念深い」ということは必要条件であります。そのほかにもたくさんありますか。たくさんあるけれどもわからないことだらけです。たとえば、素質などといいますが、素質とはいったい何か、よくわからないのです。その人が何かに成功したら素質がよかった、ということになりますが、成功しなかったら、素質がなかったと、結果的にいう場合が多いようです。

自己制御の能力について

ところが、教育につながる問題で、もう一つ、これと逆の――きょうの私の話は、パラドックスみたいなことばかりですが――正反対みたいなことがあるのです。どういうことかと申しますと、創造性などというものと、一見、相反するような、人間にとって非常に大事な機能があるのです。それは自己制御の能力といわれるものです。自己制御というと、なにか創造性と関係がないことのようでありますけれど、私はそうではないと思います。赤ん坊を例にとると自己制御の能力は発達していません。ヨチヨチ歩くと、どこへ行くかわからない、あぶなくてしようがない。どこかあぶないところへ行くと、おかあさんが手を引っぱってもどす、悪さをしだしたらしかる、とかいうことが必要なのです。私は専門家でないからわかりませんけれども、心理学者に聞きますと、非常に小さい子どものしつけというのは、これをしたらいけない、あれをしたらいけないと、教えこんでゆく。要するに、〝禁止〟中心でしつけてゆくわけです。こんなことしたらいけないとなれば、子どもは萎縮《いしゅく》してしまうからだめだと思われるかも知れませんが、実はそうではなくて、子どもが非常に小さいときに、どうしても通らなくてはいけない一つの過程なのです。

現代の社会、これから先の社会を考えてみると、自己制御ということは、決定的に重要なのではないでしょうか。昔、ベーコンは「知は力なり」という有名な言葉をいっています。ベーコンは十七世紀の初めの人ですが、当時は、「知は力なり」ということは、それほどはっきりしていませんでした。しかし、その後どんどん科学が発達いたしまして、二十世紀、ことに二十世紀後半になりますと「知は力なり」ということが、ますますはっきりしてきています。

では、「力とは何か」ということでありますが、たとえば、原子力は、力です。この原子力は確かに科学的力です。力がありますとそれが大きくなればなるほど、暴走する心配が大きくなります。力が小さいうちは、暴走しても大したことはない。赤ん坊は、年がら年じゅう、暴走している。暴走しているかどうか、自分でも知らないわけです。暴走してどこかへ落ちたりしたらいけないから、おかあさんはそれを止めるのです。ところが、「知は力」でありまして、知識がだんだん進んでまいりますと、力もまた大きくなる。これは、自己拡大でありまして、今度はおかあさんがついて歩くのではないから、拡大をとめる、暴走をとめるのも自分でやらなければならない。原子力を利用する能力を身につけたのは、人類自身でして、自分たちが亡《ほろ》びまいとすれば、人類自身が自己制御しなければしようがない。国際会議を開いて全面軍縮をやろう、というのも、自己制御の人類的な形でのあらわれなのです。

そういう自己規制、自己制御の必要性は、これから先、ますます増大してゆく。われわれひとりひとりが、それぞれ重要な知識を身につけ、自分でできることが増えてくるわけでありますから、自分で暴走しないように留意する能力を身につけることは、非常に大切なことであります。

先ほど人間の学習と研究は、一生くっついていて、初めの段階の学習が、やがて後の段階では、研究になってゆく、学習も研究も似たようなものだと申しました。この学習とか研究とか自身が、自己規制といいますか、自己制御的な性格を非常に強く持っているのであります。英語で、ディスシプリン（discipline）という言葉は、もともと「規制」という意味を持っていますが、外国の研究者はこの言葉を、物理学なら物理学というディスシプリン、生物学は生物学のディスシプリン、社会学は社会学のディスシプリン、というふうにしばしば使います。この場合ディスシプリンという言葉は、学問のいろんな分野という意味に使われているのです。

実際よく考えてみると、学問は「ある規制」という性格を持っているのでして、それがいちばんはっきりしておりますのは、数学だと思います。数学は、いろいろな学問の中でも、学問の性格の一面が、いちばん、純粋に、はっきりあらわれてくるディスシプリンでありまして、たとえば「ある定理を証明せよ」ということがあるとします。その場合、証明のプロセス、言い方が、ぼんやりとしていたら、全然証明になっていかない。証明するプロセスは、論理的な推論の過程がきちんと約束どおりになっていて、それから、はずれないようにやっていかなければいけない。つまり、非論理的なことを考えてはいけないと、自分自身で思考を方向づける、脱線しないようにする、また論理が飛躍しないようにする必要がある。これは非常な自己制御です。そういう仕事は頭が非常に疲れます。学習の中には、非常に強くこういう性格が含まれているのです。つまり、相当長い時間ひとつのことに注意を集中する努力が必要とされているのです。

自己制御と創造性

今申しました「自己制御」と「創造性」とは、一見、相反することのように思われます。そして、事実、論理の飛躍がどこかになかったら、どこにも創造はありえません。しかし一方、研究というものはやはり自己制御ということを抜きにできないのです。ちょうど、この二つが相補うようなかたちになっているのです。

もう一度、数学の例をひきますと、数学では、公理というものがあって、まずそれを大前提としておきます。それをまず正しいとして、それを認めた上で、つぎからつぎへと論理的にたたみこんでいろいろな結論を導き出す。この場合には、きびしく自己制御をしないといけない。頭の働きかたを、きびしく自己制御しなければ次の結論が導き出せません。そのようにして、必然的に、なんら怪しいところなしに、ある結論を出してくるということをする。その結果、正しい、正しくないの判断が出てくるわけです。数学の場合は、それでおわりです。前提を認めて、いろいろ結論を出してくればよいのであって、豊富な結論がでれば、それでよろしい。しかし、その場合、出発点になる前提を何にとるか、そこに飛躍の余地がある。同じことが物理学でもいえます。物理学では、実際に、いろいろ実験が行なわれて経験的な法則が蓄積されてゆくのですが、それと新しい事実をいろいろくらべてみます。それがこれまでの経験的な法則と合えばそれでよい。実験的事実によって物理学は自己規制をしている。合わなければどうするか、というと、そこでもう一ぺん考えなおす、つまり別の法則から出発しなおす。これが思考の飛躍です。そういうことをくり返しているわけです。

このように自己制御ということは、どの学問、研究でも非常に重要なことです。創造性とは反対物のように考えられるのですが、反対物であるがゆえに、まさに重要なものなのであります。同じように、育児の場合にも子どもを放ったらかしにしたらよい、ということはないので、実際に、おかあさんがたは、しつけをしている。子どもは、小さい時分に、自分の知らない間に、しつけされているわけですね。そうしてだんだんと成長するに従って、自分でそれをやってゆくようになります。人にいわれて、するのではなく、自発的に、人に迷惑をかけないようにとか、まちがった方向へ暴走しないようにとかなる、そういう自己規制、自己制御を自分でやるようになります。これは非常に大事なことでありまして、学習にも研究にもつながっているのです。

要するに、教育の問題は、ものすごく大きな問題で、互いに矛盾したような要求を、いろいろ満たしてゆかなくてはならない。教育のやり方から考えますと、なるべく早いうちに、人間に必要な基本的能力を、身につけるようにして、できるだけ早く、その人が自由に、自発的に何でもやっていけるようにしてゆく、というような方法がよいのではないかという気がするのです。どこでどうするか、ということは、具体的には、むつかしい問題があると思いますが。

　そういうことを考えてみますと、厳格主義というようなものは、一般的には、できるだけ早く通りすぎ、なるべく早く放任主義でゆけるような教育をするほうが良いのではないか、と思われるのです。厳格主義、あるいは放任主義といっても厳密な一面的な意味ではなく、教育の場合その両方のまじったようなものが、ずっと続いてゆくのでしょうけれど、その順序が逆になっては、非常にまずい。初めから野放しにするのではなく、また実際に、人間は自分の知らないうちに、おかあさんにしりをたたかれ、手を引っぱられて、どうにか池にはまらないですんでいる、ということをやってきているのですが、それを早く自分でやれるようにする、そうなれば、あとは放任主義のほうが結局、良いことになるとわたしは思うのであります。

　いろいろ漠然とした話をしましたが、しかし、人間が計算機よりすぐれているのは、漠然としたことを考え、漠然としたことを処理できるという点にもあります。ですから、こんな話も、人間である皆さんには何かの御参考になりうるかと思うのであります。


（一九六五年十一月）

創造性の尊重

私が研究者としての生活にはいってから、すでに三十数年になる。そして前途に少なくとも数年間、できれば十数年間の研究生活を予期している。研究者として、そして同時に教育者として、一生の大部分を過ごせるということは、私にとって大きなしあわせである。しかし、それはまた恐るべきことでもある。なぜかといえば、年がら年じゅう何か独創的な仕事をしたいと思っているのに、長年の研究生活の中で、創造性の発現の機会はめったに訪れないからである。

自分だけでなく、もっと若い人たちにも、なんとかして創造性を発揮してほしいと思いつづけているが、その方も、なかなか期待どおりにゆかない。その間に学問は、たえまなく変化してゆく。三、四十年という長い期間の初めと終わりでは、学問の様子は——それが必ずしも大きな進歩や飛躍の結果だとは限らないにしても——まったく違っている。その間に、こちらの年齢は毎年ひとつずつふえてゆく。めったに訪れない機会をあてにしながら、そして何度も期待を裏切られながら、長い年月を生きつづけてゆくのは、恐るべきことである。原子炉を最初につくりだした万能的物理学者フェルミは不幸にして五十何歳かで、その活動的生涯を終わったが、生前「もし長生きしたらどうしようか」という悩みを人に語ったそうである。この気持は相当の年数、研究生活を送った人なら、だれでもわかるであろう。

そういう恐るべき事態の中におかれている人間の一人として、私はずっと以前から「そもそも創造性とは何か」そして「どうすれば創造性の発現の公算が大きくなるか」という問題に、強い関心を持っていた。とくに最近二、三年間は、いろいろな機会に、この問題に関する私の見解を発表してきた。そういう機会が多くなってきたということは、わが国でも、また外国でも、いろいろな方面の人が、この問題の検討の必要性を、より切実に感じるようになってきたことの反映でもあった。創造性とは何か、どうすればそれを発現できるかという問題に的確な解答をあたえることは、もちろん非常にむつかしい。しかし、創造性の正体はまだはっきりわからないにしても、その発現の公算を大きくするための必要条件のなかには、はっきりわかっているものがある。

その第一は、いうまでもなく、私たち日本人の間で創造性を尊重する気風が盛んでなければならないということである。日本は過去において二度までも――一度は中国から、一度は欧米から――自国よりも高度に発達した文化を受け入れることによって、自国の文化を高める必要にせまられた。外来文化の摂取のための努力が、その時点において は、むしろ創造性に対する自信と、その発現のための努力を弱めたかもしれないが、その代わり、それ以後の長期間にわたって見れば、あとになってからの創造性の発現のための素地をつちかったことにもなったであろう。しかしまた外来文化が一度ならず、自国の文化よりも高度のものとしてはいってきたことが、創造性の軽視という好ましくない伝統を定着させる要因となったことも否定できない。

ところで、そのような歴史的、地理的状況の中で、日本人が実際にどの程度まで創造性を発現できたか、ということになると、答えは決して悲観的なものにはならない。少なくとも美術と文芸の両方にわたる芸術活動において、日本人が何度も創造的才能を発揮してきたことは、自他ともに認めるところである。芸術面の実績が輝かしいだけに他の方面が目立って見劣りするのである。どうして、このようなアンバランスを生じたのかについて答える資格があろうなどとは、私はさらさら思っていない。ただ私の気づいた一点だけを次に述べたいと思う。

日本人の美的センスがすぐれており、芸術的才能が豊かであることを、私も誇りと思っている。しかし、違った角度から見ると、芸術とは本来、完成された作品によってのみ評価されるところのものである。いろいろな形の演技、たとえば演劇・演奏・舞踊などの一過性の芸術をも含めるためには、完成品という言葉を非常に広い意味に解釈しなければならないが、とにかく芸術活動においては、創造性は作品を通じて発現する。それ以前の段階における創造性は目だたないし、評価の対象になりにくい。

ところが他の文化活動では、必ずしもそうはいえない。とくに科学とか、それにつながる技術とかでは、完成されたもの以前、あるいは以外に現われる創造性が大きな比重を占める場合が多い。

たとえば、ある機能を持った機械が完成される前の段階の試作品に重要な意味があるばかりでなく、試作に着手する動機となった着想や、さらにさかのぼれば、機械がある機能を果たしうることをあらかじめ保証する原理の発見が、また重要である。さまざまな機械の実現を可能ならしめた科学文明全体の中では、むしろ新しい着想・原理の発見・適用の段階における創造性の発現の方が、できあがった物よりも基本的な重要性を持っているのである。

ところが日本では昔から今日にいたるまで、できた物を重視し、新しいアイデアを思いつくとか、新しい原理を発見するとかいう形での人間の創造性の発現を、無視ないし軽視する傾向がずっとつづいてきた。西洋の物質文明に対する東洋の精神文明というような表現が、以前にはしばしば使われた。しかし事実は西洋人の方が精神活動における創造性の発現を貴重なものとして認めてきたがゆえに、科学も発達したのである。

これから先の日本のあり方を考える場合、創造性の問題は広い意味での文化の輸出という問題と大いに関係してくる。商品に関する限り、日本は輸入に見合う輸出をしてきた。そして、そうでなければ日本が立ち行かなかったことは明白である。しかしば文化に関してはどうであろうか。商品の場合のように輸出入のバランスははっきりしない。しかし少なくとも幕末開国以後、明治中期ごろまで、日本が一方的に文化を輸入しつづけてきたことは確かである。それ以後は学問でも芸術でも少しずつ輸出がふえてきた。最近、日本の文学の翻訳が盛んになったり、庭園の輸出まで行なわれたりしているのは、よろこばしいことである。商品だけでなく、文化においても輸出入のバランスがとれるようになる日の一日も早いことを念願してやまない。

（一九六五年一月）

天才と機械

長い歴史の中には「天才の時代」と呼んでよい期間が見出《みいだ》される。二十世紀の前半は確かに物理学における天才の時代であった。特にその初期には、アインシュタインのような巨人をはじめとする天才が集中的に現われ、物理学の面目が一新されただけでなく、その影響は自然科学の他の分野に、そしてさらに哲学にまでおよんだ。二十世紀後半になっても、すぐれた物理学者にはことかかなかった。数の上では、むしろ前代よりもずっと多くなったかもしれない。前代よりもかえって粒がそろっているとさえ判断してよいかもしれない。しかし、それはもはや、天才の時代とはいえなくなった。少数の巨人が広い範囲にわたって深刻な影響をおよぼす時代ではなくなったのである。

その代わりとして別の巨人が現われはじめた。それは人間の間からではなく、機械の間から出てきた。人間のつくりだす機械の種類や数が多くなってきただけではなく、粒もそろってきた。しかし、それだけではなかった。数多くの機械の間から、少数の巨人が出てきたのである。物理学に関係の深い機械の仲間の巨人としては、大型の加速器と大型の電子計算機をあげることができる。特に大型加速器の影響力には、かつての天才のそれにまさるとも劣らぬものがある。たとえばいまから十年あまり前にアメリカでコスモトロンという大きな加速器がつくられた。多くの研究者が、この機械をとりまいて、素粒子に関する、いろいろな実験をやりだした。そこから新粒子に関する情報がつぎつぎと流れでた。世界中の素粒子研究者は、いやでも応でも、この情報の影響下におかれることになった。数年たつと、もう一まわり大きいベバトロンという加速器が完成した。すると今度はベバトロンがコスモトロンに代わって大きな影響力を持つことになった。現在のところでは、スイスのセルンの大加速器とアメリカのブルックヘブンの大加速器という二巨人が、一番大きな影響力を持っている。少なくとも目下のところ、どの一人の物理学者も、この二巨人ほどの決定的な影響力を持ち得ない。相当数の優秀な理論物理学者が束になってかかっても、大加速器との太刀打ちがむつかしい状態にある。

電子計算機の仲間からは、まだこれほどの巨人は現われていない。しかし電子計算機の持つ潜在的な可能性から考えると、将来はすごい巨人が出てきそうである。

これは一体、私たち人間にとって喜ぶべき事態かどうか。どんなに大きな、どんなに精巧な機械でも、それをつくりだすのは人間である。しかもそれは、人間の想定した目的を達成するための道具として、つくられるのである。どこまでいっても人間が主であり、機械は従であるはずである。ところが現実の事態は、そうは簡単に片づけられない。天才が大きな影響力を持つ理由の一つは、数が少ない点にある。機械の中の巨人についても——少なくとも、それが学問の研究に関係している場合には——同じことがいえる。コスモトロンができた時には、他にはどこにもまだそれに匹敵する巨人はいなかったのである。そしてまた、これくらいの、あるいはこれ以上の巨人が、すぐにいくつも現われる可能性はなかったのである。いくつもの条件がそろわなければ、こんな巨人は生まれてこないことが明らかだったのである。天才の出現の場合と違うのは、生まれるための条件が、あらかじめ相当よくわかっている点である。いくつかの条件の中でも一番はっきりしているのは、巨人を生みだすための莫大《ばくだい》な予算を確保しなければならないという条件である。もう一つは相当数の有能な研究者がその地域に現実に存在するという条件である。したがって、いますぐ世界第一級の超大加速器を生みだしうる必要条件を満たしている地域といえば、一応アメリカかソ連か西欧連合かに限られていると考えるのが常識になっている。日本の場合は一番目の条件が問題である。

天才が生まれるのにも、やはりいろいろな条件があろう。しかし、幸か不幸か条件はまだよくわからないし、また機械の巨人のように地域的にはっきりと限定されてもいない。歴史家は十七世紀を哲学と科学における天才の時代と呼んでいる。この場合の天才はすべてヨーロッパ生まれであった。ガリレイはイタリアから、デカルトはフランスから、ニュートンはイギリスから、ライプニッツはドイツから生まれた。そしてオランダからもホイヘンスのような大物理学者が出ている。科学以外の方面、たとえば芸術の領域では、天才はもっと広く世界中に散らばっている。日本の歴史の中にも、芸術に関しては、何人かの世界的天才を見出しうるのである。

科学文明は今後もますます急速に発展してゆくであろう。それに伴って人間社会の中で機械の果たす役割は、いよいよ大きくなってゆくであろう。そして機械の仲間から、巨人・超巨人が続々と現われてくるであろう。日本からも精一ぱいの巨人を生みださざるを得ないであろう。そういう巨人の持つ能力から考えても、またそれを生みだし活動させつづけるために必要な経費や要員の数から考えても、一人一人の人間は物の数ではないことになる。そうなると、人間の仲間の天才よりも、機械の仲間の巨人の方が大切だという考えにおちいりやすい。機械をつくりだす人間の方はますます影がうすくなるおそれが十分ある。

こういう傾向を私たち人間が、手ばなしで喜ぶわけにはゆかない。どんなに機械の数がふえ、性能がよくなっても、一人一人の人間の創造性が軽視されないような世界——そういう世界こそ私たち人間にとって望ましい世界なのである。

実際もう一度物理学の世界に立ちもどって考えて見ても、大加速器はいつまでたっても万能になり得ないことは明らかである。それは私たちに新しい、そして大量の情報を提供してくれるであろう。そして大量の情報の処理には大型の電子計算機が必要になるであろう。しかし、根本問題の提出とその解決は、人間の頭の中からしか生まれてこないことには、昔もいまも、そして恐らく今後も、変わりがないであろう。機械の力が大きくなればなるほど、私たちは人間の創造性を尊重する気持を、より一層強くしなければならないのではなかろうか。

（一九六四年一月）

Ⅲ　科学の進化

科学とは何か

科学という言葉は、ふつう自然科学を意味するものとして使われている。しかし近頃は社会科学・人文科学をふくめて、科学を広い意味に使う場合も少なくない。その場合、使う人の側には、昔からあった学問という言葉と全く同じではないという意識があると推定される。また科学と密接につながると同時にちがったものとして技術がある。何故に科学が近頃まで、ほとんど当然のこととして、自然科学を指すものと考えられたのか、あるいはまた何故に広い意味の科学が、「学問」という言葉とややちがった意味で使われるようになったのか。さらにまた科学と技術とが何によって区別されるのか。以下に述べるように、科学の本質を明らかにすることが、同時に、これらの疑問に対する答えをあたえることにもなるであろう。

人間はそれぞれ、いろいろなことを経験し、それを記憶する。それを言葉で、そして言葉をさらに文字で表現することによって、他人に知らせることができる。しかし経験のすべてを他人にわかるように表現することは困難であるばかりでなく、表現ができても他人が受け入れてくれない場合もある。たとえば、ある人が幽霊を見たと思う。これもその人にとっては一つの経験であるが、それを他の人に話しても信じてくれない場合が多いであろう。何故かといえば大多数の人は幽霊を見たことがないだろうし、また必要に応じて人々の目に幽霊が見えるようにするわけにもゆかないからである。これに反して空の星は誰の目にも見えるし、いくつかの星が、どんなならび方をして一つの星座をつくっているかについて話しあえば、目の見えるすべての人の意見は一致するであろう。こうして、みんなに共通する知識、つまり客観性をもった知識ができあがる。こういう知識はみんながわかちあい、蓄積してゆくことができる。そして、それが全体として、まとまった知識の体系を形づくるようになると、「学」という字がつく。天文学がその一例である。実際、科学の歴史をしらべると天文学が一番古くから発達していた学問の一つであったことがわかる。もう一つは数学である。二たす二は四であるとか、三角形の内角の和は二直角であるとかいう知識は、誰でもが受け入れざるを得ない高度の客観性をもっている。それればかりでなく、経験だけからでは正しいか正しくないか判定できないような結論の数多くを、誰でもが認める簡単な数学的知識から出発して、誰でも認めざるを得ない論法で、導きだすことができる。こうして数学的知識の体系ができあがる。このようにして、天文学と数学とが、客観性を持った知識の体系としての「科学」の二つの原形となったと考えてよいであろう。古代の歴史に関する記述を見ると、いくつかの民族が異なった地域で、おたがいの間に大なり小なり影響はあったにせよ、とにかく、ある程度まで天文学と数学を発展さすことに成功している。しかし、それらがさらに科学の他の分野の発芽成長をうながし、今日のような高度に分化発展した自然科学にまで飛躍するためには、いくつか必要なものがあった。その一つを見つけだしたのが、紀元前六世紀から五世紀の間に次々と出てきた、ギリシャの自然哲学者たちであった。

一口に人間の経験といっても、いろいろある。大きく分けると、第一は自分の外にある世界にある物、そこで起こる出来事についての知覚であり、第二は自分の肉体や精神に関する経験である。こういう分け方は、もちろん大まかなものであり、二つに分けること自身にも大いに問題があるであろう。しかし、そういう疑問をもつのは、私たちが、よくよく考えて見た時だけの話である。私たちは平生ほとんど無意識的に外と内との区別をしており、またある経験の原因が外にあるか、内にあるか、あるいは両方がどう関係しているかの判断をしじゅうしているのである。そして人間の手のとどかぬ外の世界、あるいはまだ人間の手の加わっていない外の世界が、素朴な意味での自然界と呼ばれるものなのである。自然界には人間の力のおよばぬさまざまな現象が起こる。すべての民族が、その文化の発展の初期のある段階で、これらの自然現象をひき起こす原因として人間に似た、しかしもっと強力な、さまざまな神や悪魔の存在を信じた。初歩的な天文学、数学、あるいは萌芽《ほうが》期の医学、生物学などと、自然現象をさまざまな神のしわざだと想像する神話とは共存しつづけてきた。紀元前六百年頃にギリシャ人タレスが「万物は水なり」といったと伝えられているが、これは自然現象の原因を自然自身の中に求めたという意味で、人類の歴史における画期的な出来事である。それから何十年か後に、ピタゴラスは「自然は数なり」といったと伝えられているが、これは自然法則の存在と、それが数学的関係として表現できることとの認識を要約したものとして、大きな意義をもっている。さらにレウキポスとデモクリトスは、無数の目に見えないほど微小な原子の真空中における運動によって、あらゆる自然現象を理解しようと試みたが、彼等の先見の明は驚くべきものである。数学を発展させた原動力である合理的思考の能力や、天文学で代表される自然現象に関する正確な知識の集積のほかに、それらを超えた直観的洞察力を働かせることによって、自然界の本質をつかもうとした、これらの自然哲学者たちの出現は、科学の歴史の中で決定的な重要性をもっていた。科学全体の中核となる物理学が、ここで第一歩を踏みだすことになったのである。何故にギリシャ以外の、比較的に文化の発達の早かった諸地域で、このような思想の飛躍が実現しなかったのか、という疑問に答えることは容易でない。ギリシャと大体同じ頃に、古代中国でも多数の天才的思想家が現われている。その中で老子や荘子は独自の自然哲学を発展させた。彼等もまた自然に内在する法則と、自然の自律的発展とを問題にした。しかし自然法則の数学的表現とか、目に見えない原子の存在とかには思いいたらなかったのである。

それはさておき、自然科学を成立・発展させる要因として、自然現象の観察によって得られる客観的知識の集積、合理的思考、直観的洞察などが必要であることは、上に述べた通りであるが、このほかにも要因がある。その一つは実験であり、もう一つは帰納論理である。この二つは、たがいに密接な関係にあり、十七世紀にヨーロッパで近代科学を成立・発展させる原動力となったのである。ガリレイは十六世紀の終わり頃から十七世紀の初頭にかけて、自然現象の直接的観察から大きな一歩を進め、いろいろ条件をかえることによって、現象がどうかわるかを実験によって確かめ、振子の等時性や落下体の法則を発見し、さらに望遠鏡を使って木星の衛星を発見したりした。このころベーコンは、数学の証明に使われてきた論法、すなわち演繹《えんえき》論理のほかに、実験を基礎とする帰納論理が自然法則の発見に役立つことを強調した。十七世紀後半になってニュートンは、直観的に明白と思われるいくつかの大前提と実験的帰納的方法によって発見・定立された少数の法則とから出発して、演繹論理によって、どのような条件のもとに、物体がどのような運動をするかを正確に結論した。それらの結論はどれも、経験的あるいは実験的事実と一致した。ニュートンは運動の法則を正確に表現し、演繹論理を進めてゆくために必要な数学、すなわち微積分学を自らつくりだした。このようにして自然科学の理論体系の典型としての古典力学ができあがった。それ以後、物理学の他の分野でも、ニュートン力学にならって理論体系をつくりあげることが、その分野の研究の完成を意味すると考えられるようになった。

ところが二十世紀になって、物理学にもう一度、大きな変革が起こった。それに伴って物理学における理論体系の性格に関する考え方にも重要な変更が必要になってきた。ニュートンは直観的に自明と思われる大前提——たとえば絶対時間と絶対空間の存在など——および実験的帰納的に定立された運動法則——そこでは当然、物体の質量は速度に無関係に一定であると認められていた——から出発した。ところが十九世紀の末に近くマイケルソンは光の伝わる速度が観測者の運動状態いかんにかかわらず一定であるという新事実を発見した。さらにその後、電子の質量が速度とともに増大するという事実も発見された。一九〇五年になってアインシュタインは、これらの新事実と矛盾しないような理論体系をつくるためには、長い間、自明と考えられてきた大前提、とくに絶対空間や絶対時間の存在という前提を捨て、時間・空間に関する新しい考え方から出発しなければならないことを明らかにした。このようにしてできた理論体系が、相対性理論あるいは相対論である。

ところがもう一つ古典力学に限らず、物理学のあらゆる分野に共通する自明の大前提と考えられていたものとして、自然現象の連続性があった。自然科学の目的は自然現象には因果関係——すなわち一定の原因から一定の結果が起こること——が内在するという前提の上に立って、自然界を理解することにあると考えられてきた。そして、この前提によって当然、自然界で突然ある飛躍的変化が起こる可能性は排除されたものと、ほとんど無意識的に考えられてきた。一九〇〇年にプランクは、実験的に確証された熱輻射《ねつふくしゃ》に関する法則を自ら発見したが、その意味を理解するためには、「自然は飛躍せず」という大前提を捨て、エネルギー量子なる新しい概念を導入するほかないことを明らかにした。これが量子論の始まりであるが、それ以後、二十数年たって、古典力学とはちがった前提と法則から出発する量子力学が完成し、原子や電子に関するミクロの諸現象を美事《みごと》に説明するのに成功した。

これらの大きな変革は、私たちに物理学における理論体系には、次のような新しい性格づけをしなければならないことを教えてくれた。すなわち自然の本質を理解するためには、日常経験を遠くはなれた世界、たとえば極度に小さなスケールのミクロの世界、あるいは極度に大きなスケールの宇宙などで、どんな法則が成立しているかを見つけだす必要があるが、そこでは私たちが狭い経験によって自明だときめてしまった前提が成り立っていない可能性は十分ある。従って理論体系の基礎となる大前提や法則は、先入見をはなれて、実験的事実を手がかりとして直観的洞察力によって見つけだし、定立しなければならない。それ故、理論が正しいかどうかは、それからのすべての結論が事実に適合するかどうかによって、はじめて判定される。いいかえると物理学における理論構成の基礎となる原理は常に仮説の性格をもっており、新事実によって否定され、新しい原理から出発する理論によって置きかえられる可能性が残っているのである。

以上、主として物理学における理論構成という問題を通じて科学の本質を論じたが、それは同時に自然科学の諸部門の特色や、現在から将来にわたってのあり方、さらにひいては広い意味の科学全体のあり方についても、一つの見透《みとお》しをあたえる手がかりになると思う。たとえば数学はかつては、自明と思われる公理から出発して演繹論理によって多くの結論を引きだすことによって、客観性をもった知識の体系を形づくってきた。しかし十九世紀に、自明とされていたユークリッド幾何の公理とはちがった公理から出発する非ユークリッド幾何が、論理的に矛盾のない知識の体系を形づくることがわかり、出発点から結論まで、終始経験とは無関係に成立する知識の体系であるという性格によって、数学が自然科学の他のすべての部門から、はっきりと区別されることになった。他の諸部門は一括して経験科学と名づけてよいが、その中で物理学から一番遠くはなれ、独自の特色をもっていたのは生物学であった。生物学は研究対象が複雑であるばかりでなく、物理学的な考え方では理解の困難な生命現象を取りあつかわねばならなかった。従って生物に関する詳細な知識の集積に比して、生物現象を支配する法則の発見や理論の構成の面は、いちじるしく見劣りがしていた。ところが最近二、三十年の間に物理学や化学の技術や考え方を取りいれた生物学の研究が急速に盛んになり、生物科学という名のふさわしい段階に移りつつある。今後数十年間にわたって生物科学は最も大きな発展を期待される分野であるが、その性格は今までより、ずっと物理学に近くなりつつある。

社会科学や人文科学となると、物理学で代表されるような自然科学の性格とは異質的なものを、生物学の場合以上に多くふくんでいる。しかし、そこでも近来、統計的な法則性の発見に、より大きな関心がもたれだしたことなどから見ても、一般的にいって自然科学との距離が縮まりつつあると判断される。このようにして多かれ少なかれ、昔から学問と呼ばれていたところのものにはなかった新しい要素が加わり、科学という言葉を社会・人文の下につけても場ちがいでなくなりつつあるように思われる。

最後に科学と技術の関係について簡単に述べておきたい。自然科学が、上に述べたような意味での自然の理解を目的としているのに対して、技術は自然界にある物やエネルギーの場所や形を変えて、それらを人間のために役立てることを目的としている。しかし、この二つの目的は、医学においてのように、分けることのできない一体となっている場合もある。昔にさかのぼると、数学でさえも実用をはなれて独立していたわけではない。しかし近代以後は自然の理解があって、はじめてその利用の道が開けてくることが、だんだんとはっきり認められるようになってきた。現在から将来にわたって考えると、科学の進歩が技術におよぼす影響は、ますます広く深くなるばかりでなく、影響のあらわれ方も早くなるにちがいないのである。科学の進歩のために努力することなくしては、技術における大きな革新も期待できないであろう。

（一九六五年六月）

学問の自由と大学の理念

去る昭和三十七（一九六二）年六月二十八日、京都大学教官研究集会で、「大学の自治」と題する講演を行なった。本稿は、この講演の原稿に手を加えたものである。

私は今から三十六年前に京都大学に入学しました。それ以来、数年間大阪大学の教官であったり、短い期間ですが東京大学の教官を兼任していたこともあり、また他の数年間アメリカのプリンストン研究所やコロンビア大学の教授であったりしましたが、大半の年月はこの大学で、あるいは学生として、あるいは教官として、物理学の研究と教育をつづけて参りました。その間において、なにがしか学問の進歩に貢献し、また相当数の有能な研究者・教育者を養成することができましたのは、一つにはこの大学におきましても、大阪大学におきましても、東京大学におきましても、長年の慣習としての大学の自治が確立されていたからであります。

大学は研究と教育の場であります。私たちの生きている、この世界に内在する真理を探求し、真理を発見し、学生たちに、後進の人たちに、そして学外の人たちにも、真理を伝達することが、大学の本来の使命であります。ところで学問を研究し教授する私たちが、一口に「真理」と呼んでいるところのものは、次のような性格を持っています。

一、真理はその現実の姿においては、多方面にわたって集積されてきた、非常に多数の事実、それらの事実の全体の中の一部分を支配する法則、それらの法則のいくつかを自己の中にふくむ理論体系――そういう諸事実、諸法則、諸理論の全体でありますしかしそれが最終的意味における真理の全部ではないことも、私たちは知っているのであります。そして、それ故にこそ、私たちは真理を探求しつつあるのであります。

二、現実において私たちの知っている真理は部分的なものであると同時に、非常に多くの方面に「分化」しております。ある範囲内の事実、ある種の現象に対しては、動かすことのできない法則、あるいは原理が、すでに明らかになっている場合が確かにあります。しかし、同じ法則、あるいは原理が、他の種類の現象に対しても同様に成立するというわけにゆかず、両方に共通する原理がまだ知られていないという場合も確かにあるのであります。現実においては、かくして真理は、容易に一つにまとめることのできない多くの部分に分化した多神論的な姿をとらざるを得ないのであります。

三、現在までに世界各国の学者の研究の手がまだのびていない領域、すなわち未知の領域が存在することを私たちは知っています。そしてまた、すでに研究の手はのびている領域に関しても、そこに多くの未解決の問題が残っているのを、研究者は知っているのであります。

学問的真理なるものが、以上のような性格を持つものであればこそ、「真理の探求」ということが重要な意味を持つのであります。学問とは全体として固定されてしまった何物かではなく、新しい事実、新しい法則——一口にいって新しい真理の発見によって変化し、成長しつづけてゆくところのものであります。

真理の現実の姿がこのようなもので、学問が変化し成長してゆくものである以上、真理の探求、発見、伝達が有効に行なわれるためには、学問の研究の自由が保障されていることが、どうしても必要になるのであります。既成の知識・経験の体系、固定した考え方の枠の中に、学問の研究を押しこめてしまうことは、学問の進歩を阻害し、学問研究の意義をなくしてしまうに等しいのであります。学問の自由なくしては、大学はその本来の使命を果すことができないのであります。

ところで一方、前に申しましたように、学問が非常に多くの方面に分化し、それに伴って研究者も専門化しているのが現実の姿であります。非常に多数の専門分野の全体が学問でありますが、個々の学者はある一つの専門分野、あるいはいくつかの少数の分野だけに、自己の研究と教育の範囲を限定せざるを得ないのが現状であります。大学とは、それらの数多くの専門分野のどれかにおいて研究業績をあげ、研究・教育の能力があると認められた人たちの相当数が集まって形づくっているところの組織があって、はじめて学生の教育の場ともなりうるところのものであります。そういう組織の存在理由は、上に述べた学問の本質と実情に照らして明らかでありますが、それに関連して直ちにいえることは、大学がその使命を果してゆくための前提としての大学の自治の必要性であります。すなわち非常に多方面にわたる学問の全体の中で、比較的に研究の対象や方法の近い、いくつかの分野の人たちが集まって作り出した組織が、──現実には大学の中の一つの学部、あるいは一つの研究所が、それに対応するのでありますが──自主的に自らのあり方を規定してゆくという意味の自治が、不可欠なものとなるのであります。実際、私たちは長年の慣習として、各学部の教授会による自治、あるいはこれに準ずる各研究所の教官の集合体による自治を実行してきたのであります。

このようにして学問の自由と、それに立脚する大学の自治とは、学問の本質とその現実の姿にその根拠を持つものであり、大学がその本来の使命を果すためには、どうしても放棄することのできないものであります。最近、大学管理制度に関する議論が盛んに行なわれています。もちろん現在から将来にわたる大学のあり方に関しては、さまざまな問題がからみあっており、簡単に割り切ることは困難であります。しかしどのような立ち入った議論がなされようとも、大学の本来の使命が見失われ、本末顚《てん》倒《とう》の結果とならないことが、強く望まれるのであります。

しかしながら、すでに申しました通り、学問はその本質において、また現実の姿において、永久不変の、そして「外から与えられた枠」ではないのであります。新しい事実、新しい法則の発見によって絶えず進歩し変貌《へんぼう》してゆくところのものであります。新しい大学はそこで研究する人たち、そこで養成された人たちの手で、新しい真理を発見することによって、学問の進歩に貢献し、ひいては日本国民に、また世界人類に奉仕すべき使命を担っています。学問が進歩し変貌してゆくものである以上、大学の自治の本質に変わりはなくても、その具体的な形態は変わり得るものであると考えるべきです。長い間の慣行として定着した「教授会の自治」の本質は変わってはならないのでありますが、しかし、それと同時に私たちは、学問の発展の実情に即して、また将来への見透《みとお》しに基づいて、常に自ら反省し、自治の具体的なあり方を自ら改善する努力を怠ってはならないのであります。例えば進歩がより急速であるような学問の諸分野の研究者をふくむ部局においては、教授だけでなく、もっと若い教官が自治機構に関与する必要性がより大きいと判定されます。現にこの大学でも、そういう措置が取られている部局がいくつかあります。

さらにもっと根本的に考えますと、真理を探究するということは、未知の領域へ向かっての開拓を意味しており、従って学問の研究は本来、完全に閉鎖的ではあり得ないのであります。そしてまた、研究によって発見された真理は、研究者個人や、その属する組織を超えた普遍妥当性を持つが故に、真理の名に値いするという意味でも、閉鎖的ではあり得ないのであります。

しかしここで問題となるのは、それがどういう方向に向かって開かれているべきかという点であります。もちろん終局的には、国民全体に、そしてさらに人類全体に開かれているのでありますが、より直接的には、そして何よりも先に、同じ専門分野ないしは近接する専門分野の研究者に向かって開かれているべきでありましょう。なぜかといえば、学問は同じ専門分野、あるいは近接する専門分野の研究者たちが――同じ機関に属するかどうか、同じ地域に居住するかどうかにかかわらず――絶えず相互に刺激しあったり、協力しあったりすることによって進歩してゆくからであります。

私たちが今後の「大学の自治」のあり方について考える場合、この点を今までより重要視しなければならないと思います。しかし、どのような改善であっても、それは、常に大学にあって研究・教育にたずさわる人たち自身の自己反省と、学問の現状および将来に対する見透しの上に立つものであってほしいと思います。

私は法律や制度のことはよく知らない自然科学者であり、従って考えが一方に偏よっていたり、表現が粗雑であったりしたかも知れませんが、大学教官の一人として、皆さまと共通する問題について、私が平素考えていることを、そのまま申し上げた次第です。何かご参考になることがあったら大変仕合せと思います。

（一九六二年六月）

科学的思考について
――物理学の対象と法則――

一

私は自然科学を専攻しているものであるが、皆さんの大部分は、科学の専門的研究についての話には恐らく興味がなかろうと思われる。それで近頃よくいわれる科学的知識――個々の知識についてお話しするよりも、科学的な物の考え方とはどういうものかについてお話しする方が適当だと思う。もちろん科学的知識あるいは技術と、科学的な物の考え方とは切り離すことができないが、今日はそんなわけで専ら物の考え方という角度から話をすすめてみたいと思う。

さて科学的に物を考えるとはどういうことか、と聞かれた場合、それに対して、すぐ正しい、的確な答えを与えるのは容易なことではない。まず答えるとすれば、「経験的な事実を根拠として推論する」とでもいえよう。こういう風に述べるときわめて平凡であり、またきわめて不正確でもある。しかしこの答えはきわめて漠然としてはいるが、決して見当外れの答えでないということだけは、皆様に納得して頂けると思う。そういう風な答えから出発して、話をすすめてゆくことにしよう。ここで科学というのは主として自然科学を指している。それは経験科学といわれるものの一部である。そういう意味で経験が尊重されるということはいうまでもないことである。しかし、経験は果していつでも信頼できるものであるかというと、そこにまた問題が起って来る。例えば夢をみることは一つの経験に違いない。錯覚とか幻覚とかいうものは、通常われわれが正常な知覚といっているものから区別される。しかし、そういうものも広い意味では経験に相違ない。夢とか幻覚とか錯覚とか、そういうものを根拠として推論してもそれは必ずしも迷信になるとか、精神錯乱になってしまうとは限らないのであり、現に心理学では夢や錯覚や幻覚などが、正常な知覚と同じくらい重要な研究の材料となっているのである。広い意味で経験を根拠にしているかどうかということは、科学と非科学を区別する目安には、それだけではならないのである。むしろ同じ経験的事実が基になっていても、その推論の仕方が正しいかどうかによって科学にも非科学にもなるのである。それではどういう風な仕方で推論をしているか。推論という以上、なにか一定の前提があり、それから結論が引出されて来るということを意味しているであろう。最も確実な推論法として私どもが知っているのは三段論法である。「動物は死ぬものである、人間は動物である、従って人間は死ぬものである」という風に言うのが三段論法である。もちろん「動物は死ぬものである」「人間は動物だ」という前提を認めるなら、結論も正しいに違いない。しかし、私どもは平素そういうような論法を意識して使うことは滅多にないのである。何故なら、今いった前提が二つ揃っている場合には三段論法の形に持って来ないでも、結論は無意識のうちに出来上る。むしろ前提より結論が先に分っている場合が多いのである。動物が死ぬものであるということを主張するためには、私どもはいろいろな動物が、どれもこれも死ぬ、従って、その一種である人間も死ぬものであるというようなことを先《ま》ず知っておらなければならない筈《はず》である。犬も死ねば蛙も死ぬというような、より特殊な命題を保証する経験的事実を集めて、それから動物は死ぬものであるという一般的命題を引き出す、いわゆる帰納論理の方がはるかに有用である。法則の多くが特殊な事実を寄せ集めた結果発見されたものであることは、今更いうまでもないのである。そんなら科学における推論は専ら帰納理論を基にしているかというと、必ずしもそうではないのである。演繹《えんえき》論理もきわめて大切である。その最も著しい例は、いうまでもなく数学である。私どもが中学校で習う幾何学、即ちユークリッドの幾何学によると、「直線は二点間の最短距離である」とか、「ある一点を通って一直線に平行な直線は一つしかない」とかいうような、いくつかの一般的な、そして自明と思われる命題、即ち公理から出発して、もっと特殊な命題、——そういうものの中には、直感的にそうであるか、どうか分らないような特殊な命題が沢山あるが——即ち定理を引き出すことができるのである。そういう演繹論理が非常に驚くべき効果を示す。いまいった幾何学などはその最も典型的な例である。こういうと数学のようなものは科学の中へは入れているが、それは経験科学ではないというような議論も出て来るであろう。経験科学といわれているものの場合には、そう簡単にはゆかないといわれるであろう。しかし数学というようなものが科学の中に含まれるかどうかという、定義とか、縄張りとかの如何《いかん》にかかわらず、それが経験科学、特に物理学を中心とする、いわゆる精密科学の発達に非常な貢献をして来たことは確かである。いいかえれば演繹論理はそれ自身としては直接経験科学には大して役立たなかったにしても、それを基にしてできた数学という特殊な学問の体系を媒介として、科学のうちに十分に生かされて来たことは確かであり、現にそれが物理学のような精密科学の骨組となっているのである。この点をよくわかるように説明するために、卑近な例を一つあげよう。私どもが数学を習う場合には先ず算術を習う。算術は実生活と一番縁が近い。皆さんは加減乗除を知っておられる。それだけで日常生活には大体ことかかない。もし知らなければ日々の配給生活にさえ支障を来たすであろう。しかし、それにくらべると中学へ入って習う代数や幾何学は忘れてしまっても、日常生活には別に困らないように思われる。しかし、それは皆さんが本当に高等な数学の有難味を知らないからである。小学校で算数の時間に鶴亀算というのを習う。例えば鶴と亀があわせて三十四いる、両方の足の数が七十四本ある、それぞれ何匹いるか、というような問題である。これを解くには、例えば足の数から頭の数の二倍を引いて二で割ると亀の数が出て来る。これなど大変簡単であるが、この種の問題の中には非常にこみいったものがあって、子供は非常に頭を悩ます。ところが私どもは代数を知っているから算術なんか使わず、すぐ未知数xとかyとかを持ってくる。今の場合であれば、鶴の数をx、亀の数をyとして連立一次方程式を立て、これを機械的に解けばひとりでに答えが出てくる。鶴亀算といわれる中のどんな複雑なのでも、大抵は連立一次方程式を解くことに帰着する。代数を知ってしまうと算術は非常に不便な不自然なものだということが分ってくる。つまり代数では与えられた問題の内容を適当な方法でそのまま素直に数式、即ち未知数を含んだ方程式として表わしてしまえば、あとは数学の一般的方法を機械的に適用するだけで解答が出てくる。これに反して算数でやると、問題に与えられている結論から、論理を逆に辿《たど》って未知の前提に戻って行くことになる。日常使っている言葉や直観に頼りながら、逆に戻って行く道筋を探し求めなければならない。それでも連立一次方程式で表わせる程度の問題であれば解けないこともないが、もっと難かしい問題になると、代数や、微分積分等の高等数学に頼るほかなくなるのである。例えば物理的な現象の中でも一番簡単な力学的な現象の場合、例えばある物体がどういう条件の下にどんな運動をするかを決定するのにも、すぐに運動の法則を表わす微分方程式つまり運動方程式から出発する。特別に簡単な場合には、初等幾何学的方法で解けることもあるが、一般に少しこみいった問題であると、微分方程式を解くよりほかない。また初等的な方法で解けるにしても、それには多くの技巧を要し、かえって複雑になる。それよりは、演繹論理の発展であり延長であるところの高等数学の論理体系を活用するのがはるかに賢明である。数学の嫌いな人も皆さんの中に多いと思うが、数学を利用せぬのは決して賢明ではない。それは今日電車や汽車があるのに、わざわざ歩いたり人力車に乗ろうというようなものである。つまり電車に乗るのは、足の働きを電車が代用し、更にそれ以上の働きをしているからである。数学を使うのもそれと同じわけである。数学を使うといっても、もちろん頭を使わねばならぬ。しかしその場その場で頭をひねるよりは、数学の一般的方法を使う方が遥《はる》かに頭にとって楽である。それどころではない。われわれは、もっともっと楽をすることができる。例えば普通の四則の計算は計算機を使うことによって、頭の働きを機械的な手の運動や機械の運動にかえてしまうことが出来る。そんなことは別に大した意味はないと思われるかも知れぬが、決してそうではない。人間が進化してゆくとは如何《いか》なることかといえば、いろいろな見方ができようが、その一つとして、次のことが考えられる。人間というものは、随分いろいろな機能を持っている。特に物事を考える機能が発達している。所が物事を考えるといっても、一つの型にはまった考え方をすれば、正しい結論が出る場合が沢山ある。その型にもいろいろあるであろう。数学などもそれらの型のいくつかを組合せ、それを高度に発達させた例にすぎない。その中でも比較的簡単な型のものは、いちいち頭を使うかわりに計算機のようなものを利用し、それにやらせるのが賢明である。本当に頭を要すべき問題は型にはめられないような場合であって、そういうものから本当に新しい創造が生まれて来るのであり、それによって人間が高い段階に進めるのである。頭の働きをできるだけこの方面に集中したいのである。このことは、これから述べる科学の根本問題と密接な関係があるが、それは後の問題として、とにかく数学は場合によっては非常に有効なものに違いない。しかしどういう科学でも同じように数学が有用とは限らない。生物学では数学を使えるような場合は比較的少ない。ましてもっと複雑な人間世界の現象、例えば社会的、経済的、政治的現象になって来れば、数学、例えば各種の統計などを使うにしても、なかなか信頼できる答は出てこないのである。しかし精密科学といわれる方面では数学が非常に有力な武器であることは確かである。

二

数学は一種の論理体系であり、経験そのものではない。経験という言葉を非常に広く使えば、数学も一種の経験の集まりであるといえないこともないかも知れないが、数学的に推論するということは、要するに推論であって、いわゆる経験科学の経験ではない。前提を認めれば結論は出て来るかも知れないが、その前提自身が正しいかどうかは数学は保証してくれないのである。経験科学に数学を使う場合、出発点になっている前提が正しいかどうかということは、論理とか、数学とかいうものを離れて、経験によって決定して行くより外ないのである。所が実際に科学における理論体系を見ると、その出発点になっているもの、即ち一つの理論の前提になっているのは、非常に一般的な原理ないし法則である。この原理ないし法則自身が私どもの経験から見て自明なものとは限らないのである。例えば、先ほどの力学の問題を解くという場合、出発点になるのは運動の法則、即ち物体の質量と加速度の積がそれに働いている力に等しい、という関係である。これは一般の人々にすぐ納得のゆく簡単な経験事実ではない。質量とか、加速度とか、力とかいうものを、いちいち正確に測るということは、なかなか容易なことではない。また質量とか加速度とか力とかいうような量はお互いに関連していて、別々に測れるものではないのである。運動の法則は帰納法によって見出《みいだ》されたものであるというように普通いわれているが、しかし私どもの経験事実のなかには、直接そういう帰納論理を遂行するにたるほど確かな材料はないのである。私どもは学校で運動の法則の成立する多くの実例を教えられ、またニュートンの力学は間違いないと十分吹きこまれているから、比較的素直に疑いを持たずに力学の前提である運動の法則を受けいれることができる。しかし、ニュートンが出現する以前の人類にとっては、今いった意味での運動の法則、それから、そういう運動の法則を出発点とするような力学の体系、それはなかなか納得できないものであったに違いない。恐らくほとんど何人も想像もしていなかったのである。ニュートンの力学ができたのは、それ以前のガリレイの研究が基になっている。ガリレイが運動の法則の特別の場合である慣性の法則を見つけ出したのは、色々な実験をやってそれから帰納したものといって大体さしつかえないであろう。それからこのほかに既にケプラーが遊星の運動の法則、つまり地球とか、火星とか、金星とかいう遊星が太陽のまわりをまわる運動の法則を見つけていたのである。これもまあ帰納的に見つけたといってよいであろう。そういうものが知られておればこそ、ニュートンがより一般的な運動の法則や、万有引力の法則に到達し得たのである。しかし、ニュートンの見つけ出した万有引力の法則とか、運動の法則それ自身は純粋に帰納だけで見つけ出したとはいえない。運動の法則が正しいことは、経験から見て自明である、直接経験によって確かめられるというよりも、むしろそれから出て来た非常に沢山の結論が経験と非常によく合致するということによって、その前提である運動の法則も正しい、と判断されるのである。ニュートンは「われは仮説をつくらず」ということをいっているのであるが、しかしニュートンの出発点になっている根本原理が実は多分に仮説的性質を持っていたのである。近代科学者の中でもポアンカレのような人は、科学において仮説がきわめて重要な意義を持っていることを繰返し強調しているが、実際その通りである。仮説はこのように早くから重要な意義を持っていたばかりでなく、科学がだんだん進歩して行くに従って、その理論の核心となる根本原理はそのまま自明な事柄でなく、ますます抽象的な、一般的な命題になって行くのである。それ自身としてわれわれの経験に合うかどうか全く分らなくなってきたのである。例えばアインシュタインの相対性原理は、二つの根本仮定の上に立っている。二つの間には密接な関連がある。一つは真空中を光が進んで行く速さがどういう観測者から見ても同じで、毎秒三十万キロというような一定の値を取るというのである。例えば地面の上で光の速度を測っても、地球の上を非常に高速度で走っている汽車とか飛行機とかに乗っている人が測っても、光の速度は常に毎秒三十万キロになるというのが一つの根本仮定である。これは勿論《もちろん》われわれの他の経験とは反するのである。例えば音が進んで行くというような場合において、私が音の進んで行く後を追っかけて行けば、音の進みはおそく感じるのであり、音がやって来る方向に向って走っている場合には速く感じるのである。所が光の場合にはそういうことはない。これは私どもの直感的な考え方に反している。しかしこれは実は実験的事実に基づく一つの経験的な法則ともいうべきものである。有名なマイケルソンの実験の結果を素直に解釈してみると、光というものの進む速さは音などと違って観測者の運動状態に無関係だと推定せざるを得なくなる。であるから今いった相対性原理の根本仮定の一つは、先《ま》ず経験から出て来たものだといってよいのである。もう一つの仮定の方はしかしそうではない。私どもが自然法則と呼んでいるもの、例えば先ほどの運動法則、即ち質量と加速度の積は、それに働いている力に等しいというような自然法則は、特に運動量の時間的変化が力に等しいという形で表わせば、それがどういう観測者にとっても同じ形をしているというのが、相対性原理のもう一つの根本仮定である。地球の人にとっての運動の法則、太陽の上の人に取っての運動の法則は同じ形だというのである。もちろん運動自身は見方によって違う。地球上の人には太陽が動いているように見える。太陽の上に人がいたら地球が動いているように見えるであろう。しかし、運動と力の間の関係を表わす法則は同じであるというのである。こういうことは、しかし経験から帰納されたものとはいえない。ただこういうことが、われわれにとって何となく本当らしく思われるだけである。自然というものはそういうものである、非常に法則性を持っているものであることをわれわれは予想している。それであるから、このような根本仮定をとにかく受けいれることができるだけである。それが正しい仮定かどうか、われわれにははっきりとは分らない。われわれの感じではそういうようなことがありそうだと考えるだけである。それ自身が直接経験によって証明されるというのではない。ニュートンの力学の方が、われわれにとって、もっと素直に受けいれやすかったのである。そして実際、物体の走る速さが光の速さ、即ち毎秒三十万キロという値にくらべて小さい限りにおいては、相対性原理はニュートン力学と同じ結果を与えるのである。しかし物体の走る速さが光の速さに近づいて来ると、両方の違いがだんだん著しくなってくるが、相対性原理から出て来る結論の方が経験事実とよく一致するのである。この意味において、相対性原理の方がニュートン力学よりも広範囲に適用される理論であるといわねばならない。

いずれにせよ理論体系は、いつでもその根柢《こんてい》に仮説的な要素を持っている。最初の前提の中には、いつも直接経験で証明し得ない要素が含まれている。従ってそれから出て来る結論がいろいろな経験と合致することが判明して、初めてその理論が正しいと判定されることになる。そしてその場合、実際に理論の適用されるのはわれわれの経験の全部でなく、ある範囲のものに限定されているのが通例であるという意味において、一つの理論には常にその適用限界が予想されているのである。

三

以上のような仕方で理論体系が発展して行く有様を、もう少し詳しく、具体的に述べてみよう。われわれは既に多くの経験的事実を知っている。それらの経験の幾つかの間に何か共通性があることに気がついたとする。そこでそれらの事実をもっと詳しく調べ、かつそれらと関連のありそうな事実をもっと広くさがして見ることによって、予想された共通性を正確にあらわす関係、即ち法則を見出し得たとする。この第一段階は主として観察及び実験と帰納論理との結合によって行なわれるであろう。次にわれわれは他の一群の経験からもある一定の関係ないし法則を見つけたとする。そんな風にして経験的法則が x_1・x_2……と増加してゆくに従って、それらの経験的法則の間の関連がまた問題になって来る。この第二段階になると帰納論理だけではどうにもならないのが通例であって、前にいった仮説が登場してくる。そしてある一つの仮説を前提として演繹論理によって種々の結論を導き出す。それが既知の経験的法則 x_1・x_2……等の中のあるものとは合致するが、あるものとは合致しないことがわかれば、この仮説は捨てられ、他の仮説が採用される。そんな風にして幾つかの仮説が現われたり消えたり、同時に存在して互いに優劣を争ったりしているうちに、やがてその中のある一つの仮説aから出て来る結論が、問題となっている経験的法則x_1・x_2……等の全てと一致することがわかったとすると、この仮説aは単なる仮説の域を脱して一つの根本法則、あるいは「原理」といわれるものに昇格する。そしてそのaを核心として演繹的に発展する一つの理論体系Aが出来上るのである（第一図参照）。ニュートンによる古典力学の体系の建設は、科学史上におけるその最も著しい例である。

さて一旦《いったん》一つの理論体系Aが出来上ると、科学者たちはこの理論をもっと違った現象に適用することを試みる。その結果が経験的事実ないし既知の法則と一致すれば、理論の適用範囲はそれだけ拡げられたことになる。このようにして理論と矛盾する事実が見出されぬ限り、その適用範囲はどこまでも拡大してゆこうとする。実際ニュートン力学を中心とするいわゆる古典物理学の理論体系は、その成立以後二百年以上の長期間にわたって拡大を続け、その間これと明瞭《めいりょう》に矛盾する事実を見出さなかったのである。

しかし科学が進歩するということは、一面において経験的事実の種類が豊富となり、かつ個々の経験的知識が精密になって行くことを意味している。新しい未知の事実が次々とわれわれに知られて来ることを意味している。その結果、既成の理論Aはその適用範囲を拡げて行く途中で、いつかはこれと矛盾する新しい事実ないしは新しい諸事実から帰納された法則yに逢着《ほうちゃく》する運命を免れないであろう。するとわれわれは、この新しい事実をも、その帰結として含み得るような、より包括的な理論を構成しなければならぬことになる。そのためには、既成の理論Aの原理となっている仮説aの一部または全部を変え、新しい仮説bから出発し直さねばならぬ。幸いにしてbから出発する演繹的推論の結果が、既知の諸事実x_1・x_2……のみならず新しい事実yとも合致することが分れば、bがaよりも一層根本的な原理の地位を占め、これを中心として、より包括的な理論体系Bが構成されることになるのである（第二図参照）。前に述べた例では、相対性原理が古典物理学の諸原理aに変わる新しい原理bであり、これを中心とする理論体系Bが相対性理論である。そして前に述べたマイケルソンの実験が、AからBへの飛躍の契機となった新しい事実yを提供したのである。このようにしてわれわれは第三の段階に入るのであるが、それ以後は新しい理論体系Bが再び適用範囲を拡大してゆこうとする。しかし、それと同時にわれわれは次の二つの点に注意する必要がある。先ず第一に、新しい理論体系Bが成立したということは必ずしも古い理論体系Aが否定されたことを意味していないのである。むしろAを包括するより大きな体系Bができたことによって、今まで明瞭でなかったAの適用限界が、はっきり分ったのである。例えば相対性理論が成立するまでは、ニュートン力学がどこまで正しいのか知らなかったのである。所が前に述べた通り相対性理論はわれわれに、ニュートン力学が正しいのは物体の動く速さが光の速さに比して小さい場合に限

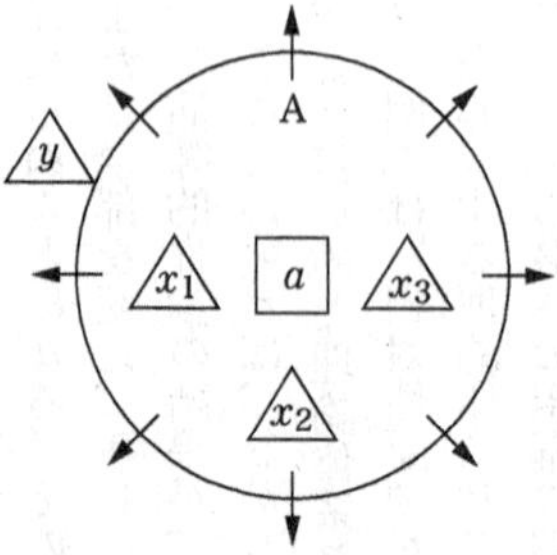

第一図

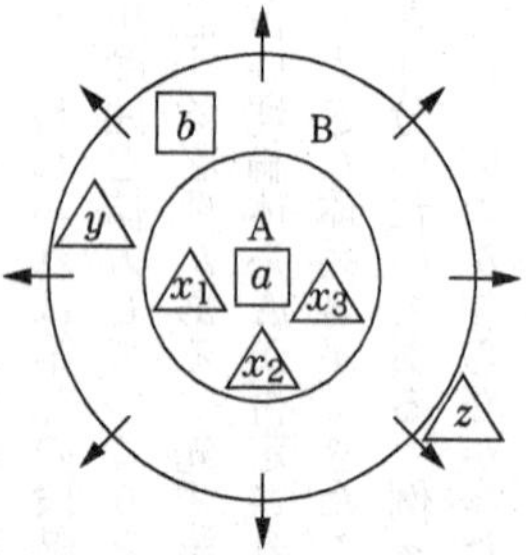

第二図

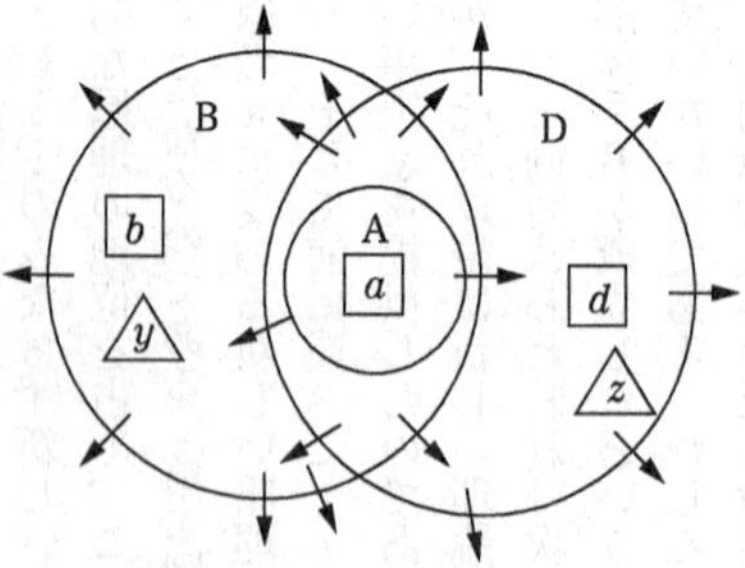

第三図

られていることを教えてくれたのである。いいかえれば相対性原理bの中で重要な役割を演じている光の速さcを無限に大きくした極限を考えると、bは古典力学の諸原理aに還元されるのである。

これと関連してわれわれの注意すべき第二の点は、古い理論体系Aの中に含まれているいろいろな概念およびこれに対応するいろいろな量が、そのまま新しい理論体系Bの構成要素になるとは限らないことである。それどころかAを構成する根本的諸概念ないし諸量の幾つかは、それらに著しい変更ないし制限を加えなければ、Bの中で再生し得ないのである。例えば古典力学における最も根本的諸概念である空間、時間、速度、質量、エネルギー等が、相対性理論において多かれ少なかれ違った意味を持っていることはよく知られている通りである。例えば古典力学ではどんなに大きな速度でも考え得られるのみならず、これをある大きさ以下にあらかじめ制限しておくことはできなかったのである。何故かといえば例えば汽車がある速度uで進んでいる場合に、乗客の一人が汽車の後部から前部へ向ってvという速度で走ったとすると、地上の人から見れば、この乗客はu＋vという速さで走っていることになるであろう。従ってu及びvをある大きさ以下に制限しておいても、地上の人から見た乗客の速さwはこの制限を超過してしまうことになる。これに反して相対性理論では物体の速さは誰から見ても光の速さcより大きくはならないという制限がある。そしてこの制限は速度が古典力学と違った新しい他の性質を持っているために決して矛盾を生じない。即ち地上の人から見た時の乗客の走る速度wはu＋vではなく、

$$w=\frac{u+v}{1+\frac{uv}{c^2}}$$

となり、u・vが共にc以下であればwもやはりc以下になる。

このように古い理論Aの諸概念のあるものに新しい理論Bは著しい変更を行なうばかりでなく、Aの他のある概念はBでは意味を失い、そのかわり全く新しい概念が必要になって来ることも珍しくない。例えば古典理論で重要な意味を持っていた絶対空間・絶対時間・絶対運動等は相対性理論では全く放棄するほかなく、その代りに時間と空間を一緒にした四次元の時空を考えねばならぬ。

四

このようにしてある理論体系が、それにとって異質的な新しい経験的事実に行きあたると、そこで理論の発展が阻止され、暗中摸《も》索《さく》の時期がしばらく続くのが通例である。しかし、この時期こそ理論の画期的飛躍の近いことを示す希望に満ちた時期なの

である。所が、この飛躍はもはや帰納論理や演繹論理の力だけでは行ない得ないのである。ここで何が要求されるかを明かにするには、理論の発展の仕方を、もっと立入って調べる必要がある。

先ほど私は理論体系AからBへの発展を図式化して説明したが、これから先の進歩の段階は、こんなに簡単なものとは限らない。Aを包括する理論は一つだけとは限らないのである。例えばAと矛盾する現象として、第二図のyのほかに、これと全く別種のzという現象が見つかったとする。しかもそれは、より大きな体系Bの中にも含まれ得なかったとする。今までの筋道どおりに発展するものとすると、仮説bに代る新しい仮説cが発見され、それを原理としてBの全体とzとを包む、より大きな理論体系Cが出来上るという順序になる筈である。所が実際はもっと違った場合が起こり得る。即ち先ず仮説aに代る仮説dが見つかり、Aの全体とzとを含む新しい理論体系Dが出来たとする。このDはBと一部分は重なっているかも知れないが、その全部を包んでいるとは限らないのである（第三図参照）。現に古典力学を包む、きわめて包括的な理論として量子力学なるものが存在している。それは相対性理論ともきわめて密接な関係を持っているが、現在の所ではまだ完全にそれを包括しているとは言えないのである。この点を更に詳しくいうと、現在の量子力学は元来、その前身である古典量子論を母胎として生まれて来たものである。古典量子論はよく知られている通り一九〇〇年にプランクが作用量子の仮説を導入したことから始まる。それはアインシュタインの特殊相対性原理の発見に先立つこと五年である。しかも量子仮説の導入が、すぐ古典力学の諸原理を新しい原理でおきかえることを意味していたのではなかったのである。古典的な諸原理は一応そのまま保存しておきながら、そこへ量子仮説がもう一つ附け加わったのである。所が古典的な諸原理が自然現象の連続性を共通の前提として暗黙の中に認めていたのに対して、量子仮説は物質構造だけでなく、自然現象の経過自体に不連続性のあることを、初めて吾々《われわれ》の前に示すという重大な意味を持っていたのである。古典論と量子仮説とは、もともと水と油の如きものであったのである。この間に存在する避け難い矛盾は、その後、光の波動性と粒子性の対立という形にまで発展し、二十数年に亘《わた》る紆余曲折《うよきょくせつ》を経て、遂《つい》に量子力学の成立を見ることとなったのである。そして量子力学の理論体系の中では、古典論の中にあって互いに矛盾する概念であった波動と粒子の両面が、互いにボーアのいわゆる相補的な関係においで存続し得ることがわかったのである。この間の事情を詳しく話すと大変長くもなるし、既に他の機会に度々述べたので、ここではこれ以上深入りしない。

そこで元へ戻って現在の理論物理学には量子力学と相対性理論という二つの大きな理論体系が含まれているのであるが、この両者は最近十数年間における世界各国の学者の努力により形式的には殆《ほとん》ど完全に融合し得たのである。所がこのような形式的な統合によって一応出来上った理論体系は決して完全なものではない。第一それは経験的事実と比較するまでもなく、それ自身としての矛盾を含んでいるのであるが、そればかりでなく、原子核や宇宙線に関する諸現象の中には現在の理論では十分に説明の出来ない多くの事実が見出されるのである。今後中間子の理論を中心とする素粒子論の体系が完成されるためには、なお一段の飛躍が必要とされるのである。

五

そこで以上述べて来た所をふりかえって見ると、帰納論理と演繹論理が科学的思考には共に重要なものであることはいうまでもないが、科学における理論の最も重要な進歩は飛躍的に行なわれるのである。その場合には帰納論理や演繹論理では足りない。われわれ研究者が一番苦しむ所はここである。普通ここで入用なのは天才的な直観とか洞察力とかであるといわれている。その正体はよくわからないのであるが、これと関連がありそうに思われることの一つは類推である。例えばわれわれの目に見える物体の運動はよくわかっている。これをそのまま原子のような目に見えない小さい物体にも適用して見るというのも一つの類推である。それは一種の模型による考察法である。模型といえば普通実物より小さいのであるけれど、反対に太陽系のような大きなものを原子に対する模型として考えて見る。その場合太陽に相当するのが原子核で、地球や火星などの遊星に相当するのが電子である。これがラザフォードの原子模型である。しかしこの模型では原子に関する現象の、ある重要な特徴が説明できない。そこでボーアがこの模型に、更にプランクの発見した作用量子の仮説を附け加えたのである。今日では原子はこんな模型で直観的に把握し得るようなものではないことがわかっている。しかし、このような模型的考察によって量子論が非常に進歩したことも否定できないのである。模型自身は正しくなくても、それを基にして見出された数学的法則は正しいという場合も少なくないのである。例えば光や電波の伝わって行く有様を直観的に描き出すために、空間にはエーテルというものが充満していると考えられていた。エーテルは一種の弾性体であり、空気が音を伝えるように光や電波を伝えるのだと考えられた。この考えが発展して遂にはマックスウェルが電磁場の基礎方程式を見つけた。相対性原理によるとエーテルというものは存在しない。しかしマックスウェルの基礎方程式は今日でも正しいと認められているのである。中間子の場を論ずる際にも電磁場との類推がある程度まで頼りになったのである。もちろん類推とか模型による考察とかが、必ず成功するとは限らないのである。余りにそれに頼りすぎると、かえって間違った方向に行ってしまう虞《おそ》れもあるのである。類推や模型が成り立たねばこそ、新しい段階への飛躍が要求されるのである。むしろ類推が類推でなくなる場合が来なければ、本当の飛躍は行なわれないといわねばならぬ。

これをもっと別の角度から見ると、理論の飛躍はしばしば理論の内部にある矛盾の発展の結果として行なわれるともいえよう。例えば先ほどの量子論の発展を見ても、光や物質に対する波動と粒子という互いに矛盾する考え方があって、それらが相互に他を否定する結果として一つの新しい考え方に統一されたのが量子力学であるともいえるであろう。中間子論の如きも、ハイゼンベルクの原子核構造論とフェルミのベータ崩壊の理論の間の矛盾の統一であるといえるのである。この意味において理論物理学の発達の仕方は弁証法的だともいえるであろう。そして物質の客観的存在を仮説とする既成の理論体系だけに着目すれば、確かに唯物論的でもあろう。

しかし、それがどの方向にどこまで発展して行くのか。理論の発展段階に応じてどんな新しい仮説が必要になって来るかは容易に予想を許さないのである。何故かといえば理論の前途には常に新しい未知の現象が待ちかまえているからである。どんな不可思議な現象が起こらぬともいえぬのである。例えば宇宙線の如きは、研究すればするほど、理論的に把握することの困難な新しい現象が次々と現われて来るのである。しかしながら一方において、われわれは自然の斉一性と合法則性とに深く信頼しているのである。どんなに不思議と思われる現象であっても、結局は合理的に理解し得る――いいかえれば現在より大きな理論体系の中に採り入れ得ると信じているのである。

これは他方から見れば、われわれの理性自身が自己に異質的な対象に直面することによって成長し発展して行くことを意味している。常に新しい事実の発見が可能であると同時に、それが理論の飛躍をうながす。このようなきわめて広い意味における弁証法的発展を認め得るのである。それは一面では常に物質的存在によって支えられてきたけれども、一面では人間理性の創造的な自己発展でもあった。ただし、この飛躍を行なう原動力の一つである直観とか洞察力とかを、吾々が理性と呼んでいるものの中に包含してよいかどうかは、別問題なのである。

（一九四七年十一月）

附記、本編は、たしか慶応大学における講演原稿を文章体に直したものであったと記憶している。それ以後、二十年の歳月が経過した。今度読みかえしてみると、言葉や文字の使い方だけでなく、内容的にも改めたり補なったりしたいところが多い。しかし、その反面、当時の私の考え方や表現の仕方を、そのまま残しておきたいという気持もでてきて、結局、最少限度の訂正にとどめることにした。

（一九六六年三月）

東洋的思考

中国の哲学や文学や歴史に関する専門学者が多数お集まりのこの席上で、私のような門外漢がお話をする資格のないことは、私自身もよく承知しておりますし、皆さんもよくご存じのことと思います。それにもかかわらず、私が「東洋的思考」というような題目で講演することになりましたのは、われながら大胆至極とあきれる次第です。これからお話しいたしますことには、定めし滑稽《こっけい》な間違いや見当違いが多いだろうと思いますが、それらの点は後でゆっくりとご叱正《しっせい》、ご教示をお願いいたしたく存じます。

いうまでもなく自然科学はヨーロッパで発達したものであり、東洋にはこれに匹敵するものがなく、わが国では幕末になってからヨーロッパの科学が輸入された結果として、急に発達したものであります。このような歴史的に明白な事実から見ても、一般に東洋的な物の考え方は非科学的であり、東洋的な意識にとらわれることが多ければ多いほど、自然科学の進歩の妨げになるというのが、現代日本の多くの知識人の通念になっているのも無理のないことと思います。

ところで私自身も日本人であり、したがって東洋人の一人であり、この特殊の歴史的地理的環境の中に、特殊の遺伝的素質を持って生れかつ成長してきたのでありますから、どんなに努力してアメリカやソ連をも含む、いわゆる西洋に同化しようとしても、そこにはおのずから限度があります。東洋と西洋という問題は、私自身に取っても極めて切実な、そして恐らく一生ついてまわる問題であろうと思われます。私自身の貧しい体験から申しますと、私には一般知識人の方々のように、東洋的なものを単に自然科学に対して否定的なものとばかりはいい切ることができないのであります。もちろん私の場合は一つの例外であって一般原則とはなりえないかも知れませんが、少なくとも多数の実例の中の統計的な一資料として、何かのご参考になれば大変しあわせであります。

私の置かれた環境および遺伝と申しますと、父は皆さんもご承知の通り、この東方文化研究所とは密接な関係がありました。元来中国の文化には深い関心を持っており、特に中国古代の歴史地理ないし考古学に対する興味は非常なもので、たびたび中国にも旅行し、いわば中国に関しては半ば玄人でありました。父の性格の著しい特徴と申しますと、どのような種類のものであっても、とにかく古いものが好きであると同時に、まだ人の手をつけない新しい問題をやることが好きだという一見矛盾した二つの面を持っていました。この二重の性格が組合わされた結果として、「古いものを新しく発見する」という種類の研究が最も得意であったように思われます。一口に学問といわれるものの中でも、人文科学と自然科学とでは古いものと新しいものの相対的比重が違っています。自然科学の方が、どちらかといえば未来に対して人間生活を向上させるのに役立とうとする意識が強いのでありますが、その中でも、父が自分の専門として選んだ地質学は、人間のまだ生まれぬ先の遠い過去の地球の状態を知ることを一つの大きな目標としています。そしてまた地質学と密接なつながりを持つ地理や歴史や考古学となりますと、さらに古いものへの関心が強くなってきます。私自身もともと古いものが嫌いという訳でもありませんが、物理学のような特に目先の変化の激しい学問をやり、その中でも一番目新しい領域の研究を続けています中に、自然と私の関心はまだ見ぬ未来へばかり向かうようになって参りました。父が特に中国の文化に興味を持つようになったのも、それが日本とはくらべものにならないほど古いばかりでなく、古いものを尊重する傾向——良い意味でも悪い意味でも保守的であったことと、多分のつながりがあると思います。

父の性格でもう一つの著しい特徴は、非常に想像力が豊富であったという点です。この点はちょっと考えると近代的な学問の根本的な性格と相反するように思われます。と申しますのは、近代的な科学の一番大きな特色は、いうまでもなく、それが実証的なことです。ただいま梅原先生が申されましたように、考古学のような実証的な学問が発達して、初めて古代に関する確実な知識が得られるようになったのであります。そこでは自然科学と同じく技術が尊重され、帰納論理が尊重されているのであります。実証さるべき事実の範囲を拡大してゆくには、どうしてもさまざまな技術が必要であり、そのようにして見出《みいだ》された豊富な、そして確実な事実の間のつながりを見つけ出すのは、何よりもまず多くの実例からの帰納による推論であります。実際ベーコンやガリレー以来、十九世紀に到るまで、このような実証的精神がヨーロッパにおける科学を推進させる原動力であったのであります。

実証的、技術的、帰納的であることの反対はいうまでもなく形而上学《けいじじょう》的、思弁的、演繹《えんえき》的であることです。形而上学的思弁は東西共に古代において盛んに行なわれました。その代表的なものは、西洋ではギリシャやヘブライ、東洋ではインドや中国であります。もっともヘブライは東洋へ入れるべきかも知れません。西洋ではギリシャの伝統が今日まで受けつがれています。ルネッサンスをへて、近世に到って形而上学的思弁と相反する実証的な科学ができあがったといっても、古代の伝統が決してなくなった訳ではありません。ただガリレー、ニュートンの時代になって、思弁的、演繹的なものが、技術的、帰納的なものと緊密に結びつけられ、前者だけが勝手にひとり歩きする傾向が抑えられたのであります。いいかえると、彼等は理論家であると同時に実験家でもあり、微分積分も案出するし、望遠鏡も作るという状態であったのです。

これに反して東洋ことに中国では技術的なものがいつまでも軽べつされ、知能のすぐれた人が自ら手を下して実験するという状態が実現されなかったことは、改めて申すまでもありません。西洋が一度上記の意味の近代を通過したということが、何といっても科学の発達には決定的な意味を持っています。ところが十八世紀・十九世紀となって科学が高度に発達すると共に細かい専門に分化し、一人の学者が何でもやるということが不可能になってきたのでもあります。この傾向は物理学のような最も進歩した学問では殊に激しく、それが二十世紀になると、ついに理論家と実験家とに相当はっきり分れてしまうことになったのであります。例えばアインシュタインの如きはニュートンなどとは違って純粋の理論物理学者であります。いいかえると、学問の進歩の結果として、直接実証される事実と、それを説明するのに必要な理論との距離が大きくなり、理論家の方は、きわめて抽象的な論理や数理の中に没入せざるをえなくなり、古代の思弁的傾向が再び復活してきたのであります。私自身も現在理論物理学を研究しているのでありますが、幼少の頃をふりかえって見ましても、特に実証的技術的な傾向を持っていたとは思えません。むしろここにいる兄の貝塚《かいづか》の方がはるかに機械が好きであり、私は数学が得意であったに過ぎないのです。それが今、東洋史、物理と分れているのは、ちょっと考えると反対のようですが、実はそうではなく、むしろ歴史の方が実証的な要素の比重において現代の理論物理学などより大きいためではないかと思います。

この問題をさらに立入って考えて見ますと、実証的という傾向を徹底すれば、何でも実証されないものは排除せねばならぬことになります。実験によって観測されない量は考えてはいけないことになります。ところが今日の物理学の理論の中には観測されない量が入ってくるのであります。十七世紀以来、物理学は精密化、数量化の一途を辿《たど》ってきたのでありますが、その結果として具体的な経験からの著しい抽象化が行なわれ、抽象化された量の間の数学的な関係が重要になってきたのであります。十九世紀までは抽象化といっても、われわれの観測する事実と離れてしまうことはなく、抽象化された記述が、同時に自然界に起こる諸現象の忠実な再現でもあったのであります。ところが二十世紀の物理学では、そのように単純な対応は見出されないで、高度に抽象化された理論から出てくる数学的関係のごく一部分だけが、直接実証されるに過ぎないのであります。

ところで抽象化するということは、数理的・論理的な形に整理するということです。ということをさらにつきつめると、矛盾を取り出してそれを排除するということです。数学を抽象化するということは、結局一切を矛盾に帰着さすことです。一つの命題を一方では肯定し、一方では否定するということが矛盾であります。もしこのような矛盾がでてくれば、推論の前提にあやまりがあったと判断して、これを除去する。このような手続きをくり返してゆけば、最初に与えた幾つかの前提、すなわち公理から出発して、多くの互いに矛盾しない命題の体系ができ上る。それがすなわち数学だというのがいわゆる「公理主義」であります。ここで一番大切なのは、どこに矛盾があるかを発見し、その原因を排除することです。

この点に関しては、東洋人、特に中国人は決して得意とはいわれません。徹底した論理主義にはなれないのであります。日本人もこの点は共通であると思います。同じ東洋といってもインドになるとよほど違います。実際インドでは数学や論理学が早くから発達していました。

これに反して中国人や日本人の長所と思われる点、そして自分達の間でも得意としているのは、いわゆる直観であります。それをもっとつきつめると「勘《かん》」といわれるものになるでありましょう。日本人は平均的にいって、勘がいいように思われます。ところが従来とかくそれは科学と相反するものと思われがちでした。

そんなら直観は数学や自然科学には無用なものかと申しますと、必ずしもそうはいえません。何故かと申しますと、矛盾が取り出された結果として、ある前提を簡単に捨てることができれば問題はありませんが、特に数学以外の経験科学ではそういかない場合がたびたび起こります。例えばここに一つの学説があって、それから出てくる結論が多くの実証的事実と一致していたとします。そこへ新しい事実が見つかって、この学説からの結論と矛盾することがわかったとします。この矛盾だけに着目すると、この学説を捨ててしまうほかない。そこで誰かが別の学説をいいだす。それが新事実をうまく説明できたとします。ところがこの新学説と今まで旧学説で説明できていた事実との間に新しい矛盾を生じたとします。こういう場合にどうするか。両方とも捨ててしまって全く別の新説で全ての事実が矛盾なく説明できれば、もちろん問題はないのですが、実は新説というものがそう簡単にでてくるものではありません。互いに対立する学説の中から、何等かの方法で両方の短所を捨て長所だけを生かすことによって、新しい学説ができるのがむしろ普通なのであります。特に二十世紀になってからの物理学の発達は、このような径路を取っているのであります。このような場合には、単なる論理だけではどうにもならない。全体を直観し、正しいものを洞察するほかないのであります。いいかえれば、矛盾を摘出することよりも、全体としての調和を見つけ出すことが大切になってきます。近頃よく弁証法ということがいわれます。同じ理論でも形式論理でなく、弁証法の論理というものがあって、それによって矛盾が統一できるといわれます。私は論理というものをそのように広く考えることに別に反対ではありませんが、しかし矛盾を統一するためにはまず直観によって全体を見渡さなければなりません。それればかりではありません。矛盾が矛盾として取り出されることさえも、たがいに矛盾する命題が直観的に同時的に把握されることによって初めて可能となるのであります。数学の範囲内においても、公理主義に対立する直観主義なるものがありますが、それらの違いは結局、直観の役割をどの程度まで認めるかに帰着するものと思われます。

しかし、直観的に全体を把握するというだけでは、まだ駄目です。そこから何か今まで見のがしていた新しいものがあらわれてこなければ真の創造とはならない。そこにインスピレーションとか勘とかいわれるものが入ってくる、と考えられます。

これと関連して問題となるのは、想像ないし空想といわれるものです。科学は空想と正反対のものの如く考えられがちですが、それは科学の一面だけしか知らない人のいうことです。今いったように、新しい創造が行なわれるといっても、それが現在与えられているものだけから出てくるのではありません。科学者自身が何等かの形で他のものをつけ加えることを試みる。つまり実際あるものを想像で補うことによって、一つのまとまったものにする。それがうまくゆけば、矛盾が解決することになる。一度では成功しないかも知れないが、いろいろ違った想像をくりかえしている中に、正しい解決に到達する。これが実情であります。私ども科学者に取って、想像力も大変大切なのであります。この点に関して東洋人の能力はどうでしょうか。一概にはいえないでしょうが、インド人などは想像力が豊富なように思われますが、中国人はどうでしょうか。私自身は小さい時代に西遊記などを読み、もっと後になって荘子などを愛読し、中国人の想像力はなかなか豊富だという感じをもっていましたが、ここにおられる吉川幸次郎《よしかわこうじろう》さんのお説によると、その反対だとのことです。もちろん専門家が多くの実例をバックとしていわれることですから、その方が正しいのでしょう。日本人の想像力は確かにあまり豊富ではないようです。私自身もこの点はあまり自信はないのですが、しかし素質は多少あるのではないかと思います。というのは私の父はどちらかといえば、抽象的な推理力より観察力が発達し、さらにまたそれ以上に想像を逞《たくま》しくする方でありました。もちろん想像が当らなかった場合が多かったでしょうが……いずれにしても私の専門とする理論物理学の歴史をふりかえって見ますと、それは間違いの歴史であったと極言することもできます。多くの学者の考え出した理論の中、大部分は間違いで、後に残らない。少数の正しいものだけが後々まで残るのです。残ったものだけを見ると、いかにも順調に進んできたように思われますが、この成功の蔭《かげ》にある、より多くの失敗がなかったら、学問の進歩もなかったでありましょう。これはちょうど生物の進化と同じで、生物がいろいろな方向に分れて進んでゆく中で、大多数は進化をやめるかあるいは絶滅し、その中のある一筋だけが人間にまで進化したのであります。私自身の狭い体験について見ても、いろいろ考えた中で大部分はものにならない。たくさんの中の一つ二つが正しい理論にまで成長するわけです。

もう一つ言いたいことは、直観や想像が自己発展してゆく仕方であります。その仕方はいろいろありましょうが、特に著しいのは類推であります。ある領域で成立する関係を他の領域にあてはめて見る仕方の中の、最も具体的なのが類推であります。この点は古来、中国人の最も得意とする所であります。その最も古い形が比喩《ひゆ》でありす。先秦の思想家たちの立論は、類推や比喩をより所としている場合が多いのでありますます。もちろんギリシャ古代においても、これと似た傾向が見られますが、もっと抽象的な論理が早くから発達していたことは、アリストテレスによって形式論理が完成されたのを見てもわかります。前にも申しましたように、私は荘子が大変好きでしたが、その叙述には比喩が多く、逆説的な所も多いのですが、雄大な、そして愉快な空想の世界を開いてくれるのが、何よりの魅力でした。

ところで老子や荘子の思想は、形式論理の型にはめられないのですが、だからといって必ずしも非合理であるとはいい切れません。それは一種の宿命論的自然主義ですが、これは科学的な自然観の落ちつく先と大変似ているのです。自然科学はすべての自然現象を因果関係によって把握しようとしてきました。十九世紀になって物理学が非常に進歩した結果として、科学者達は何もかも因果法則によって縛られてしまっている、自由意志などは人間が気やすめに考えていることにすぎぬとさえ考えるようになった。そうなれば一種の合理主義的な宿命論に落着くほかない。ところが老子や荘子の思想がそれでありまして、老子が「聖人不仁、以百姓為芻狗」などといっているのも、このような考え方と相通ずるものがあります。私自身も中学時代にはこの種の宿命論に大きな魅力を感じていたのでした。

ところが二十世紀になって、物理学がさらに発展して、量子力学などが出て来たため、自然法則の意味が大分変わってきたのであります。つまり法則といっても、それは狭い意味の因果律とは限らないのでありまして、一つの原因から出てくる結果が幾つもあり、それのどれが実現されるか、前もって予知できないというような場合があることがわかってきたのです。このような場合でも、やはりある法則が成立するのです。こうなると、合理主義だから宿命論となるとは限らなくなります。むしろ逆に科学が未来を開拓するものであるという意味が、ここではじめてはっきりしてきたのであります。この点に関しては、何といっても東洋には弱味があります。殊に中国では過去を尊重する気風が強すぎたのであります。しかしここでもう一つ深く考えて見ますと、過去とか未来とかいうのは、多かれ少なかれ人間の生命、運命と関係づけての話でありまして、最も根本的な自然法則自身には過去と未来の区別はないのでありま す。特に相対性原理などは時間空間を一緒にした四次元世界を考え、そこに成立する法則を問題にするのであります。そこでは時間も空間と同列の次元に還元され、全てが永遠の静止の中に、調和を保っているのであります。そこでは矛盾対立よりも全体的調和が目につくのでありまして、東洋思想に近いものが、感じられるのであります。

以上はなはだ雑駁《ざっぱく》なお話をいたしましたが、それは要するに東洋に生まれた一人の物理学者の我田引水的な意見に過ぎなかったかも知れません。

（東方文化研究所―現在の京都大学人文科学研究所―における講演、一九四八年三月）

科学的思索における直観と抽象

ギリシャの土《つち》を踏んでみたいという、私の多年の宿望は、遂《つい》に思いもかけぬ仕方で果されました。このフニックス（Pnyx）の丘で、講演をする機会が訪れようとは、夢にも思いませんでした。物理学に携わる者として、私は、自然の奥深く秘められた真実を解き顕《あら》わすという、偉大な仕事を創始したギリシャの人々に、深く負うところのあることを、十二分に承知しております。この点で私も、他の講演者の方々と共通の感情を、わかちあうものです。しかし、私の場合には、もうひとつ特別なものがあるのです。

私は日本に生まれ、日本で育ち、日本で教育を受けました。それは西欧世界から遠く隔たり、私たちの祖先が西欧世界から自然科学と工業技術とを学びとろうと、百年ほど前から全身全霊の努力を始めるまでは、ギリシャの哲学や科学や芸術の影響は極めてかすかにしか感じられなかったのであります。西欧の科学と技術とは、わがくにの知識層に、圧倒的な影響を及ぼしました。私の世代の知識層の大方は、既に、私たちの祖先がその前代からうけついできた古典的な東洋の教理から、離れ去っておりました。しかし、私の祖父と父とは、時代の風潮とは逆に、孔子[注(1)]の門人たちによって編まれた書物などの中国の古典を、私が未《ま》だ五歳くらいの時から、教え始めたのでした。十三、四歳になった頃、私は父の蔵書の中から、老子と荘子[注(2)]による道家の書物を見つけました。そして、彼等の自然と人生とに関する哲学に深い感銘を覚えました。それは、古代ギリシャの哲学と同時代のものなのです。

　このような素地をもって、私は、古代ギリシャの遺産の上にたつ現代科学の世界に入ったのですが、それ以来、ひとつの疑問が時折念頭に浮びました。そして今もなお心にかかっているのです。その疑問というのは、〝何故科学はギリシャから出発してだけ、その高い発展段階に達し得たのか？　何故他の何処かからでもなかったのか？〟ということです。私はそれを自問せずにはおられませんでした。とりわけ、老子や荘子の思想は、深遠であるばかりでなく、合理的で人間的なものであったからです。彼等は、天地万物（Nature）の何処にでも行なわれる大道（universal way）を、成理（natural law）を、明確に認識していました[注(3)]。何故、老荘ないしその後継者たちは、彼等の思想を、古代ギリシャの自然哲学に匹敵するような具象的な形にすることができなかったのか、私はまだ明快な解答を持っておりませんが、その答が、人間の抽象能力と密接に関係しているにちがいないことは、確かだと思います。何かの理由から、古代中国は、ピタゴラスやデモクリトスに見られる型の天才を生むことができなかったのです。自然法則を自然数間の簡単明確な関係としてとらえたピタゴラスや、空虚という抽象的概念と共に不可視の微小原子を考えたデモクリトスが立ち現われたことが、物理学のような精密科学の原型を創り出す上に、決定的であったことは疑いをいれません。

ここに見られる抽象化の能力は、物理学の草創期の決定的な要素であったばかりでなく、それから後の発展の上にも、引続いて本質的であったのですが、しかし、それだけでは、有効に働くものではありません。それは常に、直観、あるいは想像力の先導を前提とします。それらは、古代ギリシャの天才たちにも、古代中国の天才たちにも、共に豊かに恵まれていたのです。重要なことは、直観と抽象との釣合、または協力であると思われます。これは現在の私たちの科学文明のひとつの問題であります。現代には、自然科学の、哲学や文学など他の文化活動からの疎外 (estrangement) があるように思われます。まことに奇妙に聞えるかもしれませんが、私自身物理学者でありながら、現代物理学の傾向が私自身から縁遠くなってゆくのを、ますます強く感じて来ております。

現代物理学の歴史をふりかえってみますと、この三、四百年間に二つの大きな革命が認められます。その第一は、無論、ガリレイに始まりニュートンが完成した十七世紀の革命であります。今ひとつのそれは、エックス線、放射能、電子の発見、等々といった重大な事件と共に、十九世紀の終わりから始まっているものです。この第二の革命には、二つのピークがあります。そのひとつは、プランク・ボーアの量子論とアインシュタインの相対論とにおいて最高潮に達した二十世紀初頭であり、二番目は、一九二〇年代に量子力学が完成された時であります。第三の革命が将来やってくるかどうか、またいつ来るのか、については物理学者の間でも意見は様々でありましょう。追々、私自身の答も述べるつもりですが、暫《しばら》くは、第二の革命による際立った影響に眼を向けたいと思います。それは、物理学の理論の構成概念が、直観や常識から、ひどくかけはなれてきてしまった、ということです。言い換えますと、抽象化の傾向が、二十世紀初頭からの物理学の発展の過程の中で、著しく目立ってきた、ということです。物理学者は、抽象的数学的な概念構成を、それが論理的に内部矛盾を含まず、それからの帰結が実験と一致するかぎり、たとえ日常の世界の直観的な描像と相容《あいい》れないものであっても、受け容れぬわけにはゆかなくなったのです。

この点について、目に立つ例を二つだけ挙げてみましょう。私たちの直観では、時間と空間とは、全く異なった、お互いに関係のないものです。それで、ニュートンの絶対時間、絶対空間、絶対運動といった諸概念を、たいした抵抗を感ぜず受け容れることができました。アインシュタインの、時間、空間、運動の相対性は、すべての物理学者たちが二十世紀始めまで頼りにしてきた直観を犠牲にして、やっと認められたのでした。ところが、最初は非常に抽象的に見えたものも、時が経つにつれて、次第に、多くの物理学者たちにとって具象的なものになってきました。新しい種類の直観が、物理学者各自の頭の中に形づくられてきたのです。今日では、四次元の時空は、物理学者にとって、ニュートンの時間と空間とが古い時代の物理学者たちによって把握されたと殆《ほと》んど同様な明快さをもって、直観的にとらえられるようになりました。この新しい直観は、抽象の結果生まれてきたものですが、今では、より一層の抽象化のための、新しい出発点となっているのです。

今ひとつの例は、物質の概念の進展であります。長い物理学の歴史には、対立する二つの物質概念の流れがあります。ひとつは、レウキポスとデモクリトスによって考え出された物質の原子論的概念、他のひとつは、真空を退けたアリストテレスにまで遡《さかのぼ》ることができる、物質世界の考え方です。物理学の近代における発展過程では、ずっと、宇宙間に遍在するエーテルというアリストテレス流の考え方が、アインシュタインによって棄て去られるまで、広く行なわれてきました。他方、物質が原子からなるという考えは、十九世紀の終わりに次々と大発見が行なわれて、堅固な基盤の上に原子論が再建されるまで、実験的に直接検証されたことはなかったのでした。

二十世紀の物理学は、原子論の勝利の連続のように見えますが、それは真実の片側しか見ないものです。物理学者たちは、長い間、まぎれもない二重性、即ち、光の波動性と粒子性の二重性に、悩み続けてきました。私たちの直観では、波は空間に連続的に拡がっている何かですが、粒子は、空間のある小さな、限られた領域を占めているものです。光は、波であることもできるし、粒子であることもできますが、両方であることは不可能です。物質の構成要素のひとつである電子のような対象にまで、二重性が発見されるに及んで、このディレンマはいよいよ鋭いものになりました。それは、量子力学ができて、やっと解決されたのですが、ここでも、私たちの古い直観は棄てられねばなりませんでした。物質も光と同様、粒子か波かという時代おくれの描像を当てはめることによっては、とらえることができないのです。そこで抽象化が必要になり、実際この場合には、相対論の場合よりも更に先に進まねばなりませんでした。相対論の数学的表現は始め、かなり抽象的にみえたのですが、時空の新しい直観的描像が、物理学者の頭の中にだんだんと落着いてきていたのです。

ところが、量子力学において抽象的な数学の記号で記述されるところを、直観的に忠実に表現するような物質と光の新しい映像を作り上げることは、極度に困難であることが分ってきました。英国のすぐれた天文学者であり物理学者であったエディントンが一時、波動と粒子の二重性をもった対象に、"WAVECLE"という新語を使いましたが、これはたいして役に立ちませんでした。この粒子とか波動とかいった直観的概念が無力なため、物理学者は、確率の概念に頼ることになりました。確率というのは、物理学者にとって、何も目新しい概念ではありませんが、これまでは、問題にしている事物が極端に複雑で、それについての知識が不完全である、と考えられた時にだけ導入されてきたものです。ですから、電子のような単純なものを問題にする場合にさえ、確率の概念が必要であるという発見は、物理学者には驚くべきことだったのです。量子力学の通常の解釈に従うと、電子の未来の位置を一意的に予言することは不可能です。電子の現在の状態についての知識を如何《いか》に増そうと、不可能です。電子が、未来のある定まった時刻に、ある定まった位置にある確率を、勘定することだけで満足しておかねばなりません。このことは、粒子についての素朴な直観を、電子におしつけようとすることとの誤りを、明白に示しています。他方、波動の直観的な描像も、電子にあてはめられません。電子は、結局は全空間に拡がってしまう波動とはちがって、個別性と局在性とを持つからです。確率概念の導入は、古い直観を完全に放棄することにはならない、と言われる人があるかもしれません。しかし、現実の事態は、はるかに深刻なのです。事実、量子力学における抽象化は、単なる確率概念の導入よりも、一層進んでいるからです。量子力学で第一義的なものは、確率それ自体ではなくて、更に抽象的な概念、即ち一般に複素数で表わされる確率振幅、なのです。ここから直観に立ち戻ることは、多くの人に、アナクロニズムのように見えるでありましょう。

これまでのところは、今世紀始めから四十年近くの間の、物理学の理論におけるもものの考え方を、二つの実例で簡単に示したわけですが、それから今日に至るまでに、更に三十年の日月が流れました。この一番近い期間における物理学の発展も、皮相的に眺めれば、ここでも新しい発見と大きな成果とに満ちているように見えます。数多くの新しい粒子が次々と見出《みいだ》されてきていますが、それらのうち、僅《わず》か数種、陽電子、パイ中間子、中性微子、反陽子、といったものだけが、それ以前から理論物理学者によって予知されていたものであったにすぎません（ディラックは、陽電子や反陽子が発見されるよりも前に、反粒子という新しい概念に達していました。陽電子とか反陽子とかは、それぞれ電子と陽子の反粒子であることが、後になってわかりました。中性微子は、放射性原子核のβ崩壊を説明するため、実験で確証されるよりずっと以前に、パウリによって、あらねばならぬとされた粒子です。パイ中間子は、核力の性質の理論的考察からその存在が推論されていた粒子であることが、検証されたのでした）。他の粒子はほとんどすべて、一九五〇年前後の数年間に、大抵が宇宙線の中で、続々と発見されたもので、そのようなものがあろうとは、何かの理論的根拠からは、誰も予想できなかったのです。ここ数年間には、またちがった、非常に寿命の短い、沢山の粒子が、大加速器を使って発見されてきました。しかし物理学者は、深い、信服させるに足る、それらの存在理由を見つけることには、まだ成功していないのです。

このように、今世紀初頭の、予言能力を顕示した科学的思索の輝かしさに反して、当今の物理学者の大部分は、新しく開拓された原子核物理学の世界の豊かさと複雑さとに、途方に暮れているのです。今日の物理学者たちは、先人から受けついだ予言の能力を失ってしまったかに見えます。

今日の物理学の見通しが、このように失望すべき変わり方をしたことは、科学的思索における直観と抽象の問題と極めて密接に関係しているように、私には思えます。この点を明らかにするために、また具体例を考えることにしましょう。今世紀初頭の先駆者の中で、最も偉大であったのはアインシュタインでした。彼の相対性理論は、光速度に関するマイケルソンの実験と矛盾しないようにするため、絶対空間、絶対時間、遍在エーテルといった旧来の直観を棄てるところから出発しました。しかしながら、アインシュタインは単に、論理的整合性と実験との合致の双方に導く、この抽象化だけによって動かされ、それだけで満足していたわけではないのです。彼があこがれたのは、まだ発見されていない、自然界の新しい美と単純性とでした。抽象化は、常に単純化のための一手段であり、ある場合には、単純化の結果、新しい美が現われます。アインシュタインは、極く少数の理論物理学者だけにあたえられている、美的感覚の持主でした。美的感覚というものが、物理学者にとって一体何を意味するのか、説明することは大変むつかしいのですが、少なくとも次のように言うことはできるでしょう。単純性だけなら、単なる抽象化で得ることもできるが、美的感覚は、抽象的な数学の記号や表式の真中で、迷わず物理学者を手引きしてくれるもののように見える、と。古代ギリシャの天才たちは、正にこの種の美的感覚に恵まれていました。それは、今日の物理学者にも必要なものです。ともかく美的感覚は、電子計算機のような機械ではたやすく真似できない、人間の不可思議な図形認識の能力と、深くつながっています。私はいつも、どうして群衆の中で知人のだれそれを、容易にしかも殆んど瞬間的に、見分けることができるのか、不思議で仕方ありません。ディジタル計算機で通常使われている、二分法過程（dichotomic process）、即ち yes-no の過程の合成で置き換えてみたら、途方もなく複雑な機構になるにちがいありません。一九〇五年にアインシュタインは、特殊相対論をつくりあげました。早い遅いは別として、すべての物理学者がそれを受け容れることになりました。非常に多くの経験事実が彼の理論を支持したからです。十年後には、アインシュタインは、一般相対論の建設に成功しました。それもまた数年の間に、天文学の観測で、驚くほど見事に確かめられました。しかし、一般相対論には決定的に有利で、他の理論を退けるような経験事実の数といえば、多年の間、ごく僅かなままであります。そういった事情の下では、一般相対論一辺倒でなく、二、三の決定的な実験事実とは一致するような、何か別のゆきかたを追い求める余地が、なお残されているわけです。事実、若い物理学者の多くは、アインシュタインを一般相対論の完成に導いた考え方を、受け容れることを渋っているように見受けられます。そこには、先に申しました、美的感覚と単純性の原理とにかかわりをもつ、抽象対直観の問題の、まことに興味深い一例がみられます。それで、この点を今少し詳しく議論してみたいと思います。

先ほど量子力学の抽象的数学的な理論構成は、直観的な描像でもって、うまく置き換えることができない、と申しましたが、直観的描像というものも、あらかじめ抽象的な構成概念を十分わきまえておれば、原子の世界の理解に結構役立たせることができます。それで、この抽象化の傾向は、最近三十年間に、極度に進められました。確率振幅は複素数で、どんな直観的描像とも直接対応づけられないのですが、今日の物理学者の多くにとって、全能であり、絶対者であります。一部の若い世代の理論物理学者にとっては、理論物理学とは、抽象群の理論を付け加えた複素変数函数《かんすう》の数学に他ならぬのです。私は、自然を追い求めて深くにゆけばゆくほど、理論の構成要素に対する抽象化がますます必要になるだろう、ということを否定するものではありません。しかし私が非常に不安に感ずるのは、この抽象化一本槍《やり》の傾向は、創造的な思索に極めて重要なあるものを欠いていることです。どんなに日常生活の世界を離れたところにおいてであっても、抽象化は、それだけでは有効ではなく、直観や想像力を何とかして協力させねばなりません。アインシュタインは、時空について高遠な想像力を持っていました。それによって、あの驚嘆すべき一般相対性と重力の理論を、つくることができたのでした。その理論は、単純で美しいばかりでなく、予言能力も備えていたのです。

これにくらべて、現在の素粒子の世界の理論の構成概念は、はるかに抽象的で、はるかに高度の数学とつながっているのですが、一般相対論の場合とちがい、そこに、高遠な何ものかは感じられないのです。このことは、この二、三十年の間、物理学者の考え方に真の革命がなかった、という事実と深く結びついています。言い換えると、一九〇五年に確立された特殊相対論の基礎概念と、一九二〇年代に完成された量子力学のそれとは、本質においては変更を受けず、ただ抽象化だけが進んだ、ということです。予言能力も殆んど失われてしまいました。理論物理学は、既に経験的にわかっている事柄の、一般的抽象的記述法に堕《お》ちてしまったのです。今世紀六十年の間に、理論物理学はますますロマンティックでなくなり、今やアンティ・ロマンの時代にあるのではないかとさえ思われてくるのです。科学の一分野が非可逆的に老化してゆくことは避け得られないものなのでしょうか？　科学の歴史は、さいわい、数多くの反例を与えてくれます。今世紀初頭、物理学はその青春を取戻すことができたのです。もし、不可避的な抽象化の趨勢《すうせい》を是正するために、直観に、大胆な想像力に、適切な位置が与えられるならば、基礎物理学における第二の若返りも期待できようかと思うのです。

このようにお話してまいりますと、私は科学の歴史を溯って、古代ギリシャに立ち戻らずにはおられません。そこでは、直観と抽象とは完全に調和し、釣合がとれていたばかりでなく、哲学や文学や芸術からの自然科学の疎外ということもありませんでした。これらの文化活動は、すべて人間精神に密着していました。人は、幾何学を味得すると同じ気分で、詩文も鑑賞できたのです。私たち科学者の眼には、古代ギリシャの自然哲学は、神々の物語や英雄たちの悲劇と同様、ロマンティックに映るのです。今日の物理学者たちが、巨大な加速器と複雑な高速度電子計算機とに圧倒されがちなのと、鋭い対照を示しています。基礎物理学の最前線で行なわれるべき仕事は、数多くのデータを大加速器から得て、高速度計算機にかけて分析し、その結果を理論の公式とくらべることであるかのようにさえ見えます。しかし、私には、真理の探求といういとなみが、このようなやり方で終わりを告げるとは、考えられないのです。人間の奔放な想像力が、自然の奥深く秘められた真実を顕示する上で、少なくとも大加速器と同様に、大切であると確信するものです。それと関連して、生物科学が、生命の一層進んだ理解に長足の進歩を遂げつつあるのを、まことに心強く思うのです。生物科学では、学者各自の創造的活動が決定的な役割を果し得ています。今のところ、生物科学は、原子核物理学とはちがって、巨大な機械による蹂躙《じゅうりん》からは程遠いのです。

プラトンは、現世においてものを学ぶということ、あるいは知識を獲得するということは、想起（recollection）の過程であると説明しました。それは、彼に従えば、人がこの世に生まれてくる前に経験した生活の想起、であります。二十世紀中葉の科学者にとっては、それは古代ギリシャの想起であり得るでしょう。私自身の場合には、その上にまた、古代中国を想起することでもあるのです。今のこの機会における、このような想起が、私たちに、一層深い自然の理解への新しいインスピレーションを、与えてくれるかも知れません。

（一九六四年六月五日、ギリシャ王立協会主催、第一回アテネ集会における講演）

注（1）孔子（B. C. 551～B. C. 479）とその後継者は、専ら、倫理および倫理と政治の連関に、注意を向けました。

注（2）老子は、孔子と同時代の人であったと、専門家の多くは信じています。荘子は、B. C. 365からB. C. 290ごろの人と思われます。

注（3）〝Nature〟に相当する中国語〝自然〟は、文字通り〝それ自身だけでかくあるところのもの〟を意味します。〝荘子〟の中には、次のような語句が見られます。〝聖人ハ天地ノ美ニ原《モトヅ》キテ万物ノ理ニ達ス。〟〝東郭子《とうかくし》荘子ニ問イテ曰《いわ》ク、所謂《いわゆる》道ハイズクニカ在ルト。荘子曰ク、在ラザル所無シト。東郭子曰ク、期《サ》シテ而《しか》ル後可ナリト。荘子曰ク、螻蟻《ろうぎ》ニ在リト。曰ク、何ゾ其《そ》レ下レルヤ。

曰ク、梯稗《ていはい》ニ在リ。曰ク、其レ何ゾ愈々《いよいよ》下レルヤ。曰ク、瓦甓《がへき》ニ在リ。曰ク、何ゾ其レ愈々甚シキヤ。曰ク、屎溺《しにょう》ニ在リ。東郭子応エズ〟。(外篇、知北遊第二十二)

附記、この講演は英語で行なわれたが、河辺《かわべ》六男《ろくお》氏が「科学」誌上に日本語訳を載せられたので、それをここに再録した。この機会に同氏に謝意を表したいと思う。

(一九六六年三月)

発展途上における中間子論

中間子論の起源は、重力や電磁気力の場合の力の場の概念を、核力にもあてはまるように拡張する試みから始まった。中性子が発見され、これが原子核の中にあって陽子や他の中性子と強く結合しているはずだということがわかって間もなく、核力として、荷電粒子間の電磁気的な相互作用に帰着しえない、ある特殊の力を導入せねばならないことが明らかとなった。

ウィグナーが指摘しているように、二つの核子間のこの特殊な核力なるものは、その各々が中性子状態にあるにせよ、陽子状態にあるにせよ、十兆分の一センチ程度の非常に短い有効距離をもたねばならぬ。そう仮定しなければ核子間の結合エネルギーが、重陽子からアルファ粒子にいたる間で急激に増加していることが説明できないからである。

アルファ粒子よりも重い原子核の結合エネルギーは、原子核内の核子の数、すなわち原子番号Aの二乗に比例するような急激な増加をしめさず、実際はほぼAの一乗に比例して増加する。この事実は、核力が何かある理由のために飽和することをしめしている。ハイゼンベルクは、もし中性子と陽子の間に特殊の力、たとえば水素原子と陽子との間の化学結合の場合のように、電子の交換に基づく力、あるいはさらに一般に荷電を交換することに基づくような力を仮定すれば説明できることを提案した。その後まもなく、フェルミはパウリの中性微子の仮説によるベータ崩壊の理論をたてた。この理論によると、たとえば一個の中性子は一個の陽子と一個の電子と一個の中性微子に崩壊しうる。ここで中性微子とは非常に小さな質量をもった非常に貫通力の強い中性粒子であると考えられている。

他方この事実から次のようなことが予想される。すなわち、ちょうど電磁気力が荷電粒子間の光子の交換に起因すると考えられていたように、核力は二個の核子間において一個の電子と一個の中性微子の一対を交換することに帰着しうるのではないか？　しかし核力の原因としては、荷電の交換の過程が非常に迅速に行なわれることが必要である。ところがベータ崩壊の相互作用はこれにくらべて遥《はる》かに弱すぎるため、上述のようにして導かれた核力は実際の値にくらべてあまりにも小さすぎた。

中間子場の構想は、この矛盾を解決するために、一九三五年に導入された。中間子論の最初の仮定は次のとおりであった。

I、核力は一つのスカラー場Uにより記述される。この場は真空中で次のような波動方程式をみたす。

$$\left(\frac{\partial^2}{\partial x^2}+\frac{\partial^2}{\partial y^2}+\frac{\partial^2}{\partial z^2}-\frac{1}{c^2}\frac{\partial^2}{\partial t^2}-\kappa^2\right)U=0 \qquad (1)$$

ここでκは長さの逆数の次元をもつ一つの常数である。このように考えると、お互いにrだけ離れた距離にある二つの核子間の静的ポテンシャルは$\exp(-\kappa r)/r$に比例し、この力の有効距離は$1/\kappa$によって与えられる。

Ⅱ、量子論によると、一般に場Uは必然的に新粒子、換言すれば量子をともなう。この量子は

$$\mu=\kappa\hbar/c \qquad (2)$$

の質量をもち、スピンは0で、ボーズ・アインシュタインの統計に従う。これらの粒子の質量は核力の有効距離から推定される。たとえば$\kappa=5\times10^{12}\mathrm{cm}^{-1}$とすれば$\mu\cong 200m_e$となる。ここで$m_e$は電子の質量である。

Ⅲ、交換力を導くためにはさらに次のような仮定が必要である。これらの中間子は正電荷$+e$または負電荷$-e$をもち、正の（負の）中間子は、核子が陽子状態から中性子状態に飛躍するときに放出（吸収）され、負（正）中間子は核子が中性子状態か

ら陽子状態へと飛躍するときに放出（吸収）される。

このように仮定すると、一個の中性子と一個の陽子とは、中間子を交換することによって互いに相互作用をなしうることになる。これはちょうど、二つの荷電粒子が光子を交換することによって相互作用することと同様である。実際、中性子と陽子の間のハイゼンベルク型の力を正しい大きさで導くためには、核子と中間子場の間の相互作用の常数gをeの数倍にとればよいのである。ここでeは素荷電であって、gはeと同じ次元をもつ。

しかしながら、このような簡単な理論は種々の点で不完全であった。まず第一に、この理論から導かれる交換力は実験とは反対に重陽子の^3S状態で反発力となる。さらにこの理論はマヨラナ型の交換力を導くことができない。マヨラナ型の交換力は、核力がちょうどアルファ粒子のところで飽和するという事実を説明するために、どうしても必要であった。

これらの欠点をのぞくために、多くの学者はスカラー場以外にさらに一般的な場、すなわちベクトル、ギスカラーおよびギベクトル場を含む中間子場のいろいろな型を考えた。とくにベクトル場は詳細に研究された。それは正しい符号をもったハイゼンベルク型の交換力とマヨラナ型の交換力の混合を導くことに成功し、そのうえ中性子と陽子の異常磁気能率をも定量的に説明しうるからであった。さらにベクトル場理論は、重陽子が電気的四重極能率をもちうるような中性子と陽子の間の非中心力の存在を予想する。しかしながら、実際の電気的四重極能率の符号は正であることが発見されたが、ベクトル理論の結果によると、この符号は負となる。核力に対しても電気的四重極能率に対しても、正しい符号を与える唯一の中間子場はギスカラー場であった。

しかし中間子論の結果として導かれるべき核力の性質はこれら以外にも存在した。すなわち陽子の陽子による散乱の実験の結果によると、二個の陽子間の相互作用の型と大きさは、少なくとも近似的には、中性子と陽子間の相互作用と同じであることが実証された。ところが荷電中間子だけを考えている限り、二個の陽子間もしくは二個の中性子間の相互作用は、g^4に比例する項まで考慮に入れない限り得られないのに反して、中性子と陽子間の力はg^2に比例するものであった。そこでさらに次のような仮定を付加する必要があるように思われた。

IV、荷電中間子以外に中性の中間子も存在する。この中性中間子は荷電中間子と質量が全く等しいか、あるいは近似的に等しい。中性中間子もまた整数のスピンをもち、ボーズ・アインシュタインの統計に従い、核子との相互作用は荷電中間子と核子との場合と同じ大きさであらねばならない。

明らかにこのような仮定によって、実験事実の多様性に適応させうるための任意常数の数がふえることになるのである。

ここでいう実験事実とは、せまい意味の核物理学の成果にとどまらず、宇宙線に関する実験結果をも含むものであった。なぜならば中間子が消滅したり創造されたりしうるのは、μc^2 よりずっと大きいエネルギーの宇宙線粒子が物質と作用する場合におこるであろうと予想されたからである。

一九三七年になって宇宙線中に中間子の質量をもつ粒子が発見された。この発見は中間子論をさらに発展させるうえに非常な刺激となった。当時われわれが、海面上の宇宙線中の硬成分の大部分を占める中間子と、核力の原因となる中間子とが同じものであるという結論に達したのは、自然なことであろう。実際宇宙線の中間子は予想通り $200m_e$ の近くの質量をもっていたし、さらに中間子が自然崩壊するという証拠が決定的なものとなってきたのである。この自然崩壊は、最初の中間子論の次のような仮定に基づく結論であった。

V、中間子は軽粒子すなわち電子と中性微子とも相互作用する。この相互作用は中間子と核子の間の相互作用とよく似ているが、ただ一つ違うところは今度の場合の相互作用常数g'がgにくらべて、非常に小さいことである。

このように仮定すれば、正（負）の中間子は陽電子（電子）と中性微子に自然崩壊することになる。これはバーバが最初に指摘した通りである。たとえばスカラーの荷電中間子の固有寿命、すなわち静止しているときの平均寿命は次のようになる。

$$\tau_0 = 2\left(\frac{hc}{(g')^2}\right)^2\left(\frac{h}{\mu c^2}\right) \quad (3)$$

速さvで運動している中間子の寿命は

$$1/\sqrt{1-(v/c)^2}$$

という因子だけ増加する。これは動いている時計はおくれるという、よく知られた相対論の効果によるものである。宇宙線中間子の自然崩壊もまた、その寿命がこのように速さに依存して変化することを種々の実験によってみごとに実証したけれども、寿命の実際の値については理論と実験との間に否定しえない矛盾が生じた。中間子論は元来、仮定IIIと仮定Vとを結び合わせることによって、ベータ崩壊を説明しようという意図をもっていた。しかしながら、ベータ崩壊に対して正しい結果を与えるように相互作用の常数g'を調整すると、中間子の寿命が一億分の一秒となる。ところが宇宙線中で測定された寿命は百万分の二秒であり、これは上に定めたg'があまりにも大きすぎることを意味する。

さらに、宇宙線の中間子が核子とあまり強く相互作用をしないという、予想を裏ぎるような兆候も現われたのであった。たとえば、宇宙線中間子の原子核による散乱の断面積は理論値よりも遥かに小さいことが測定された。このようにして、すでに一九四一年には、宇宙線の中間子を核力の原因として仮定された中間子と同一視することが疑わしくなってきたのである。一九四二年、谷川《たにかわ》氏と坂田《さかた》氏は次のような新しい仮説を提唱した。

海面上の宇宙線の硬成分をなす中間子は核力と直接関係するのではない。核子と強く作用するもっと重い中間子の崩壊の結果、宇宙線中間子が生ずるのである。

しかし、この二中間子仮説が実証されるにはなお数年を要した。ついに一九四七年になって、二つの非常に重要な事実が発見された。

第一は、イタリアの物理学者たちの発見であった。すなわち、宇宙線中の負の中間子は、比較的軽い原子核に捕えられた時、瞬間的に消失せず、百万分の一秒の程度の平均時間の後に、電子に崩壊することがしばしばある。この事実を説明するには、宇宙線中の普通の中間子は核子と非常に弱い相互作用しかしないと仮定するよりほかはない。

こうした事情のもとに、マルシャックとベーテは前記の日本の物理学者たちとは独立に、二中間子論を提唱した。その後まもなく、パウエルらは宇宙線中に二種の中間子を発見した。そのうちの重い方の中間子は、非常に短い時間内に軽い方の中間子に崩壊する。

一九四八年になって、中間子はカリフォルニア大学において人工的に創造され、その後の実験により二中間子論の正しさが確認されたのであった。現在認められている二中間子論の基本的な仮定はつぎのとおりである。

(i)　重い方の中間子、すなわちパイ中間子は質量 m_π はほぼ $280m_e$ にひとしく、核子と強く相互作用し、一億分の一秒の程度の寿命で、軽い方の中間子、すなわちミュー中間子と中性微子とに自然崩壊しうる。

パイ中間子は整数のスピンをもつ（おそらくスピンは0であろう）。そしてボーズ・アインシュタインの統計に従う。

パイ中間子は、少なくとも核力の原因の一部である。$\hbar/m_\pi c$ の程度の距離およびその外側では、核子がパイ中間子を交換すると考えたときに生ずる核力ポテンシャルの形は実験とよく合う。

(ii) 軽い方の中間子、すなわちミュー中間子は海面上の宇宙線の硬成分の主要な部分を占めるものである。この中間子は百万分の二秒の寿命をもって電子と中性微子に自然崩壊する。ミュー中間子はスピン1/2で、フェルミ統計に従う可能性が最も大きい。ミュー中間子は核子との相互作用が弱いので、核力には全然関与しない。

さて、パイ中間子が、最初の中間子論によって予想された中間子そのものであるとするならば、荷電中間子以外に中性パイ中間子の存在を予想してもよいわけである。このような中性中間子は整数のスピンをもち、核子と荷電中間子との場合と同様に、核子と強い相互作用をするもので、二個または三個の光子に自然崩壊する可能性をもつため、非常に不安定なはずである。

とくにスピン0の中性中間子は二個の光子に崩壊する可能性をもち、その寿命は百兆分の一秒の程度、もしくはそれ以下である。ごく最近になって明らかになったことであるが、カリフォルニア大学でえられた実験結果の中には、荷電パイ中間子以外に中性のパイ中間子の存在を考慮することによって説明しうるものがある。この場合、この中性中間子は質量がほぼ荷電パイ中間子と同じであり、それらは高エネルギーの陽子と原子核との衝突によって創造され、十兆分の一秒の程度もしくはそれ以下の寿命で二個の光子に自然崩壊する。それ故この中性中間子はスピンが0のはずである。

このようにして中間子論は、この十五年の間に非常に大きな変遷をなした。それにもかかわらず、なお多くの問題が未解決のまま残されている。その中でもパイ中間子より重い中間子については、ほとんど何も知られていない。まして、これらの重い中中間子のうち、非常に近い距離において核力に関係しているものがあるかどうかはなおわからない。中間子論は現在の形式では発散の困難を免れることができない。最近の相対論的な場の量子論の発展によって、これらの発散の困難の一部はうまく除かれたけれども、残っている発散の困難が、素粒子の構造を無視した現在の理論形式のために生じたものであるかどうかよく分らない。核構造や高エネルギーの領域で現われる種々の現象を完全に理解するためには、おそらく、理論をさらにちがった方向へと改革せねばならないのではなかろうか。

（一九四九年十二月十二日、ストックホルムでなされたノーベル賞受賞記念講演の英文を、中村誠太郎《なかむらせいたろう》、福田博《ふくだひろし》、山口嘉夫《やまぐちよしお》の諸氏が訳した。それをここに再録するに当って訳者たちに謝意を表する。）

中間子以後三十年

底知れぬ自然界

ちょうど今から三十年前、日本数学物理学会の十一月の例会で、私は「素粒子の相互作用について」という講演を行なった。翌一九三五年二月に、それが論文として公表された。当時の私は、あとから考えると不思議なくらい強い自信を持っていた。核力の場に伴うべき中間子の存在を認めれば、原子核および宇宙線に関係する、もろもろの現象が一挙に理解できて、物質世界には本質的に不可解な現象は残らなくなるだろうとまで考えた。

当時まだ中間子の存在の直接的証拠が全然なかったのに、こういう自信を持てたのであるからいよいよ奇妙である。その後の一、二年の間に、私の自信は何度も動揺したが、これまた奇妙である。二年あまりたってアメリカのアンダーソンらが宇宙線中に中間子を発見したことは、確かに私を勇気づけ、坂田昌一《しょういち》、小林稔《こばやしみのる》、武谷三男《たけたにみつお》の三氏との協同研究は急速に進展した。このころから、イギリスの理論物理学者数人が同様な研究を開始していた。そして一九四一年には、中間子論の第一期の計画は一応完遂されたように見えた。

ところが、実はこのころにはすでに新しい問題がいくつか発生しており、中間子論は次の段階へ移りつつあったのである。問題の第一は宇宙線中で見出《みいだ》された中間子の諸性質の研究が進むにつれて、それを核力の場に伴う中間子と同定するのが、だんだんとむつかしくなってきたことであった。この問題は、しかし間もなく坂田昌一、谷川安孝《やすたか》両氏の二中間子仮説によって解決されていたのである。それから数年後の一九四七年にイギリスのパウエルらが宇宙線中に二種の中間子を発見した時、私は坂田、谷川両氏の先見の明に感心した。しかし、それと同時に私は、自然界が当初に予想していた以上に複雑多様で、奥底が知れないと痛感せざるを得なかったのである。

人工粒子誕生

果して、この年から始まる数年間に、予想外の新粒子が次々と宇宙線中に発見された。同じ一九四七年にはアメリカで中間子を人工的に発生し得る最初の大加速器が完成した。それ以後、今日までの十数年間に、加速器はますます大型となり、それによって通常の二種の中間子はもちろんのこと、宇宙線中で発見された新粒子のすべてを人工的につくりだし、それらの振舞を詳細に調べることができるようになった。特に最近二、三年来、共鳴単位と呼ばれる、極度に寿命の短い粒子が何十種類も存在することがわかり、素粒子の世界の恐るべき多種多様性を認めざるを得なくなったのである。三十年前に一種の中間子によって極微の世界の謎がいっぺんに解けると思った私は、何と単純素朴であったろう。

十八世紀から十九世紀にかけて新しい化学元素が次々と発見されたが、それは原子の種類の増加を意味していた。古代の地水火風の四元素説はメンデレエフの周期律でおきかえられねばならなかった。今日の物理学者たちは多種多様な素粒子に対する、周期律に似た分類表の作製に成功しかけている。すでに一九五〇年代の間に中野《なかの》董《ただ》夫《お》・西島和彦《にしじまかずひこ》・ゲルマンによる分類表が定説となっていたが、これは周期律の一部分と対比さるべきものであった。この成功の次に来たるべきものは何であろうか。この問いに対する答えは現在のところ、いくつかに分れている。

三種の基本粒子

第一の答えは周期律に対して二十世紀の初期に物理学者のあたえた解釈と、一番よく似ている。原子は単純な微粒子ではなく、それ自身が一個の原子核と何個かの電子の複合体である。何個の電子がどのような原子核のまわりで、どのような運動をしているかによって、原子の性格、従ってそういう原子の集合としての化学元素の性質がきまってくる。ところが一九三〇年代にはいると間もなく、さらに原子核自身がまた何個かの陽子と中性子の複合体であることが明らかとなった。かくして、あらゆる物質は電子と陽子と中性子という三種類の素粒子からできているという考えが、動かすべからざるものとなった。今日、私たちが知っているのは、しかし電子も陽子も中性子も、百種類を越えるさまざまな素粒子の仲間の中の三つを取出したものにすぎないことである。すると今度は素粒子自身をさらに、より基本的な何種類かの粒子の複合体と考えたくなってくる。坂田氏は八、九年前、素粒子の仲間の中から基本的な粒子として陽子、中性子、ラムダ粒子の三つを取出し、他の素粒子の大多数をそれらの複合体として説明しようとした。

この考えは、その後、いろいろと変更されてきた。たとえば、基本粒子は陽子などのような現実の素粒子そのものではないとか、あるいはまた電子や中性微子のような軽い粒子の方が、より基本的な粒子なのではないかなどとかいう説が出てきた。しかしそういう発展、変更にもかかわらず、何か三種類の基本粒子から出発しようという考えは保持されてきた。

三分説と八道説

第二の答えは、いわば一部分しか知られていなかった周期律の全貌《ぜんぼう》を明らかにするという形であたえられた。素粒子の場合には、周期律の代りに、ある種の対称性が分類のための指導原理となった。そういう対称性としてさまざまなものが考えられてきたが、目下のところゲルマンの提唱した八道説[注(1)]（eightfold way）が一番多くの学者の関心の的になっている。ところが八道説を単なる抽象的な対称性の問題としてとらえるのではなく、一歩進んでそういう対称性を生み出す実体を考察すると、坂田氏等の三種の基本粒子から出発する三分説と非常に似てくる。元来八道説は三分説の深い影響のもとに発生したのであるから、当然といえば当然である。しかし、ここに私は自然認識の新しい様相が見られるように思う。

というのは、長い歴史を通じて、自然を合理的に理解するための考え方は、せんじつめると二つしかないと、ほとんど無意識に信じられてきた。一つは二分説で、イエス・ノー、あるいはプラス・マイナス、あるいはゼロと一という、相反する二つの中のどちらを取るかという判断の積みかさねで、できあがる。もう一つは連続的に変化する数の間の関係を追求する仕方である。二十世紀になって量子力学が完成し、そこでは確率という概念が基本的な意味を持つことになったが、それはいわばゼロと一の間を連続的につなぐことであった。ところが素粒子の世界の多様性の分析の途上で、新しく三分説が登場してきたのである。

これは電気素量の場合のように、ゼロと一のほかにマイナス一を考えるとか、あるいは確率的な考え方の原型としてイエス・ノーのほかに「わからない」という判断を加えることとかに当っている。私のように始終「まだわからない」とか「むつかしい」とか口ぐせのように言っているものには、三分説はそれほど異様に感じられないが、西洋の合理的思考の典型の中にはなかったものである。東洋でも中国の最も古い合理的思想は、易経に見られるような、陰陽の二分説であったらしい。天地人とか雪月花というような三分説的な考え方を、日本人が愛好するようになったのは、いつごろからか、そしてどういう理由からであろうか。こんなことを考え出すと、わき道へそれてゆく一方だから、本筋に戻って、素粒子に関するもっと違った考え方を次に取りあげたいと思う。

多種多様な素粒子

「自然はその本質において単純である」という信念をもって、私たちは物理学の研究を続けている。その私たちが現在、直面しているのは、素粒子の世界の驚くべき多種多様性である。この複雑さの向うにある、より単純な本質を探りあてようとする現代の物理学者の努力は目下のところ、いくつかの違った方向に分れている。前に述べたように第一は、物質世界を構成する素材の種類をできるだけ少なくしようとする方向への努力であった。第二は化学元素の分類に有効だった周期性の概念を立体化あるいは抽象化した「対称性」を武器として、素粒子を分類するやり方であった。しかし、これらのいずれにしても、それだけで素粒子の世界の完全な理解には到達し得ない。素粒子あるいは、それより一層基本的な何物かの運動——といっても目に見える物体の運動とは非常に違った、量子力学的あるいは超量子力学的な意味の運動——を規定する法則が発見、定立されねばならないのである。そこまで考えると、素粒子の理論の進むべき方向について、もっと違った見方が出てくる。この点を明らかにするために、もう一度、一九四一年という時点に立ち戻ってみよう。

核力の場と電磁場

中間子論は最初、電磁場の理論との類推を手がかりとした。しかし核力の場と電磁場——従ってまた中間子と光子——の間には、いちじるしい違いがあることも当初からわかっていた。そういう違いのひとつとして、核力は電磁気的な力のように遠方までとどかないかわり、近い所では電磁気的な力よりはるかに強い。そしてそうであればこそ、少量の物質から大きな原子力が取出せるのである。ところが近距離での強い力を正確に取扱うには、電磁力の場合と同様な計算法では近似がよくないことが、だんだんとはっきりしてきた。ちょうどこのころ朝永振一郎《ともながしんいちろう》氏はウェンツェルの強結合の方法を改善した中間結合の方法を案出した。しかし中間子論の当初からの懸案であった、核力を比較的遠い距離から至近距離にわたって正確に決定するという課題が、解決の緒についたのは、一九五〇年ごろからであった。それ以後、今日までの間に、日本の核力の研究グループは武谷三男氏の指導で着々成果を収め、今や核子自身の構造を問題にし得る段階にまで到達した。

強い相互作用とS行列法

ところが一方、素粒子の種類はふえる一方で、それ等の大多数の間には強い力が働くこともわかってきた。そこで素粒子間の強い相互作用を、もっと一般的に取扱うにはどうしたらよいかという方向へも、問題は発展していった。これに対して、現在最も多くの若い学者たちによって使われているのは、アメリカのチュウによって代表されるS行列の方法である。この方法は一口にいえば、素粒子同士が衝突して様々な反応を起こす場合、衝突の細かなメカニズムに立入ることを断念して、衝突の前に素粒子同士がまだ遠く離れていた状態と、衝突がすんでしまってできた素粒子がふたたび互いに遠く離れてしまった状態とを、確率的に結びつけるS行列の形をきめることだけを問題にする。この方法は複素函数《かんすう》論の助けを借りて、相当な成果を収めてきた。

「点」ではない素粒子

しかし、ここで問題となるのは、この方法が果して、素粒子を本当に理解したいという要求を満足させるものかどうかである。今から二千四百年前にレウキポスあるいはデモクリトスが頭の中で描いた物質世界では、きまった形を持った無数の原子が何もない空間を、たがいに衝突しながら飛びまわり続けていたのである。二十世紀になって物理学者たちが数多くの実験的証拠の上に立って描きだした原子あるいは素粒子の姿は、デモクリトスのイメージとは色々な点で違っていた。ひとつの重要な相違点は、素粒子が形や大きさを持たない「点」だと考えられたことであった。私は二十年ほど前から、この点に他の大多数の物理学者よりも強い疑問を抱き、何とかして素粒子にひろがりを持たした理論をつくりあげたいと思っていた。

個性は形や大きさに

その当時の理由は、それぞれの素粒子に固有な有限の質量――従ってそれに相当するエネルギー――を一点に集中させようとすると、どうしても、どこかに矛盾が残るからであった。その後、素粒子の種類がふえるに従って、ひろがりを認めるべき理由が、ますます強くなってきたように私には感じられた。形も大きさもない点がどうして数多くの違った種類の素粒子としての個性を持ち得るのか。物質がこの時間、空間の中にあると考える限り、素粒子の個性は、その形や大きさ――といっても相対論的量子力学的な意味での、動的な、そして確率的にぼかされた形や大きさ――の違いに帰着さすよりほかないように思われる。それがいかに困難であっても、全く間違いだと証明されない限り、私はこの方向の研究を続けてゆきたいと思っている。

立体模型

最近、片山、山田両氏の協力を得て、比較的簡単な立体構造を持った素粒子の模型を研究している。高林氏、原氏なども同じ方向の研究を進めている。ここで現われてくる対称性は、三分説や八道説とよく似ているが、ここでは三分割という操作は空間が三次元であることと密接に関係している。しかし私たちの研究の前途には越さなければならない急峻《きゅうしゅん》な山がある。それはひろがりを持った素粒子の間の相互作用をどう考えるかという課題である。恐らく、この問題の解決には新しいアイデアが必要であろう。結局は時空構造そのものまで問題にしなければならなくなるであろう。三十年前と同じ「素粒子の相互作用」という問題を、全く違った局面で解かねばならないのである。

（一九六四年十一月）

注（1）八道説＝三つの粒子を三倍すると九個になるが、理屈をつけてそのなかから一個をひき、八個の粒子として、それらの粒子を公平に取扱えるような対称性の理論をゲルマンが考案した。これを八道説というが、重粒子、ギスカラー中間子、ベクトル中間子などを、それぞれ八個のグループにまとめてみると、このゲルマンの理論がよく当てはまるように見えるので注目されている。

自然認識の現段階

——素粒子の国際会議への期待——

「科学は絶えず進歩しつづけている」という表現は何度でもくりかえされる、きまり文句である。しかし、もしもそれがなめらかな斜面を上がってゆくような過程だと解釈されたとすれば、それは大きな誤りである。それは高さも奥行きも非常に不揃いな階段を上がってゆくような、複雑で、しかも不連続的な過程である。階段の多くは小《こ》刻《きざ》みで目だたないが、それらは非常に数多くの研究者の絶え間のない創造的活動のどれかが実を結ぶことによって、つくりだされたものである。しかし科学の長い歴史の中には、ところどころに非常に目だつ高い階段がある。前の階段から、そこへ飛びうつることによって、自然界が違った姿に見えてくる。いままで不可解であった現象の数多くが、いっぺんにわかってしまう。こういういちじるしい変化を起こすような大きな段階は、科学の長い歴史の中にも、そんなにいくつもあるわけではない。ガリレイとニュートンで代表される十七世紀は、物理学において大きな段階のつくりだされた時代であった。人間の自然認識が急に深まり、それに伴って広さも増大した。それ以後、物理学は大小さまざまな階段を上がりつつ、大きく前進した。しかし十七世紀にくらべられるような新しい段階がつくりだされたのは、二十世紀初頭の量子論と相対論の出現から、量子力学の成立にいたる二十数年間であった。それから今日までの四十年ほどの間も、物理学は進歩しつづけてきた。むしろ次から次へとつづく新発見に食傷させられるほどの花やかな時代であった。物理学者の数は恐ろしい勢いで増大した。それらの人たちの発表する論文の数は莫大《ばくだい》なものである。しかし、十七世紀や、二十世紀の初めの四半世紀のような新しい大きな段階は、まだつくりだされていないのである。自然認識の画期的な深まりは、まだそこに見出《みいだ》されないのである。細かく見れば、そこに大小さまざまな階段の数多くをつぎつぎと上がってきたことが認められる。しかし基本的な考え方において、物理学者は相対論や量子力学によって到達された段階から、次の段階へ飛躍することにまだ成功していないのである。それどころか、そういう飛躍など試みる必要がないと考えるか、あるいはそれが必要であるにしても、まだ時期尚早だと考える物理学者の方がいまでも多いかも知れない状況にあるのである。もう一層奇妙なことには、比較的にいって、若い物理学者の間に、この点に関して、より保守的な考え方をする人の割合が大きく、かえって相当の年齢の学者の中に「としよりの冷水《ひやみず》」といわれそうな試みをする人が割合に多い。私自身、現在もなお「としよりの冷水」的な努力をつづけているのである。一体どうして、こういう逆立ち的事態になってしまったのであろうか。その理由を少し考えてみよう。

まず第一に考えられるのは、どういう時代に、ある学問を学びはじめ、どういう時代に研究生活にはいりはじめたかによって、その後の長期にわたって、その人の学問に対する態度が大きく左右されることである。私が高等学校にはいったのは一九二三年であった。それはアインシュタインが特殊相対論も一般相対論もほとんど独力で完成したあとであった。しかし量子力学はまだ出現していなかった。プランクによってはじめられ、アインシュタインやボーアによって大きく発展させられた量子論は、量子力学へと自己を脱皮させようとして、生みの苦しみを経験しつつあったのである。当時の私の興味は完成された相対論よりも、謎の中に包まれている量子論の方に向けられた。いよいよ量子力学が現われてくると、その発祥地であるヨーロッパの物理学界は狂瀾怒濤《きょうらんどとう》の中の船のようにゆり動かされた。その余波は遠い日本で物理学を勉強しはじめた私をもゆさぶった。私が大学を卒業するころには、この波は一応おさまっていた。そして量子力学によって、ほとんど全部の物理的、化学的現象が定性的にも定量的にも説明できることがわかってしまっていた。私は残された未開拓の領域をさがしもとめた。私はすぐに原子核・宇宙線に関する領域がそれであると知って、そこへ飛びこんでいった。数年後の私は原子核・宇宙線に関する諸現象を統一的に理解するために必要なカギを発見したと信じるようになっていた。中間子がそれだと思ったのである。それからまた十年以上が経過して中間子の存在が確実になったころには、もっとほかに予想外の奇妙な粒子がいろいろとあるということが、わかりかけていた。そのころから私は、さまざまな素粒子の統一的理解のためには、何とかして自然認識の次の段階へ移るための試みをしなければならぬと思いだした。その手はじめが非局所場の理論であった。この理論は自分でも奇妙なものだと思っていたから、大多数の学者がそれに無関心であっても、それは予期したとおりであった。中間子論をはじめた時には、私自身はそれをたいして奇妙な考えとは思っていなかった。なぜかといえば、特殊相対論と量子力学という正統的理論の延長平面上に、中間子という新しい実体を持ちこんだだけだからである。非局所場理論の方は、どこかで特殊相対論と量子力学の一方あるいは両方と矛盾するに違いないと思われた。しかし、それなればこそ、そこに次の段階へ飛びうつる足がかりが見出しえられるのではないかとも思った。量子論がはじめて出現した時、それは既成の古典物理学の理論体系と完全に矛盾するものであった。どこへも置きどころのない奇妙なものであった。しかし、それはついに量子力学にまで成長し、古典論の方がかえってその極限的な場合として理解されねばならなくなったのである。老子の言葉に「笑わずんばもって道とするに足らず」というのがあるが、二十世紀の初期に、大多数の物理学者に笑われるような奇妙な考え方が持ちこまれ、それによって物理学は自然認識の新しい段階にうつることができたのである。高校生時代から大学生時代にかけて、そういう変革の少なくとも一部を、現に起こりつつある出来事として経験したことは、それ以後の私に常に決定的な影響をおよぼしつづけてきた。そういうことが、もう一度起こってもよい。予想外に多くの奇妙な素粒子が存在することがわかったのであるから、私たちの自然認識のあり方は、もう一度、根本から変える必要があるだろうと考えるのが、むしろ当たりまえではないか。私は長い間、こんなふうに思いつづけてきた。

私よりずっと若い人たちの大多数は、そうは考えない。十九世紀の物理学者にとっては、ニュートン力学は絶対に疑うことのできない理論体系であった。それと矛盾するようなことを考えるのはたいへんな異端であった。最近数十年間にそれと同じような権威を持つにいたった特殊相対論や量子力学と矛盾するようなことを考えるのは、若い人たちの間ではタブーになっているらしい。そんな危険をおかさないでもやれることがいくらでもあると思っているのであろう。「としよりの冷水」という逆立ち的事態になった理由のひとつがそこにあるのではないか。

第二の理由として考えられるのは、研究者の数の急激な増大である。世界的にみて素粒子論の研究者は過密状態におかれているように思われる。東京や大阪などが過密都市といわれているのと似た意味で、アメリカや日本などが素粒子論の研究者の過密な国であるように思われる。過密状態では過当競争が起こりやすい。ごく最近、素粒子論に関する論文の明白な盗作が発見され、私たちを愕然《がくぜん》とさせた。幸い日本の研究者は盗作された方であったが、これほど極端な場合でなくて、だれかがだれかの論文の重要部分なりアイデアなりを、知らん顔して自分のものとして使うという場合となると、いままでに相当数多くあったらしい。研究者間の競争が盛んなのは、学問の進歩のために結構なことであるが、それも度を越すと、いろいろと望ましくない結果をひきおこすことになる。もうひとつの例として、はやりすたりの激しさと早さをあげることができる。ある問題が何かのきっかけで多くの研究者の注意をひきだすと、それに関する同じような論文の数が急激に増大する。研究者の多くが、そういうことをやらないと流行におくれてしまうと感じるらしい。その代わり二、三年の間に流行はすたり、また新しい流行ができてくる。こういうことをくりかえすことによって、自然認識が大きく深まるどころか、かえって阻害されるのではないかと、私はいつも心配している。

過密状態や過当競争と関係したこととして、さらにもうひとつ考えられるのは、国際会議の頻度や規模が急速に増大してきたことである。近ごろでは、ある限られた専門分野に関する国際会議の出席者が五百人、千人あるいはそれ以上と、年々ふえてゆくのが珍しくなくなってきた。出席者を制限し、適正規模の会議を開くことは至難のわざとなってきた。それに伴って会議の内容も、最近一、二年間の、その分野の動向に限定されがちである。それがまた、はやりすたりの交代を早めるという悪循環をひきおこす。

このような、いろいろな形をとって現われる行きすぎを是正するのは、実にむつかしいことである。何かのチャンスを見つけて、できるだけのことをやってみるほかない。幸い来る九月二十四日から素粒子国際会議が京都で開かれることになったので、私たちはこの機会を生かしたいと思った。中間子論三十周年という意味あいもあるので、思いきって出席者を少なくし、比較的長い年月にわたって中間子をふくむ素粒子の研究を続けながらも、その時々の流行に押し流されてしまったり、権威主義のとりこになったりすることなく、一家の見識を保持してきた内外の理論物理学者が集まって、自由なふんい気の中で、素粒子論の長期的な傾向や、将来へ向かってのさまざまな可能性について話し合う場にしたいと思った。このように、他の多くの国際会議と非常にちがった性格をもつ会議にした結果として、この会議が限られた役割しか果せないものになったが、これもやむをえないことと思っている。この欠陥はいろいろな仕方で補うことができるであろう。

（一九六五年九月）

物理学の老化と若返り

最近数十年間の物理学の進歩はいちじるしいものがあり、特に戦後はますます華やかな存在となったのですが、実際はどうか。私には、物理学はたいへん危険な状態にあるように見えます。現在すでに相当はなはだしい老化現象が起こっているように思われます。自分が年とってきたから学問も老化したと思うのではないか、それはははだけしからんことだ、というお叱りを受けるかも知れません（笑声）。しかし、どうも私が年とってきたからそう見えるのではなくて、実際に老化現象が起こっていると判断すべき理由があるのです。

それは一体どういうことかと申しますと、物理学という学問では、物質とエネルギーが研究の主な対象でありました。物質に関係しているか、エネルギーに関係しているか、いずれにせよ、広い意味でのサブスタンスがいつも考えられている。物質やエネルギーの本体は何かとか、物質の構造とか、エネルギーのいろいろな形の間の相互転換とか、あるいはそれと関係した万有引力とか、電磁的な力とか、核力とかいうような自然界にあるいろいろな力、そういうものをどこまでもより基本的なレベルへ還元してゆく、こういう行き方が物理学の本道である、例えば物質構造については、原子から原子核へ、原子核から素粒子へと深まって行くのが本道だと思って、私たちは研究をしてきたわけです。この本道はまだ続いているのでありまして、われわれはまだ素粒子を完全に理解してはおりませんし、素粒子の次の段階はいったい何か、ということも知らないのです。ですから、まだ決して袋小路のつきあたりまでは来ていないわけです。

しかし、物理学の未来について考えて見ますと、今までの本道がいつまでも本道でありつづけるものかどうかということは、大いに問題だと思います。私は、十数年前からこの点について、だんだんと深刻な疑いを抱くようになってきたのであります。これを生物の進化の場合とくらべて見ますと、よく似たところがあり、また大いに違ったところもあります。ある学問、たとえば現在一番はなやかに見えている原子物理学、今まで物理学の本道だと思われてきた分野についても、それがいつまでも本道だと思うのは、あたかもアメーバか何かの下等動物から、だんだんと進化してきて人間になったと思うのと、果して同じようなことだろうか。どうも生物の進化の方は、そんな風な一本道を進んで、人間が生まれてきたとは言えないのです。進化というものは、もともと本道らしいものからいろいろと枝分かれして、枝道だと思っておったものが先へずんずん伸びて行き、まっすぐだと思っておったものは、やがて停滞してしまうことが多いのです。またその枝道がさらに別の枝道へ分かれて、そちらのほうがどんどん伸びてゆく。いったいどこで何が枝分かれして、どれが人間になるか、あるいは人間以上の何ものかになるかは、あらかじめ知ることが困難であります。今日までの物理学については、話は比較的簡単ですが、これから先の学問については、進化の場合と同じようなことがありそうに思われます。

今日までの学問の進歩を見ますと、デモクリトスの昔から今日の素粒子論に至る道が物理学の唯一の本道であったように見えます。そう思って私も一生けんめい勉強してきたわけでありますが、さて、それが果して今後も本道でありつづけるかどうか。もちろん、そう思いたい人は、それを本道だと思ってもかまわないのであります。何が本道であるかという判断には、相当主観が入ります。自分に都合よいように解釈する余地がいつでも残されています。しかし、もしもこれから先はどのような方面が大きく発展してゆくのかを考えてみますと、そういう主観を超えたものがあることを予感せざるを得ないのであります。さきほど湯《ゆ》浅光朝《あさみつとも》さんが話された（「科学における分化と総合の歴史的展望」という講演）中に、将来科学という大きなものがありましたが、それがいったい何であるかということについては、それぞれの人が多かれ少なかれ違ったイメージを持っているのでありましょう。私はなるべく独断的なことは申しあげないつもりでありますが、しかし、きわめて明白なことが一つあります。それは、さきほどから私がくりかえして申しております物理学の本道だと思われておったもの、つまり物質とエネルギーの根源から、さらにもっと奥深い根源へと入ってゆく道筋についてですが、今までの私たちの経験では、より本質的な、より簡単なものを見つけ出す、単純であるけれども一般性をもった法則がそこに見出《みいだ》されるということ、そしてそれにもとづいて、より少数の単純のものから非常に多数の変化に富んだものを構成してゆくということ、そういうことに今まで成功してきたのであります。なるほど、素粒子論の現状は、メンデレエフが周期律を発見した頃に似ているのでありまして、元素がたくさん見つかったように、素粒子が何十種類もあることになって困っております。

しかし、私たちは次の段階では、もっと根源的な実体——実体とはいえないような抽象的存在かも知れませんが、とにかくより根源的な何物か——に還元することができ、自然界を合理的に、そして統一的に理解し得るだろうと信じています。そういう段階が果して最終的なものかどうかについては、異論があるわけですが、私自身は、たとえ一つの段階だけで終わらないにせよ、二段階か三段階かで終わってしまうのではないか、そしてそれはあまり遠い先のことではないだろうという予想を何度も公言し、ほかの物理学者からいつも叱られていたのです。しかし、ほかの人が何と言おうと、私には物質やエネルギーの根源へ向っての探求は、無限につづくものとは思われないのです。何年先に終わるか、もちろんはっきりとはわからないのですが、私は以前には十五年、近頃では十年くらいだろうと言っています。そうすると、それは、ちょうど私が停年になるまでに終わるという意味じゃないか、とかんぐる人があって困るのであります（笑声）。それは偶然の一致でありまして（笑声）、そういうよからぬことを考えているわけではないのであります。それはともかく、終わりがあるとかないとかいう議論は、現在では水かけ論でありますが、だんだんとやることが少なくなってゆくことだけは明白であります。問題の重要性は別として、問題の種類や数が減ってゆくことは確かであります。

ところが現状を見ますと、素粒子の研究者の数が世界的に非常に多いのであります。特に日本では終戦後、実験はあまりできないから理論の人が急にふえ、その後べつに減ってはいないのであります。大いに盛んで結構なのですが、やることは一体どれだけあるのかということになると、誰しも疑問を持たざるを得ないのではないでしょうか。私はこういうことを思いきって言いますが、ほかの人はそう思っていても、はっきりとは言いだしかねているのではないでしょうか。若い人は若い人なりに、中年の人は中年の人なりにそう思っているのだが、自分のやっている専門が老化しつつあるとか、袋小路に近づいているとかいうことは思いたくないし、言いたくもないというのが、実情ではないでしょうか。先の短い中年、老年組は別として、若い人たちは、これから長年にわたって、一体何をやってゆけばよいのかについて、深刻な悩みがありそうに思われるのであります。何年かに一度、思いがけない新しい事実が見つかり、それに伴って考え方にもある程度の変化が起こりますと、急にそれに関連した分野が活気を持つ。大勢の人が急にその分野に努力を集中する。これによって学問が若返る。こういうことは昔からあった傾向ですが、昔はゆっくりしたテンポであったし、専門家の数も少なかった。近頃はそれが非常に急テンポでありまして、非常にたくさんの人が同時に同じ一つの問題にぶつかる。問題があまりない、少なくともすぐに解けそうな問題はそう多くないので、ちょっとおもしろそうな問題がありますと、たくさんの人がそれに襲いかかるのであります。

皆さんよくご承知の例を一つあげますと、リーとヤンという二人が、今まで物理法則に関しては、平たく言えば、いつでも左右の対称性があるといわれていたけれども、そういう対称性が破れているのではないか、そう考えたほうが素粒子に関する現象を理解しやすいのではないかといいだし、それが間もなく実験によって、確かめられたのです。そうすると非常にたくさんの理論物理学者が、この問題をつつきだして、二年くらいの間に何百という論文が出ました。私はこれはつまらんことになったと思って、その大部分は読みませんでした（笑声）。少数の重要な論文は読みましたが、あとは大体おなじようなもので、一体どこが新しいのかわからない論文ばかりでした。そして二、三年すると、このブームは消えてしまいました。これは非常に極端な例のようでありますが、こういうことが近頃くりかえし起こります。なにかおもしろそうなことがあると、みなが一度にかかり、おなじようなことをやる。そして、人がやっていることと自分がやっていることと、どこが違うのかさっぱりわからないが、誰もいちいち他人の論文をチェックしない。そんなことをしておれば、先を越されてしまう。それにまた、新しい問題はそういくつもないから、問題が出た時にすぐやらなければ失業してしまうからです(笑声)。何年も論文を出さずにいると、落伍者《らくご》になってしまう心配がある。昔はそんなにあせる必要はなかった。十年に一回くらい大論文を書けば、それでよかった。誰かが論文を書けば、ほかの人は、それを二、三年かかって悠々と検討し、そのうちに何かまとまった論文を書く。またほかの人がそれを勉強する、という風に、ぽつりぽつりと論文が出てきた非常にいい時代だったのです。今では本当の若返りがむつかしくなってきた。薬の注射で一時若返るが、しばらくすると、もとの年寄りに戻ってしまう場合が多いのです。

ところで、このほかにもう一つ困ることがあります。湯浅さんによれば、現代科学における認識の主体は個人でなくなって、科学者のあるグループ全体になりつつある。さらにまた、意思決定の主体も、社会になり国家になるという傾向が強いとのことです。しかし、私たち学問をやるものの本当の楽しみは、自分が認識主体となり得る点にあります（笑声）。自分が認識主体でなくなり、たとえば十なら十という知識があるとして、自分はその中の一だけしかもっていないとしますと、一だけでは自分はちっとも満足できない。十人で十の知識を持っているけれども、どのひとりも全体を理解しておらないということになると、それは各人にとって非常に情けない状態であります。未来の社会が、そういうものであるほかないとすると、これはどうも面白くないことです。今後の世界の中で、各人がどうすれば認識主体でありつづけられるかは、大いに問題だと思います。それからまた、ある種の科学研究を推進する主体、意思決定の主体が、社会なり国家になってゆく傾向は、もっと極端になりつつあります。と言いますのは、アメリカとかソ連とか、あるいはヨーロッパ共同体というようなものは、非常に大きな組織をつくって大規模な研究をやれるけれども、日本のようなところだと、科学者が仮に三百億円なら三百億円の原子核将来計画を出しても、国家はなかなかそれを認めない。かれこれしているうちに何年もたってしまって、いよいよそういう計画が実現化し、大きな装置が動きだす頃には、そういうものではもはや大した実験はできないという情況になっているかも知れない。ほかのところでは、もっと性能のよい加速器を持ってどんどん先をやっているから、結局あとからついていって、落穂拾いをするのが関の山になるのではないかという、非常に深刻な悩みがあります。

それなら、いっそのことやめてしまったらどうかというと、そういうわけにもいかない事情がある。悩みはつきないのですね。つまり科学を推進する主体、意思決定の主体が、ある場合には強大な国家あるいは国家群に限られてしまう。日本は強大国ではなく、地理的にも孤立していますから、物理学の重要な問題のあるものについては、自分の力で解決することが不可能になってまいりました。そういう場合には、個人が認識主体でないどころか、たとえ日本の物理学者がみな寄っても認識主体になりうるかどうか怪しい。少なくとも、強大な国々の学者よりも不完全な知識しか持ち得ないとか、あるいは知識の獲得が遅れるとかのハンディキャップを免かれないことになります。もちろん物理学研究における国際協力は今後もっと進むでしょうが、それだけで問題は解消しないのであります。

このような問題は、さきほど言いました学問の本道は何であるかということと、密接な関係があると思います。素粒子を研究し、さらにその道をまっすぐ進んで、素粒子よりもさらに先のことを研究するのが本筋だと思った場合、それに関する第一線的な実験をしようとしますと、非常に巨大な装置が要るという、日本の物理学者にとっては非常に困る問題が出てきているのであります。一番困るのは実験家であって、私はやりたい実験のやれない実験家に大いに同情いたしますが、理論家の方はそれほど困らない。必要な新しいデータは外国から供給してもらってもよいからです。私たちは今まで、そういうつもりでやってきた。実際、理論物理学は、数学に一番近くて金がかからなかった。理論物理学をやっておれば、自分が認識主体であるという快感を味わうことができた。アインシュタインは、マイケルソンの実験結果を種にして、自らが認識主体となる快感を大いに味わったわけです。ところが、それさえも近頃はだいぶ様子が変わってきました。

近頃の素粒子論はどういうことになっているかと申しますと、いろいろな行き方がありますが、その中で若い人にアピールする行き方と、私のような年輩のものにアピールする行き方とは、大分違ってきているのであります。若い人にアピールする行き方は、高度に技術的であり、高度に抽象的です。そこではむつかしい高度に抽象的な数学が好んで使われています。若い人はよく勉強しているでしょうが、やはり、そういうむつかしい数学を、十分わからずに使っているのだろうと思います。近頃、盛んに使われている多変数の複素函数《かんすう》論などは、数学の中でも特にむつかしいものらしく、数学者でも手こずるそうですから、物理をやっている人に十分わかっているとは思えません。しかし、ある程度以上はわかってなくてもかまわないのです。今までの理論物理学者も数学を十分よく知らずに使って成功した場合が多いのです。あまりわかると、かえって厳密性にしばられて手も足も出なくなる。

たとえばディラックという人は、デルタ函数を盛んに使ったのですが、当時の数学者にとってはデルタ函数はナンセンスであった。ところがディラックは、数学者になんと言われようとおかまいなしに使った。そうすると量子力学の体系が簡単にできあがる。私たちもそれで満足していたのです。数学者がなんと言おうと物理の理論としてうまくいけばそれでよろしかったのです。そのあとにノイマンという非常に優れた数学者が出てきて、あとしまつをしてくれました。しかし、数学者が満足するような形にしますと、理論は非常にむつかしくなってしまいます。それにもかかわらず、物理学者にとってわかったことは結局おなじなのです。ディラックがあらっぽくやったこと以上には何もいえない。物理とはそういうものだったのであります。ですから、恐らく素粒子論についても、多変数函数論を物理学者が、数学者と同じ程度にまでわかっていなくてもいいだろうと思います。大切なことは、使えそうなところをうまく使うことです。ところが問題は、今までと違って、数学を使っているという段階から、だんだん逸脱しそうな点にあります。より高度の、より抽象的な数学が役に立つということは、同時に今まで私たちが物理だと思っていたものから、どんどんと離れて行かざるを得ないことを意味しています。ただむつかしいだけではなしに、あまりにも抽象的なので、私たちがそれに対する物理的なイメージをつかもうと思っても、なかなかつかめないのです。

若い人にはそのほうがいいのかも知れません。若い人にとっては、昔のことは勉強せずに、さっと飛びこんで行ける方がいいかも知れません。私も昔はそうだったのです。ところが今の私にとっては多変数函数論は苦手です。若い人の説明をきいていると、そうかな、と一応は感心しながらも、それが本当かどうか半信半疑の状態です。それが本当であるにせよ、そうでないにせよ、私自身はもう少し物理らしい素粒子論をやってゆきたいと思っておりますが、どちらがどうなるかは、今後の発展に待つほかありません。

上に述べたような理論物理学の最近の傾向は、一面では進化の必然的な方向であるように見えますが、その反面において老化の危険性を持っていることを無視できないように思われます。と申しますのは、問題が非常にテクニカルな色彩を帯び、専門家の立場だけからしか議論できなくなる恐れがあるからです。これはある学問が非常に進んだ結果として行きつく状態で、しかたがないことかも知れませんが、そうなると大多数の研究者が一種のフラストレーションの状態になる危険性が大きくなります。一体自分たちは何をやっているのか、何を問題にしているのか、問題がだんだん煎《せん》じ詰められていって、結局非常に抽象化された数学的な関係を見つけ出すことだけに話が落ちつく。物理学者の出発点であった自然界――それに対して最初持っていた具体的イメージから、あまりにもかけはなれてしまっている。行きつく先は何かを考えると、空虚である。壮大なビジョンはない。そう感じるようになれば、それは明らかに老化の一つの徴候であります。これを救うものがあるとするならば、それは、やはり私たちの考え方の根本的な変革による本当の若返りでありましょう。ところで、フラストレーションを起こすもう一つの原因として、素粒子論を研究する人が世界的に非常に多いのに対して、やる問題は決して多くないという、いやな事情があります。今後、素粒子論に大きな変革が起これば、問題が一時は大きくふえるでありましょう。しかし素粒子論が将来、無限に発展し、それに伴って問題がいくらでも出てくるとは思われません。とにかく私たちは目標に近づきつつあります。原子物理学の過去から将来を推測して見ると、どうもそうなりそうに思われます。

今から三十年以上前に量子力学ができたわけですが、これは物理学にとって非常に大きな転機でありました。そのときと今日とをくらべますと、非常に状況が違います。量子力学という新しい理論体系ができたのは、昔ニュートン力学が成立したのと似ておりまして、非常に広い応用範囲があることがすぐわかり、あらゆる問題——狭い意味の物理学の中の問題だけでなく、化学に関係したいろいろな問題にも、それがどんどん適用され、至るところで成功をおさめたのであります。当時は第一次大戦が終わって数年後でありまして、ドイツのような敗戦国では目ぼしい実験があまりやれなかったので、理論物理学をやる若い人がたくさん出てまいりました。その人たちにはやることがいくらでもあった。そして実際、たくさんの問題をどんどん解決していったのです。それは非常にみのりの多い時期であり、そこにはフラストレーションは全然なかったのであります。

ところが、それ以後は一体どうなっているかといいますと、原子物理学はますます華やかな存在となり、また実際、私たちは非常に多くの重要な知識を獲得したのであります。特に全然想像もつかなかったような奇妙な素粒子がいっぱい見つかりました。そしてそれらを見つけたり、よりよく調べたりするための装置がだんだん巨大化してきました。原子力の問題も出てきました。原子力という問題が出てきたことは、社会的に見ますと非常に大きな変革です。しかし物理学の中だけで申しますと、原子物理学という学問の発展の外面的な華やかさに反して、もっと本質的な意味では、混乱と停滞の時代であったと思います。

この点をわかっていただくために、もう一度話を二十世紀の初めに戻します。その頃プランクとかアインシュタインとかが非常に基本的な新しい考え方を提唱しました。それ以後は、極端な言い方をしますと、それを遺産として相続し、それを元手に商売をやってきたのです。もちろん、その間でも量子力学の成立は、非常に大きな事件でありました。特に、その解釈に確率や統計の概念が入ってきたことは物理学の根本的な性格に深刻な影響を及ぼしました。ですから、二十世紀の初めから量子力学が成立する頃までが、哲学的な意味でも最も根本的な変革の行なわれた時期であったと言えます。それから以後はこんな大きな考え方の変革はありません。理論物理学としては、形式的な発展以外に、ほとんど何ものもありません。つまり、外面的な華やかさにかかわらず、考え方の面からみますと、恐ろしい貧困があったわけです。この貧困の状態は今日までつづいております。考え方の貧困がありますと、そこでテクニカルな研究が重要視され、そういう方面は非常に発展するわけであります。テクニカルな方面という意味は、普通の意味での技術的な方面だけでなしに、思考技術としての数学の利用という方面をもふくめてのことです。そういう意味で実験・理論を問わず、恐るべき専門家が出てきまして、近寄りがたいような高度の研究をしています。私どものような年配のものになりますと、そういうものを、一面では大いに尊敬はしますが、同時に物理学が一種の停滞状態を依然としてつづけているという感じをなくすことができないのです。学問の進歩のテンポの遅かった昔は、老化するのもゆっくりしていました。現在は、それぞれの分野が発展しだすと急激に発展するかわりに、それだけ早く老化する危険が大きいのです。しかし、人間と違って、学問は昆虫のように変態をやって若返るチャンスを持っています。素粒子論の前途にも、私は変態を期待しているわけです。

原子物理学に比べますと、生物物理学などは、生まれて間もない若い学問でありまして、洋々たる前途をもっています。物理や化学だけでなくて生物的な諸科学も含めた、非常に大きな総合あるいは統合がすでに行なわれつつありまして、新しい意味の生物科学には一番大きな未来が約束されているのであります。従ってその全体としては、老化など今から心配する必要はないのであります。おそらく二十世紀の間に問題が少なくなって困るところまで行ってしまうことはないでありましょう。このように、全体としては、非常に豊かな未来をもっておりますけれども、しかし、その中のひとつひとつの分野を個別的に見れば、老化がわりに早く来る分野があるかも知れません。

そういう取越苦労はさておき、物理学の本道の途中から横道ができ、それが、化学や生物学などといっしょになって、新しい生物科学として発展し始めた。そして将来は、このほうにたくさんの科学者が必要になり、また、そういう方面に進んだ人たちは、フラストレーションを起こさずに勉強してゆける可能性が多いでありましょう。この点は皆さんどなたでも異論がないと思います。

そうだとしますと、今からだんだんとそっちの方により多くの人が行くのがあたりまえでありますが、現実はなかなかそうはならないのであります。私はときどき若い人たちにそういうことを話してみたりしますが、非常に反応が弱いのです。ほとんどノー・レスポンスです。皆さん、なるほどそうだろうと思っておられるらしく、べつに反対はされません。けれども、それならばやろうという人は非常に少ないのです。素粒子論を勉強してきた若い人たちの中でも、ごく少数の人だけが生物物理の基本的な問題に興味をもち、また実際素粒子のほうはちょっとやめといて、そっちをやりかけていますが、残念なことには、そういう人に限って、私はなんとかして素粒子のほうに引きとめておきたい（笑声）。非常に皮肉なことですが、そういうことになっているのです。

日本では、いろいろな理由で――私が申しあげなくても皆さんよくおわかりの理由によりまして、自分が今までやってきたことと違うことをやるのは非常に困難です。私自身も違うことをやらずに素粒子論をやっているのですから、他人にお説教することはできないのでありますが、しかし、とにかく最初にやりかけた専門と違った方面に移ることは非常にむつかしい状態にある。ほかの方面の人と話し合いをして、ある共通の問題をとらえ、仕事をしてゆくことは決して容易ではありません。ほかの国でも、ある程度はそうでありましょうが、特に日本の場合は、アメリカとかヨーロッパ、ソ連も含めていいと思いますが、そういう国々と比べて、より一層困難な状態にあるように見えます。私自身や皆さんの多くは総合大学におりますが、総合大学にいることの恩恵は十分受けているとはいえません。むしろ、ますます分化大学になってゆく感じがします。これはどうかしなければなりません。

私は、学術会議のようなところで、大いにそういうことを大所高所から検討して、学問に対する未来像をいつも頭にもって、学界の動きを学界自身のイニシャティブで、いい方向に向けるようにしていただきたい、とかねがね思っていました。そういう意味で、こういうシンポジウムが催されたのはたいへん結構なことだと思います。

（学術会議主催「科学における分化と総合」に関するシンポジウムにおける講演、一九六二年十一月）

素粒子論に関する成人学校について

去る二月の基礎物理学研究所（基研）の研究部員会議で、素粒子論に関する成人学校を開く案が、研究計画の一つとして認められ、内山龍雄《うちやまりょうゆう》氏と私とが、その世話をすることに決まりました。その後、内山氏と相談し大体の構想をまとめましたが、今までの短期研究会や基研のできる前後に開かれた学校とは異質的な性格をもった新しい試みですので、私たちの考え方をやや詳しく述べたいと思います。但し、以下の意見の中には私ひとりだけのものも含まれていることを、あらかじめ、おことわりしておきます。

だいぶ以前から素粒子論には老化現象が起こっているように思われます。物理学における理論体系は、成長するにしたがって、より一般的になり、より抽象的になってゆきます。形がととのい、非合理的な要素が少なくなり、見た目は、ますますエレガントになってゆきます。しかし同じ線の上、同じ平面の上での抽象化、一般化は、おそかれ早かれ老化を招くことになります。

物理学史上で、もっともよく知られた例をあげますと、ニュートン力学は力の概念の中に一切の合理的および非合理的なものを包含しておりました。それがラグランジュ形式、ハミルトン形式というように、抽象化、一般化の過程を進めてゆくことによって、力の概念の中にあった非合理的要素は捨象されると同時に、よりエレガントになりました。ラグランジュ形式とハミルトン形式をくらべて見ると、速度という直観的な概念の役割が、逆に運動量という力学的な概念によって、おきかえられています。しかし、いずれにせよそれ等はニュートン力学と同じ平面上にあり、ゆきつく目標は形式の完成以外の何物でもありえなくなったのであります。

二十世紀になって物理学は大いに若がえりましたが、それには昆虫の変態に類する大きな変革が必要でありました。つまり古典物理学の載っていた平面から別の平面への飛びうつりを必要としたのでした。量子論への飛びうつりは、もちろんプランクの定数hの導入にはじまりますが、それは古典力学のある程度まで抽象化された段階からの飛びうつりとして実現されました。もしも古典力学がハミルトン形式にまで成長していなかったら、この飛びうつりは成功しなかったでありましょう。しかし、いずれにせよ、hそのものにしても、スピンにしても、量子統計にしても、最初から古典物理学にとって非合理的なものとして入ってきたことに、変態の本質があります。

以上のような物理学史的事実は、素粒子論の将来を卜《ぼく》する上に相当参考になるのではないかと思います。

一九二〇年代の終わり頃から始まる場の量子論は、hの平面上をさらに先へ伸びてゆくことによって、同時にcの面にも乗れるという期待をもって発展しました。実際ハイゼンベルク・パウリ理論において最も明白な形で現われていた発散の困難の壁は、特殊相対論の要求をより多く満す、よりエレガントな形式へと場の理論が進むにしたがって、だんだんと目立たぬ所へ追いやられました。一九四〇年代に、くりこみ理論が出現し、少なくとも量子電気力学では、発散の困難をアカデミックな問題にまで追いやることができました。これにともなって場の量子論の抽象化、一般化をさらに先へ進めることによって、素粒子全体をカバーする理論体系に到達できるであろうという期待を持つ人が多くなりました。そして実際、場の理論の公理論的再構成や、物理量の複素領域への拡張等が多くの人たちの研究対象となりました。私自身はしかし、この傾向を古典力学における抽象化、一般化の方向と同質のものと推測いたします。

例えば実変数の函数《かんすう》を複素変数の函数に拡張する場合に解析接続という概念が使われますが、これはまさに、この種の拡張が、そのままでは変態となりえないことを象徴的に示していると思います。変態が起こるためには場の理論の平面上から見れば非合理的と思われるものが、どこかで導入されなければなりません。

今までにもアイソスピン、奇妙さや、パリティーの非保存というような新しい概念あるいは考え方が現われました。それ等はたしかに伝統的な場の理論にとって、多かれ少なかれ異質的なものでありました。しかし残念なことには、最初から、それ等が場の理論にとって非合理なものとならないような形で持ちこまれたために、それ等はそのままでは変態への契機となりえなかったのであります。

これに反して場の理論の平面上から見て、明らかに非合理的な要素をふくんでいると思われるような試みは、その芽を成長さすことにいちじるしい困難があって、今日までどれも、他の平面への飛びうつりを成功さすに至っていません。最近の三十年前後の長い期間にわたって、このようなもどかしい状態がつづいた理由はいくつもあげられましょうが、次の点をここで強調したいと思います。

ある人たちは場の理論の平面上で抽象化、一般化を進めようとしていますが、そこでの論理的整合性を重要視するあまり、それに破綻《はたん》をきたすおそれがあるものを一切よせつけないのに対して、他の人たちは新しいアイディアをその非合理性にもかかわらず――あるいは、まさに非合理性の故に――導入しようとしていますが、あまりにも抽象化された形式に恐れと嫌悪感を抱き、もっと手前の段階での飛びうつりを意図せざるを得なくなっているのが実情でありましょう。第一のグループに属する人たちと第二のグループに属する人たちの平均年齢をくらべて見ますと、明らかに前者より後者の方が年齢が高くなっています。以上のことは大体として、世界全体について言えることですが、特に日本の場合には、次のような特殊事情があるように思われます。

第一は、第一のグループに属する人の数に対する第二のグループに属する人の数の割合が、日本では他の多くの国、特にアメリカなどとくらべて大きくなっています。

第二は、この割合が日本の中の地域によって、相当大きく違っています。ごく大ざっぱに言えば、日本の東の方では割合が小さく、西の方で大きくなっています。

以上述べたような歴史的、地理的情況のもとにおいては、次のような性格の成人学校を開くことが、素粒子論の進歩のための一つの有効な方策ではないかと判断されます。

成人学校を本年度は二回開く。

第一回は今年の秋か初冬（多分十一月初めから十二月初めの間の適当な時期三日間くらい）基研で、主題は場の理論の複素函数論的取扱い、およびそれに関連する諸問題とし、講師はもちろん、その方面の専門家であるが、生徒は逆に第二グループに属する人たちを主とする。特に年齢の高い人の中には再教育される必要を痛感している人もあろうと思う。そういう人には優先入学を認めたい。但し授業を活気あるものにするために、講師以外に数名のさくら（つまり講義内容をよく知っていて、不案内で質問もできない人のかわりに質問したり、註釈《ちゅうしゃく》をしたりする人）に出席してもらう。

第二回は来年の二月頃、東京の適当な場所で、やはり三日くらい。主題は素粒子の構造、模型に関する種々の試みを、いくつかに分類し、数名の講師にできるだけ、まとまった形にして講義してもらう。生徒は第一グループに属する人たちを主とする。そのほか大体、第一回と同様な配慮をする。

（一九六三年六月）

解説

去年（一九六五年）の秋、湯川先生の中間子論第一論文の三十周年を記念する催しが京都で行われました。祝賀講演会をはさんで、素粒子論のシンポジウムと国際会議も開かれ、前後約十日間のかなり過重な日程でした。しかし、先生はお祝いをうけるお客さんとして納っておられず、終始積極的に討論を主導され、若い研究者をしのぐ元気さを示されました。われわれがこの催しの準備に忙しかった頃、筑摩書房から「私の世界観」といったような形で先生の文集を編む相談をうけました。当初私は、これまでに発表された先生の数多くの文章の中から、適当なものをえらび出して、一つの思想のシステムとして再構成することは、中間子論発見者としてとは別の側面からの先生への祝意として意味があろうかとも考え、先生とも相談して一応プランを練っていました。しかし、時期が時期でもあり、なかなか十分な準備が進みませんでした。困難さの原因は、単に時期的に忙しいというだけでなく、「世界観」という言葉に対する先生の抵抗が、先生との話のはしばしにうかがえて、私の構想を動揺させたことにもありました。たしかに、先生の文章をよみ返している中に、これまでの「世界観」という言葉からうけとられ勝ちな、静止的・機械的なシステムとしての意味合いを拒否して、いわばもっと流動的な姿をとろうとしているものであることが感じられました。この点は、最近のものに特に強くあらわれているように思われます。そのようなわけで、秋の会議が一段落した後で、当初のプランを変更して、最近先生が最も関心を寄せておられる主題についてまとめてみることにしたのがこの書物です。別の表にまとめておきましたように、ここ二、三年の間に発表されたものが大部分で、それらの文脈を補う意味で少数のものを、単行本として既に刊行されているものから再録しておきました。本書全体が何を言おうとしているかについては、先生自身の「まえがき」でつきており、当初考えられていた解説の類《たぐ》いをあらためて必要としないと思いますが、念のため各文章のかかれた背景や感想めいたものを簡単に付け加えておくことにします。

1

第I部は、全体に対する序論であると同時に結論への方向を示唆するものになっています。「科学文明の中の人間」は一九六二年に「科学文明の中の人間十話」として大阪毎日新聞に連載され、後に単行本『十人百話』中の一編として他の著者の文章と共に収録されたものです。ここでは世界は、人間と自然という図式であらわれていす。ただし、それは巨大な自然に対する矮小《わいしょう》な人間といった、いわば一種のセンチメンタルな図式ではありません。自然とは、科学文明の成果を第二の自然として含む広い意味を帯びています。このような広い意味での自然と人間との相互作用に関連してくる多様な問題を通じて、自然と人間は一つの世界として、いわば存在の根拠を問う場としてあらわれています。この種の問題はこの書物全体を通じてくり返しとり上げられるのですが、ここではこの種の相互作用がカルチベーションの程度が大きくなれば脆弱《ぜいじやく》化され、より強力な相互作用を求めると反動がくるという力学的な関係として、色々な時事的な事実に関連して力点をおいて説明されています。この場合、相互作用の結果の価値判断については、ある平衡状態からのずれとしての判定が予想されます。いわば根底では「予定調和」の思想に近いものですが、しかしそれは単に静止的な平衡でなく、力動的なものとして末尾の「自然の法と人間の法」で示唆されています。次の「科学と人間性」は「人間の科学」という講座（中山書店、一九五六年）の一巻の中に収録されていたものです。この文章を書かれた時期は、すぐ前の文章に比べて大分さかのぼっています。ちょうど、それは先生が初代の原子力委員として多忙を極めた時期でした。ここでは世界が把握の対象として、先生の他のすべての文章に比べて一ばんはっきりとあらわれているように思います。「原子力問題」という極めて生の現実的な問題に当面した際に、このようなある意味で原理的な構成をもったものが生れていることは、極めて興味のあることだと言えましょう。もともとこの文章は、多忙な旅先でのテープ録音をもとにしたものであったと記憶します。その故もあって、極めて分り易いものになっています。「思考者としての人間」の立場として合理主義ないし数理主義の立場と限界が、「観察者としての人間」の立場として経験主義ないし実証主義の立場と限界が、「行動者としての人間」の立場から行動主義ないし実用主義の立場と限界が、それぞれ簡潔に要領よく説かれています。先生の世界観的なものへの手引きとしては、私はこの一編が恰好《かっこう》のもののように思っていました。ただこれらの立場の限界を鮮やかに示しつつ、それらを綜合《そうごう》するものとして、構想力・想像力・洞察力というようなものの、重要な役割を指摘するに止《とど》まっているのは残念に思われました。しかし、その代りに最後の節で人間の幸福・人間性の問題についての考察がつけ加えられているのは、単にその当時の原子力問題の反映というだけではない重要な意味をもっているように思います。そこでは世界の構成原理として目的論的なアプローチが、これまでのものとは異ったものとして注目されています。もちろん、機械的な目的論ではなく、フロイトのいう潜在意識、意識下の世界によって人間の世界が開放されたものであり、そこに働く洞察（インサイト）によって内にも外にも開いていることが強調されています。ここで予想される構成原理としては、前に触れた「調和の論理」のようなものが考えられますが、それについては、詳しい展開は保留されています。もちろん、ここに後で問題の焦点となる創造性の課題の萌芽《ほうが》があることはいうまでもありません。その他に、合理主義にちなんで言及されている数学の本質とか、実証主義に関連して触れられている近代物理学によって明らかにされた実在の二重性（波動―粒子）とか、プラグマチズムの進歩した形態としてのサイバネティックスの問題とかは、いずれもフロイト理論と共に、以下の議論の重要な契機になるものとして、くり返し、色々な文脈の中で論じられています。特に、原子物理学の発展と共に導入された、波動―粒子の二重性の概念、波動函数《かんすう》（又は確率振幅）による量子法則の記述と経験事実の確率による記述という二重性の問題は、先生の議論の常に中核になっておりますが、実は中間子論なるものが、この実在の示す相補的な二重性の典型的な表現になっているのです。そして、この書物に収めませんでしたが、この点については、先生の「事実と法則」（『湯川秀樹選集』第一巻　甲鳥書林）で一番要領よく説明されていると思います。この事実と法則という実在の立体的な二重構造は、経験と理性とが一枚岩として解されていた十九世紀までの実在把握と対照的な二十世紀的な把握として、いろいろな形で言及されていることは言うまでもありません。

2

さて、第II部では、第I部の末尾で、人間性の本質、首尾一貫した世界構成の原理的課題として提出された構想力・洞察力の問題が展開されています。第I部に対応していえば、創造者としての人間の問題に他なりません。そしてこれはこの書物の題目の示すように、先生の最も力点をおいておられる部分です。たしかに、最初のものを除けば、創造性についての文章は一九六四年以降のもので、最近の関心の強さがうかがわれます。しかし、先生は戦前から京都大学の教官有志で構成されている〝プシケ(Psyche)会〟という談話会の熱心な会員の一人でした。この会には、医学部の前川教授や、故天野教授（後にヴィルス研）、文学部心理の故矢田部教授や理学部の教授達が加わって、意識や生命現象、今日でいう生物物理学の諸問題等についての自由な討論や報告が行われ、先生も楽しみの一つのようでした。先生のこの種の問題への興味は、「物質と精神」等の古典的なアンチノミーに対する初期の文章等に示されています。戦後には、前記の談話会のメンバーも大部入れ替って続けられていますが、それとは別に、電子工学畑の人達も加わって創造性研究会という名で先生を中心にした新しい談話会がつくられています。創造者としての人間の立場の本質の解明ということには、この第Ⅱ部で色々の角度から照明をあてる試みが行われていますが、前述の三つの立場に対するのと同程度の分析は未だ期待できないというのが現状でしょう。おそらくそれには、各分野における成果を結集した伝統に囚《とら》われないアプローチが必要になることと思われます。この第Ⅱ部での議論は、その種の有効なアプローチへの手がかりとして、色々な広汎《こうはん》な問題を提供していると思われます。

最初の「模倣と独創」は一九五三年十一月金沢大学講堂における高峰譲吉博士百年祭記念講演の速記録を基にしたものです（『しばしの幸』読売新聞社刊より再録）。この種の系列としては最も早い時期のもので、問題は模倣と独創という比較的コンベンショナルな形態のアプローチから始まっていますが、そこで論じられている類推とか直観というものが創造性の本質の問題へと昇華してくる筋道への布石として、再録されています。次の「科学者の創造性」は、一九六四年五月、名古屋《なごや》ＣＢＣホールにおいて行われた中部日本放送主催、日本科学史会後援の講演会の速記録に加筆し、後に雑誌「自然」（一九六四年十月号）にのったものです。ここでは科学者の独創性という限定された得意の話題をめぐって、気楽にかつかなり重要な問題について縦横に論じておられる感じで、読み物としても最も面白いものの一つになっているといえましょう。すぐ前の文章で萌芽的にとり上げられた類推とか、直観とかいわれるものが、模型や電子計算機の例をひいたり、直観と抽象とのパラドキシカルな相補性に関連させて詳しく取り上げられています。しかし最も興味があるのは、最後の方であげられているデカルトの例です。先生のデカルトへの傾斜は、ちょうどその前年のパリのポアンカレ研究所での滞在で本場仕込みによって加速された気味がありますが、実はもっと以前からのものでした。「物質は延長なり」というデカルトの命題は、先生の拡がりをもった粒子としての素粒子の内部構造論の話のいつも冒頭を飾るスローガンでしたし、大学院の特別講義でも、ニュートン的質点像にとらわれたニュートン熱病患者として、大学院学生諸君をアジられる時には、黒板にこの命題が大書されるのが常でした。ただし、デカルトの創造性として先生の注目しているデカルト的方法というのは、例の明晰《めいせき》な演繹《えんえき》論理の抽象的操作そのものだけでなく、明晰かつ明白なる彼の直観であり、「精神指導の法則」や「情念論」であるということは注目すべきことです。また「われ思うゆえにわれあり」とか「明々白々なる直観」だとかつぶやきながら、数学・物理・天文宇宙から生物進化へと展開していったデカルトの自律的な個性であります。そこで問題にされているのは、抽象への執念と共に大胆な直観への自信といった創造性の主体的側面であるということです。次の「創造性と自己制御」は、一九六四年春の日教組の教研集会での講演を基にしたものです。学習という過程と研究の過程との同質性、連続性から創造と教育が同じ論理で支配されるべきだとして教育の方法論についての大胆な考えが、教育の現場の実践者達にかなりことこまかに説明されています。中でも、教育の目標としての長期計画なるものが、現状を固定して未来の可能性を凍結するものとして、創造性の開発を生命とする教育そのものの、本質に反する致命的なものになる危険性についての皮肉な注意は、基礎研究に対する長期計画と称する官僚的な合理性と常日頃闘っている先生の口吻《こうふん》の延長のように思われます。認識の場における創造者としての人間は、教育の場における開発の目標の線上に想定されるべきものでしょうから、先生の「理想主義的立場」となづけられた立場が、教育のディシプリンとして、自由放任主義とは必ずしも同じでない方向にうち出されているのは注目すべきことのように思われます。この講演の終りの方でとり上げられている自己制御という考えは、個体においても又集団においても重要なものでありましょう。この問題は同じような主題の次の講演で、やや詳しくふれられています。この「学習と研究」は一九六五年十一月に、大阪の各大学の教授を中心に構成された「教育改革研究大阪会議」で行われた講演を基にしたものです。自己制御の機能として、個体のしつけ的なインヒビションとして理解されがちでしょうが、創造性との相補的な関係の重要性は、サイバネティックスの課題等としてたしかに注目に値するように思われます。

次の「創造性の尊重」、「天才と機械」は一九六五年、一九六四年のお正月に毎日新聞にのったものです。「そもそも創造性とは何か」、「どうすれば創造性の発現の公算は大きくすることができるか」ということはたしかに先生の大きな関心の的になっています。ところで、上にあげたような質問は、最近各種の企業内部でも問われている問題であり、それに対する開発資本投下は、純粋の教育過程に対する経費に比べて現在および将来ますます大きく格差をつけようとしてきています。先生の議論にはこの種の資本主義体制内での能力開発の影は全くなく、本質的な議論に終始していることは注目すべきことだと思います。しかし、遠くなく将来これらの事実がある種の客観性をもって一般教育過程にまで浸透する可能性が大いにありうるわけです。そのような場合のためにも本質的な論理の解明ということは極めて必要なことだと考えられますが、そのためには各種の既製の科学の綜合組織や新しいアプローチが開拓されねばならないことは事実でしょう。第Ⅲ部では、科学、思考一般、法則の認識とその発展といった系列のものを集められています。これらは、それ自身一貫した世界構成の素材・方法として重要なものでありますが、同時に前半の先生の議論をうらづける役割をも期待したものです。

3

中間子論三十周年のお祝いが、九月下旬の台風シーズンの終り頃にかかることは、当初からわれわれの心配の種でした。案の定、ほんの二、三日前に小型の台風が本土を通過しました。幸い式の当日は少し余波をとどめているとはいえ、秋の日射しも時おりもれる日になりました。名古屋の坂田教授やデンマークのローゼンフェルト教授の祝賀記念講演の後で挨拶《あいさつ》に立たれた先生は、一九三四年の九月、中間子論のアイディアが頭の中にはっきりしたイメージを結ぶようになった数日前に、室戸《むろと》台風が京阪《けいはん》神《しん》地方に猛威をふるったことを思い出されて、台風のエネルギーをコントロールできない以上、せめてその効果として一種のブレイン・ストーミングによって素粒子論の新しい考えが生れることを期待したい、というようなユーモラスな話をされました。創造性とは何かという場合ブレイン・ストーミングとか執念とかいわれる状態が何らかの客観的な状態として科学の対象になることが必要になるかも知れません。しかし、そのためには大部分が、おそらく現在では未開発の科学の分野、考え方が必要になるものと思われます。そして少くともそのためには、現在の科学という体系に対し、科学的思考又は思索一般に対し、極めて弾力的な見方をしておく必要があるものと思われます。第Ⅲ部の冒頭の「科学とは何か」は百科事典のために書かれたものですが、科学に対し、又科学と学問又は技術との関連について、先生の幅の広い考え方がうかがえると思います。何分、当初からスペースにきびしい制限のあるために、十分にくわしく問題が取り扱われていないうらみがあります。その点を補足するものとして、物理学と生物学等の関係についての初期の文章をとり上げることも考えられたわけです。しかし、上にのべた事情は、現代の科学の組織がある程度多元的な構成をもち、できるだけ自由な連帯性をもつことが望ましいことを意味しているといえましょう。次の「学問の自由と大学の理念」はそのような組織としての大学のあり方についての先生の考え方をのべたものです。これは一九六二年六月に京都大学の教官研究集会が開いた「大学の自治」についての講演会で話された原稿に加筆されたもので、後で雑誌「世界」（十月号）に発表されました。この講演会は、当時議論の的になっていた大学管理制度改正をめぐって開かれたものでした。この講演は短いものでしたが、深く感銘をうけたものでした。ただし、ここでは法案に関する議論の部分は判断の結果しか述べられておりませんので、本来の文脈に抵触しない限りその部分を削除しておきました。現在、大学の管理・運営制度に関する議論が、再び問題になろうとしています。そして問題の焦点は大学と学生、教育の問題として、かつての議論とはいささか異った論点をもってきているように思われます。しかし大学の真理探究の場としての本質はいつの場合にも逸することができないものと思われます。たしかに、未知の未開の分野に、オーソドキシーに反してでも自律的に発展してゆくのが学問の生命であり、そのような発展によってのみ、創造的ないとなみが将来に期待できるわけです。実際、過去においてギリシャの自然哲学者達の洞察力、数学者の思索が科学の一つの源になったことは、先に「科学とは何か」の中で力説されている通りです。しかし〝何故、科学はギリシャから出発してだけ、その高い発達段階に達し得たのか？　何故他の何処からでもなかったのか？〟ということは一つの大きな謎として、しばしば先生の口から発せられた疑問でもありました。そのようなわけで、一九六四年六月にギリシャ王立協会主催のアテネ会議に招待され、春晩《おそ》いギリシャの地に行かれることになった時、海外旅行には食傷気味で億劫《おっくう》がられ勝ちの先生も、楽しい期待にみちておられるようでした。「科学的思索における直観と抽象」は、その際アテネのアクロポリスの真向いにあるフニックスの丘で行われた講演です。この原稿は最初英語で用意されたものを、帰られてから当時基礎物理学研究所におられた河辺六男氏が日本語に訳し直されたものです。冒頭のくだりからは、先生の喜びが伝ってくるような気がしますが、美的感覚と単純性、直観と抽象、創造的な思索等をめぐって物理学のアンチ・ロマン化の傾向をなげく先生を、アテネの自然を背景にして思い浮べるのは興味あることです。ただし、物理学のアンチ・ロマン化を論じる先生の胸の中に宿っていたのは、単なる嘆きではなく、むしろ現代科学のギリシャ伝統に対する挑戦に近い気持が潜んでいたのではないかと臆測《おくそく》されます。ギリシャに旅立たれる少し前に、科学のギリシャ—ヨーロッパ伝統からアメリカ伝統へというようなことがわたし達の話題になったことがありました。その時、東洋の伝統又は東洋的思考の論理といったことが問題になりました。もちろん、綜合という言葉の安易な適用はつつしむべきでしょうが、科学がいつまでもウェスターン・ストーリーであらねばならないはずはあるまいというのは、先生の確信の一つであるように思われます。そのような意味からも、又アテネ講演での比較的圧縮された説明をおぎなう意味もあって、「科学的思考について」「東洋的思考」についての先生の比較的古い文章をアテネ講演の前に配しました。前者は一九四七年慶応大学で行われた講演で、後者は一九四八年に京都大学東方文化研究所で行われた講演です。

4

二十世紀に登場した相対論や量子論によって、物理の理論体系は飛躍的な変化を蒙《こうむ》ったわけです。それは時間・空間について、波動と粒子についての考え方の根本的な変革であり、いわば認識のパターンの変化、科学の進化といってよいでしょう。進化という言葉は生物進化論のみを背景にして考えれば、物理の理論体系については奇妙にきこえるかも知れません。しかし生物の進化というものの本質は、必ずしも当初考えられた目的論的な意味合いのものでなく、学習・記憶・認識といった一連のことと関係していることが明らかにされている以上、物理の進化はもちろん科学の進化ということは考えられるわけでしょう。もちろん、科学的な研究は累積的な成果をもたらし、それによって一応発展変化していくのは当然であります。第Ⅲ部の後半には、このような意味で中間子論および素粒子論の発展過程についての創始者としての先生の意見をまとめてみました。中間子論三十年の発展史についての報告が、二番目の「中間子以後三十年」です。これは一九六四年十一月、朝日新聞に二回にわたってのったものです。先生がノーベル賞をもらわれたのは、中間子論誕生以来十五年目の一九四九年、つまり三十年の中央にあたります。それで途中での経過報告の意味で、一九四九年十二月、ストックホルムで行われた先生のノーベル賞講演を一番目におきました。前にも申しましたように、中間子論は原子核を構成している粒子間の作用（核力の場）をなかだちする、当時未だ知られていなかった粒子を導入することによって説明しようとするものでした。それは、相対論によって有限の速さで伝播《でんぱ》する電磁気の作用の場つまり電磁波は量子論の波動―粒子の二重性をつかえば、光の粒子（光子）のやりとりしても記述できるという手つづきを一般化したものでした。電磁気の作用の様子は、クーロンの法則とかファラディの法則とか、あるいは一般にマックスエルの法則として知られています。核力の性質は大分違っています。このような違いはその作用をなかだちしている粒子の性質の違いに帰せられます。例えば、中間子が電子の二百七十倍程度の質量をもち、光子はそれ自身質量をもたないということは、電磁気の作用の有効距離に比べて核力の作用距離が極端に短距離であるという事情に対応しているのです。また、核力は陽子と中性子の間の他に、陽子と陽子とか中性子と中性子の間とかにも大体同じ程度の強さで働いていることが知られています。このことは、中間子に光子のように電気的に中性なもの以外に、プラスおよびマイナスの電気をもったものが存在することに対応します。ところで、このような電気をもった中間子の間には電磁的な作用がつまり光子をなかだちにする作用がはたらきます。つまり、作用の場に対して粒子像を考えますと、こんどはこの粒子が作用の源になることになるわけです。ところで、本文にもありますように、中間子発見以後十五年、三十年の状況を比べてみますと、発見当初には予想もできなかったような多種多様のものが存在することが分っています。それらのものは、中間子の場合をお手本にして、波動―粒子の二面をもつものとして理論の中にとり入れてゆくことは一応できるわけです。これら三十数種の素粒子は、互いにある特定の粒子として、又ある有限な速度で伝わる作用場として関連しあっています。殆《ほと》んどの粒子はこの種の関連による作用によって、短い寿命で他の粒子に転換していくことが実際に観測されているわけです。しかし、どうしてこれだけの粒子が存在するのか、その存在の根拠を問う段になりますと、このような疑問に答えることはできそうにもないのです。なるほど、素粒子の性質、いい方をかえれば相互作用の様子、についての知識が増大してくるにつれて、遠見では分らなかった共通の性格が識別され、似たもの同士を一まとめにして整理することができるようになりました。この整理学・分類学には群論といった数学の法則が重要な役割を演じたわけであります。しかし、この種の法則は分類・整理のための道具にすぎず、根底にある量子論や相対論の原理に何ら変更を加えるものではありません。それらは一種のソフィスティケーションではあっても、相対論によって時間・空間について、質量とエネルギーについてもたらされた新しい見方とか、量子論によって波動と粒子、原子の安定性についてえられた理解といった進歩には現在のところなっていません。このような現状に対する不満と警告から、中間子論記念の国際会議に対する期待として書かれたのが、「自然認識の現段階」です。これは一九六五年九月、国際会議の開かれる直前に朝日新聞にのせられたものです。この中であくまで素粒子を拡がりをもったものとして、その時間・空間的な記述によって統一的な理論を構成しようとする先生の試みを「としよりの冷水」として謙遜《けんそん》しておられますが、同時に非常に抽象的な数学の言葉をふり廻《まわ》し、直接の物理的事実からかけ離れたところで物を考えがちな若い物理学者達の傾向に対する批判はかなり痛烈なものがあります。同様な批判はシンポジウムの冒頭の先生の講演にもありましたが、さらにこのような傾向を素粒子論に限らない物理学の一般的な老化現象とみなされるのではないかというのは、先生の大分以前からの意見でした。「物理学の老化と若返り」は、一九六二年十一月、日本学術会議が開いた〝「科学における分化と総合」に関するシンポジウム〟の席上で行われた講演を基にしたものです。この講演の最後のところで物理学の変態という生物的なイメージがつかわれています。最後の「素粒子論に関する成人学校について」においてもこの種のイメージが使われています。この成人学校については、第Ⅱ部の「学習と研究」の中でも触れてありますように、いわば〝直観派〟の年配の研究者と、いわば〝抽象過多〟の年若い研究者との間の相互の再教育の機会をねらって考えられたものです。この文章は、もともと謄写版刷で素粒子論グループの中で配られた生徒募集のための広告を基にしたもので、そのため前のノーベル賞講演と同様やや特殊専門的な用語がつかわれていますが、先生の警告したい情況が、昆虫の変態といったような生物的なイメージをつかって苦心して表現してあり、先生の考え方がよくあらわれているように思われましたので、あえて収めることにしました。ところで、量子論にしろ相対論にしろ、かなり抽象的な構造をもった理論体系であることは否めません。そして、この抽象性は事態の真相を、二重性とか相対性とかいう本質を把握するのに不可欠なものであったことは、くり返して説明されています。その意味で量子論や相対論を越えた体系への試みのもつ抽象性についての判定は、かなり微妙なものがあるように思われます。しかし、生物学的なイメージを借用すれば、生物の系統進化においてあまりにも巨大なは虫類はある時代の寵児《ちょうじ》ではあっても落伍《らくご》する運命をたどり、社会進化においても余りに巨大な建造物は遺跡として空しく形骸《けいがい》を曝《さら》すに止まっているということがあります。創造性に関連して言われた自己制御の問題が、この場合から連想されます。また、創造性の必要条件としてあげられた執念、没我ということにあっても、自己反省的な機構を無視することはできないものでしょう。デカルトについて、彼の抽象的な演繹論理への徹底を補う、直観への確信の働きに彼の天才の根本を認めた先生です。抽象的な理論が独走することなく、時空的な物理像に補われて始めて有効であるという信念はゆるがぬものがあるわけでしょう。事実、成人学校における、先生の校長として、生徒としての模範的な行動は、先生の執念のあかしとして余りあるものであったように思います。

5

ところで、一応なくもがなの感想めいたものを連ねてきました。最初に申しましたように、先生の思想のシステムとして世界観的なものをとり出すことは、必ずしも容易ではありません。しかし、経験される世界として、矛盾や混乱や錯雑を含む事実の世界を、「存在の根拠」を求めて首尾一貫した理解可能なものにしようとする試みは、初期の書物の題の「存在の理法」が示すように先生のアプローチの一般的な性格といってよいと思われます。その意味で、一種の実在論的立場ということができます。ただし、経験と理性の論理的整合をたてまえとする機械的な実在論ではないこともまたあきらかでしょう。先生にとって世界は、創造性を基軸とする開かれた世界です。そこでは世界の理解可能性は、単なる機械的論理的なものではなく動的な調和といったものが予想されているという他はありません。その意味であえてコンベンショナルな性格づけを試みれば、歴史的実在論の系列に属するものといえましょう。存在とその相互作用というシェーマで世界を考える実在論の伝統の中で、単に因果的相互作用に限らず、目的的あるいはもっと一般に有機的な相互作用を構造原理として認めることが歴史的実在論の特徴といわれています。もちろん、ここでの「歴史」は「自然」と対比される「歴史」ではなく、因果的・目的的又は機械的・有機的な全実在をさすものです。アインシュタインの世界もある意味でそれに近く、単なる因果的でも単なる目的的でもなく、機械性と有機性を同時に含んでいるという意味で、アメリカの学者によってハイヤー・リアリズムという名称が呈されています。しかし、先生によって本書においてくり返し主張されていることは、人間の創造的ないとなみが世界の構造原理の本質に深くかかわっているということでした。その意味で、それは存在と同時に人間の制作活動を世界の要素の一つとしてふくまれるような実在論を展開した、西田哲学の伝統をみることができると思います。先生の西田幾多郎博士に対する尊敬は本書においても語られています。ただし、晩年の西田哲学の展開は先生にとって必ずしも親近性を感じさせる態《てい》のものではありませんでした。むしろ、最近では量子法則の抽象性を含む立場として、シンボルによるアイデンティフィケーションを構成原理として進もうとしておられるようです。そこに、創造性の本質を解く手がかりを求められることが期待されているわけです。最近その意味からホワイトヘッドのシンボル論に興味を示しておられます（中央公論一九六五年十月）。ホワイトヘッドの立場は、数理哲学・相対論における広汎な研究に始って、生命的自然に及ぶ一つの典型的な有機的実在論であります。その哲学の論理は数学的形式論理であるともいえましょう。

その意味で、それは一種のデカルト的世界ということもできましょう。先生とホワイトヘッドの親近さはその意味で理解できなくもありません。ただし私には、先生がシンボルに託して語られる論理は、数学的なトポロジカルな論理よりも、先生の開いた世界に特徴的なもっと豊かなクォリフィケーションをもつものが予感されているように思われます。ただしそれは、今のところ興味ある〝開いた《オープン》〟問題《クエスチョン》であるという他はありません。と同時にそのことは、これまで「調和の原理」を漠然と基底にしているかのように思われた「先生の世界」において、本書が一つの明確な主軸を打ちたてる第一歩になることを意味するものともいえましょう。先生の世界は宗教に対していつも極めて透明であることは注目に値することだと思います。その代りに先生の実存は、折にふれての文章に投影されています。特に、最近の『本の中の世界』(岩波書店、一九六四年)にあつめられた短い文章は、何れもそのまま「先生の中の世界」でもあります。例えば、源氏物語についての文章は、いわば遠近法をもった内部世界の描写のように思われます。これらの興味ある小品のいくつかを、この書物に収められなかったことを、残念に思っていることを附け加えておきます。

井上　健

初出一覧

	発表年月	発表場所
科学文明の中の人間	一九六二年二月	『十人百話』（毎日新聞社）
科学と人間性	一九五六年三月	『人間の科学』（中山書店）
模倣と独創	一九五三年十一月	『しばしの幸』（読売新聞社）
科学者の創造性	一九六四年五月	雑誌「自然」（一九六四年十月号）
創造性と自己制御	一九六四年一月	「日本の教育」（一九六四年）
学習と研究	一九六五年十一月	〝教育タイムス〟（一九六五年十一月十日）
創造性の尊重	一九六五年一月	毎日新聞
天才と機械	一九六四年一月	毎日新聞
科学とは何か	一九六五年六月	『現代新百科事典』（学習研究社）
学問の自由と大学の理念	一九六二年六月	雑誌「世界」（一九六二年十月号）
科学的思考について	一九四七年十一月	慶応大学講演
東洋的思考	一九四八年三月	東方文化研究所講演
科学的思索における直観と抽象	一九六四年六月	雑誌「科学」（一九六四年十一月号）
発展途上における中間子論	一九四九年十二月	雑誌「科学」（一九六五年四月号）
中間子以後三十年	一九六四年十一月	朝日新聞
自然認識の現段階	一九六五年九月	朝日新聞
物理学の老化と若返り	一九六二年十一月	雑誌「自然」（一九六三年三月）
素粒子論に関する成人学校について	一九六三年六月	

本書は一九六六年に筑摩書房から刊行されました。

創造的人間《そうぞうてきにんげん》

湯川秀樹《ゆかわひでき》

平成29年 2月25日　初版発行
令和6年 11月25日　6版発行

発行者●山下直久

発行●株式会社KADOKAWA
〒102-8177　東京都千代田区富士見2-13-3
電話　0570-002-301（ナビダイヤル）

角川文庫 20175

印刷所●株式会社KADOKAWA
製本所●株式会社KADOKAWA

表紙画●和田三造

●お問い合わせ
https://www.kadokawa.co.jp/（「お問い合わせ」へお進みください）
※内容によっては、お答えできない場合があります。
※サポートは日本国内のみとさせていただきます。
※Japanese text only

ISBN978-4-04-400144-5　C0195

角川文庫発刊に際して

角川源義

第二次世界大戦の敗北は、軍事力の敗北であった以上に、私たちの若い文化力の敗退であった。私たちの文化が戦争に対して如何に無力であり、単なるあだ花に過ぎなかったかを、私たちは身を以て体験し痛感した。西洋近代文化の摂取にとって、明治以後八十年の歳月は決して短かすぎたとは言えない。にもかかわらず、近代文化の伝統を確立し、自由な批判と柔軟な良識に富む文化層として自らを形成することに私たちは失敗して来た。そしてこれは、各層への文化の普及滲透を任務とする出版人の責任でもあった。

一九四五年以来、私たちは再び振出しに戻り、第一歩から踏み出すことを余儀なくされた。これは大きな不幸ではあるが、反面、これまでの混沌・未熟・歪曲の中にあった我が国の文化に秩序と確たる基礎を齎らすためには絶好の機会でもある。角川書店は、このような祖国の文化的危機にあたり、微力をも顧みず再建の礎石たるべき抱負と決意とをもって出発したが、ここに創立以来の念願を果すべく角川文庫を発刊する。これまで刊行されたあらゆる全集叢書文庫類の長所と短所とを検討し、古今東西の不朽の典籍を、良心的編集のもとに、廉価に、そして書架にふさわしい美本として、多くのひとびとに提供しようとする。しかし私たちは徒らに百科全書的な知識のジレッタントを作ることを目的とせず、あくまで祖国の文化に秩序と再建への道を示し、この文庫を角川書店の栄ある事業として、今後永久に継続発展せしめ、学芸と教養との殿堂として大成せんことを期したい。多くの読書子の愛情ある忠言と支持とによって、この希望と抱負とを完遂せしめられんことを願う。

一九四九年五月三日

角川ソフィア文庫ベストセラー

旅人　ある物理学者の回想　湯川秀樹

日本初のノーベル賞受賞者である湯川博士が、幼少時から青年期までの人生を回想。物理学の道を歩き始めるまでを描く。後年、平和論・教育論など多彩な活躍をした著者の半生から、学問の道と人生の意義を知る。

数学物語　新装版　矢野健太郎

動物には数がわかるのか？　人類の祖先はどのように数を数えていたのか？　バビロニアでの数字誕生からパスカル、ニュートンなど大数学者の功績まで、数学の発展のドラマとその楽しさを伝えるロングセラー。

空気の発見　三宅泰雄

空気に重さがあることが発見されて以来、様々な気体の種類や特性が分かってきた。空はなぜ青いのか、空気中にアンモニアが含まれるのはなぜか――。身近な疑問や発見を解き明かし、科学が楽しくなる名著。

進化論の挑戦　佐倉統

生命四〇億年の歴史を論じる進化論には、指針となる思想への鍵が潜んでいる――。倫理観、宗教観、優生思想、自然保護など、人類文明が辿ってきた領域を進化論的側面から位置付け直し、新たな思想を提示する。

失敗のメカニズム　忘れ物から巨大事故まで　芳賀繁

物忘れ、間違い電話、交通事故、原発事故――。当人の能力や意図にかかわらず引き起こされてしまう失敗を「ヒューマンエラー」と位置付け、ミスをおかしやすい人や組織、環境、その仕組みと対策を解き明かす！

角川ソフィア文庫ベストセラー

宇宙「96%の謎」
宇宙の誕生と驚異の未来像

佐藤勝彦

時空も存在しない無の世界に生まれた極小の宇宙。それは一瞬で爆発的に膨張し火の玉となった！　高精度観測が解明する宇宙誕生と未来の姿、そして宇宙の96%を占めるダークマターの正体とは。最新宇宙論入門。

世界を読みとく数学入門
日常に隠された「数」をめぐる冒険

小島寛之

賭けに必勝する確率の使い方、酩酊した千鳥足と無理数、賢い貯金法の秘訣・平方根――。整数・分数の成り立ちから暗号理論まで、人間・社会・自然を繋ぎ合わせる「世界に隠れた数式」に迫る、極上の数学入門。

アスリートの科学
身体に秘められた能力

小田伸午

世界の一流アスリートの動きは、頭の中の錯覚を削ぎ落とし、感覚を研ぎ澄ますことから生まれる。アスリートたちが見せる驚きのパフォーマンスの事例を挙げ、科学と感覚の両面から、身体運動の不思議に迫る。

長寿エリートの秘密

白澤卓二

生物学者が実験により発見してきた、さまざまな寿命制御遺伝子は、はたして我々に長寿をもたらしてくれるのか。「老化」「アンチエイジング」の解明に挑む加齢医学の専門家が、健康長寿の秘密に多角的に迫る！

脳はなにを見ているのか

藤田一郎

「見る」という行為を通して、脳の働きを紹介。ふだん何気なく見ている風景が、脳によって「変換」されていることを、多くの錯視画を用いながら解説していく。　ワクワクするような脳科学の世界へようこそ！

角川ソフィア文庫ベストセラー

赤ちゃんは顔をよむ　山口真美

生物にとって時間とは何か　池田清彦

読む数学　瀬山士郎

読む数学　数列の不思議　瀬山士郎

とんでもなく役に立つ数学　西成活裕

これまで、生まれたばかりの赤ちゃんはぼんやりとしか目が見えないと考えられていたが、数日後には母親の顔を好んで見ることがわかってきた！「顔をよむ」ことで発達する驚きのメカニズムを解き明かす。

生命の核心をなす生物固有の時間とは。突然変異を呼び込むDNA複製システムや、未知のウイルスに備える免疫システムなど、未来を探る生物の姿を紹介。時間の観点から生物学の新たな眺望を拓く根源的生命論。

XやYは何を表す？　方程式を解くとはどういうこと？　その意味や目的がわからないまま勉強していた数学の根本的な疑問が氷解！　数の歴史やエピソードとともに、数学の本当の魅力や美しさがわかる。

等差数列、等比数列、ファレイ数、フィボナッチ数列ほか個性溢れる例題を多数紹介。入試問題やパズル等も使いながら、抽象世界に潜む驚きの法則性と数学の「手触り」を発見する極上の数学読本。

〝渋滞学〟で著名な東大教授が、高校生たちとの対話を通して数学の楽しさを紹介していく。通勤ラッシュや宇宙ゴミ、犯人さがしなど、身近なところや意外なシーンでの活躍に、数学のイメージも一新！

角川ソフィア文庫ベストセラー

とんでもなくおもしろい仕事に役立つ数学
西成活裕

効率化や予測、危機の回避など、数学を取り入れれば仕事はこんなにスムーズに！〝渋滞学〟で有名な東大教授が、実際に現場で解決した例を元に楽しい語り口で「使える数学」を伝えます。興奮の誌面講義！

食える数学
神永正博

ICカードには乱数、ネットショッピングに因数分解、石油採掘とフーリエ解析――。様々な場面で数学は役立っている！企業で働き数学の無力さを痛感した研究者が見出した、生活の中で活躍する数学のお話。

数学の魔術師たち
木村俊一

カントール、ラマヌジャン、ヒルベルト――天才的数術師たちのエピソードを交えつつ、無限・矛盾・不完全性など、彼らを駆り立ててきた摩訶不思議な世界を、物語とユーモア溢れる筆致で解き明かす。

宇宙入門
138億年を読む
池内了

シャボン玉や潮の干満、キリンの斑模様など、身近な自然の不思議から壮大な宇宙のしくみが見えてくる。ビッグバンからエントロピーの法則まで、数式や専門用語をつかわずに宇宙科学を楽しむための案内。

ここまでわかった宇宙100の謎
監修／福井康雄

「宇宙人はいるの？」「宇宙に星はいくつあるの？」「太陽フレアはどのくらいの威力があるの？」「天体の体積に上限はあるの？」――。素朴な疑問からハイレベルな疑問まで、専門家集団があらゆる謎に回答！